Rudolf Schottlaender

Deutschsein fünfmal anders

Rudolf Schottlaender

Deutschsein fünfmal anders

Erinnerungen eines Unangepassten

Herausgegeben von Irene Selle
und Moritz Reininghaus

vbb

1. Auflage 2017

Binzstraße 19, D–13189 Berlin
www.verlagberlinbrandenburg.de

Umschlagentwurf: Stephanie Raubach, Berlin
Umschlagabbildung: Rudolf Schottlaender um 1950
Frontispiz: Rudolf Schottlaender am 12. August 1973 im Garten seines Hauses in Berlin-Hirschgarten beim Rezitieren eines seiner zu Familienfesten selbstverfassten Gedichte
Satz und Gestaltung: Ralph Gabriel, Berlin
Druck und Bindung: Art-Druk, Szczecin

ISBN 978-3-945256-39-8

Inhalt

Vorwort der Herausgeber

Kritisiert wurde Rudolf Schottlaenders Autobiografie bereits, als sie noch gar nicht erschienen war. Am 8. November 1985 informierte die Berliner Bezirksverwaltung für Staatssicherheit die ihr untergeordnete Kreisdienststelle Prenzlauer Berg über eine geplante Veranstaltung der evangelischen Gethsemane-Gemeinde, bei der „der von unserer Diensteinheit bearbeitete em. Prof. Dr. Schottlaender, Rudolf (85) eine Lesung aus seiner unveröffentlichten Selbstbiografie durchführt".[1] Es folgte eine bemerkenswert bündige Zusammenfassung von Schottlaenders der Bezirksverwaltung bereits im Wortlaut vorliegender Autobiografie, die zugleich einer kritischen Einordnung unterzogen wurde: „Diese sehr tendenziöse Biografie eines Juden im 3. Reich, eines wegen antisozialistischen [sic!] Tendenzen seines Lehrstuhles für Philosophie 1949 von der TH Dresden verwiesenen Hochschullehrers, eines in den 50er-Jahren in Westberlin gemaßregelten Lehrers, welcher 1960 in die DDR zurückkehrte und an der Berliner Humboldt-Universität einen Lehrstuhl für Philosophie bis zu seiner Emeritierung 1965 belegte [...], enthält viele antisozialistische Tendenzen."[2] Abgesehen von der Tatsache, dass Schottlaender an der Humboldt-Universität keinen Lehrstuhl für Philosophie, sondern eine Professur für Altphilologie innehatte, werden damit zumindest die Eckpunkte seiner Lebensgeschichte – bei aller gebotenen Skepsis – durchaus korrekt benannt.

1 Bezirksverwaltung für Staatssicherheit Berlin, Abteilung XIX (Verkehr, Post, Nachrichtenwesen) an Bezirksverwaltung für Staatsicherheit Berlin, Kreisdienststelle Prenzlauer Berg am 8.11.1985, in: BStU Berlin: BV Berlin XV (3263/79) OV „Schreiber", Archiv-Nr. 5124/88 Bd. 12, Bl. 116.

2 Ebd.

In dem Bericht, den die Kreisdienststelle Mitte dann wenige Tage später über die Veranstaltung verfasste, spiegelt sich allerdings weniger der Argwohn gegenüber den konkreten politischen „Tendenzen" in Schottlaenders Erinnerungen als vielmehr eine prinzipielle Skepsis wider: „Die verlesenen Teile der Autobiografie waren wenig bedeutsam."[3] Da im Zentrum einer jeden Autobiografie das Individuum steht, die politisch-soziale Kultur der DDR aber antiindividualistisch war, deutet sich damit an, welchen schweren Stand das Genre der Autobiografie im ostdeutschen Staat generell hatte.[4] Zwar waren ab Mitte der 1970er-Jahre auch dort vermehrt autobiografische Werke publiziert worden, doch handelt es sich dabei vor allem um Bücher, die das Wohlgefallen der SED-Führung fanden, da deren Autoren beschrieben, wie sie sich am Aufbau des Sozialismus beteiligt und somit ins „Kollektiv" eingegliedert hatten.[5] Dies war bei Rudolf Schottlaender gewiss nicht der Fall. Dennoch blieb auch er nicht unberührt von jener generationellen Dynamik, die dazu beitrug, dass das autobiografische Genre gegen Ende der DDR regelrecht aufblühte.[6] Setzt man das Geburtsjahr 1900 als Zenit der sich ab den 1970er-Jahren „im autobiografiefähigen Alter" befindenden Persönlichkeiten, dann ist Schottlaender exakt auf diesem geboren.

3 Bezirksverwaltung für Staatsicherheit Berlin, Kreisdienststelle Mitte an Bezirksverwaltung für Staatssicherheit Berlin, Abteilung XIX (Verkehr, Post, Nachrichtenwesen) am 18.11.1985, in: BStU Berlin: BV Berlin XV (3263/79) OV „Schreiber" Archiv-Nr. 5124/88 Bd. 12, Bl. 117.

4 Vgl. Volker Depkat: Die DDR-Autobiographie als Ort sozialistischer Identitätspolitik, in: Martin Sabrow (Hg.): Autobiographische Aufarbeitung. Diktatur und Lebensgeschichte im 20. Jahrhundert, o.O. 2012, S. 138.

5 Vgl. ebd., S. 138.

6 Vgl. Jürgen Kuczynski: Probleme der Autobiographie. Erfahrungen im Umgang mit dem eigenen Ich und Ansichten über die Kunst der Erinnerung, Berlin 1983, S. 5, zitiert nach: Depkat 2012, S. 112.

Anders als bei den Vertretern der „Baumeistergeneration“ steht hinter seinem autobiografischen Akt allerdings nicht die Hoffnung, dass die Geschichte auf seiner Seite sei und der Kommunismus siegen werde.[7]

Trotz – um nicht zu sagen: aufgrund – der negativen Vorzeichen erwiesen sich die Mitarbeiter des Ministeriums für Staatssicherheit letztlich als Schottlaenders ebenso aufmerksame wie dankbare Leser. Da jedoch weder die Spitzel noch ihre Führungsoffiziere das von ihm angedachte Publikum seiner Erinnerungen gewesen sein dürften, eröffnet sich somit im Nachhinein ein „textexterner kommunikativer Kontext“, dessen sich der Autobiograf selbst nicht bewusst war.[8] Umso bemerkenswerter ist, dass Schottlaenders Erzählung in den Reihen der Staatssicherheit dankbar aufgenommen wurde – und letztlich als Grundlage für den seit 1979 gegen Schottlaender geführten Operativvorgang diente. Konkreter Auslöser für die auch seine Familie und deren Freundeskreis umfassende Überwachung war dann allerdings Schottlaenders Interview mit dem ARD-Korrespondenten in der DDR Lutz Lehmann, das in diesem Band abgedruckt ist. Darin sind bereits Hinweise darauf enthalten, wie sich in Schottlaenders Erzählung ein Ich konstituiert.[9] Wenn er als fast Achtzigjähriger auf Lehmanns Frage antwortet, wie er seinen „merkwürdigen Lebensweg“ erkläre: „Wie ich es sehe, bin ich mir in einer ganz einfachen Weise treu geblieben“, dann enthält dies schon eine grundsätzliche Aussage der Autobiografie. Dass er damit nicht übertrieb, mag der Brief an seinen Vater unter Beweis stellen, der hier erstmals abgedruckt wird. Darin machte bereits der sechzehnjährige

[7] Vgl. Depkat 2012, S. 115.

[8] Volker Depkat: Autobiographieforschung in der Geschichtswissenschaft, in: *Bios. Zeitschrift für Biographieforschung, Oral History und Lebenslaufanalysen*, H. 2/2010, S. 178.

[9] Vgl. Depkat 2010, S. 175.

Schüler unmissverständlich seinen Entschluss zu einer „akademisch-philosophischen" Berufswahl deutlich.[10]

Doch Schottlaender verband mit seiner Autobiografie einen Anspruch, der über die eigene Person hinausgeht: „In meine Autobiografie scheinen mir vor allem die Zustände und Ereignisse in der Gesellschaft, die mich umgab, hineinzugehören."[11] Greifbar wird diese Engführung des Privaten mit dem Politischen bereits angesichts der Überschriften, in die Schottlaender sein „Leben seit Jahrhundertbeginn" einteilt: „Kaiserreich", „Weimarer Republik", „Drittes Reich" und – nach 1945 durch die räumliche Dimension erweitert – „Westberlin – Dresden – Westberlin" sowie das mit dem Bau der Berliner Mauer beginnende Kapitel „In der DDR nur halb willkommen".

Indem er die Summe seines Nachdenkens über ethische Probleme in einem Plädoyer für eine Tugendpragmatik enden lässt, setzt Schottlaender damit sein Ich in eine eindeutige Beziehung zu Vergangenheit und Zukunft.[12] Seine Lebensgeschichte vor dem Hintergrund des gesamten 20. Jahrhunderts, vor allem im Kontext des Kalten Krieges, dient ihm dabei als Beweisführung für eine moralphilosophische Regel mit konkretem politischem Anspruch. Schottlaender vollzieht diesen Schritt mithilfe eines klaren historiografischen Erklärungsmusters: „Der geschichtliche Hergang zwischen 1917 und 1945 ist zu begreifen als ein Prozess in Etappen, die sowohl den gemeinsamen Ursprung als auch das moralische Absinken klarwerden lassen."[13] Damit übernimmt er nicht nur die Rolle des Historikers, sondern unterläuft auch seine selbst vorgenommene, vordergründig durch die Kapitelüberschriften vorgegebene Periodisierung. Sein Kapitel über das

[10] Siehe S. 184 in diesem Band.
[11] Ebd., S. 122.
[12] Im vorliegenden Band, S. 176.
[13] Ebd., S. 78.

„Dritte Reich“ lässt er beispielsweise erst im Jahr 1938 beginnen. Mithilfe seines Modells – das zwar die Ähnlichkeiten zwischen Faschismus und Sowjetkommunismus durch deren gemeinsame Herkunft erklärt, zugleich aber die „fundamentalen Differenzen“ betont, „die den Kommunismus vom Faschismus und erst recht vom Nationalsozialismus unterscheiden und somit die simple Unterbringung unter dem Dachbegriff ‚Totalitarismus‘ als zur Ungerechtigkeit verführend erscheinen lassen“ – erklärt Schottlaender dann seine Haltung, die ihn „nach Beginn des Kalten Krieges, seit 1950, zu öffentlichem Hervortreten nötigte“.[14]

Dass Schottlaender den Kalten Krieg durch seine Erfahrungsberichte historisierte und dennoch zugleich in dessen Mechanismen gefangen war, unterstreicht die Publikationsgeschichte seiner Memoiren. Dem eingangs erwähnten Bericht der Staatssicherheit zufolge hatte Schottlaender bereits bei der Veranstaltung im November 1985 betont, dass seine Autobiografie in der DDR nicht würde erscheinen können, „da darin auf Dinge eingegangen wird, wo es ‚für die KPD unangenehm‘ wird“. [15] Deshalb suchte er über Freunde und Bekannte den Kontakt zu Verlagen in Westberlin und der Bundesrepublik. Vor allem die Journalisten Manfred Rexin und Götz Aly erwiesen sich dabei als unermüdliche Helfer. Dennoch fielen auch im Westen die Reaktionen zunächst verhalten aus. „Gerade Ihre Vielseitigkeit, Ihr Interesse an so vielen Fragen, Menschen und Bereichen [...] ist für unseren Verlag ein Problem. Sie sprechen von so vielen Erlebnissen und Beobachtungen und Reflexionen, die Sie jedoch nur

14 Ebd., S. 80.

15 Bezirksverwaltung für Staatsicherheit Berlin, Kreisdienststelle Mitte an Bezirksverwaltung für Staatssicherheit Berlin, Abteilung XIX (Verkehr, Post, Nachrichtenwesen) am 18.11.1985, in: BStU Berlin: BV Berlin (XV(3263/79) OV „Schreiber“ Archiv-Nr. 5124/88 Bd. 12, Bl. 117.

andeuten und nicht ausführen", befand beispielsweise Marie Luise Knott als verantwortliche Lektorin des Rotbuch-Verlages in ihrem Ablehnungsschreiben an Schottlaender.[16] Knott vermisste vor allem eine tiefergehende Auseinandersetzung mit einzelnen Aspekten in Schottlaenders Leben und Denken: „Am liebsten hätte ich sehr oft beim Lesen angehalten und nachgefragt, mehr erfahren, gewünscht, Sie würden an einzelnen Fragen länger verweilen." [17] Derartige – durchaus nachvollziehbare – Kritik muss Schottlaender hart getroffen haben. Im November 1985 erreichten ihn dann jedoch über Manfred Rexin erste, wenn auch noch zurückhaltende positive Signale aus dem Verlag Herder in Freiburg im Breisgau: „Trotz der etwas betulichen, um nicht zu sagen unmodernen Schreibweise ist das Buch doch fesselnd, und ich hoffe, dass es mir gelingt, einen Platz dafür zu finden."[18] Letztlich überwogen dann aber die Argumente, die für das Buch sprachen: „Es ist sehr schwer, etwas Gutes, Authentisches aus der DDR zu bekommen, und darum hat es mich besonders gefreut, ein Manuskript von einer solchen Persönlichkeit zu erhalten."[19]

Am 2. April 1986 telefonierte Schottlaender mit dem für die Reihe „Herderbücherei" verantwortlichen Verlagsmitarbeiter Ludwig Muth. In einem Brief fasste Schottlaender dann den Inhalt des Telefonats stichwortartig zusammen. Der erste Punkt der getroffenen Übereinkunft betraf den Titel des Buches, der nun *Trotz allem ein Deutscher. Mein Le-*

16 Rotbuch-Verlag an Rudolf Schottlaender am 29.07.1985, in: Staatsbibliothek zu Berlin. Preußischer Kulturbesitz, Handschriftenabteilung, Nachlass 359 (Rudolf Schottlaender), Mappe 984.

17 Ebd.

18 Verlag Herder Freiburg an Manfred Rexin am 11.11.1985, in: Staatsbibliothek zu Berlin. Preußischer Kulturbesitz, Handschriftenabteilung, Nachlass 359 (Rudolf Schottlaender), Mappe 974.

19 Ebd.

bensweg seit Jahrhundertbeginn heißen sollte.[20] Darüber hinaus musste Schottlaenders Manuskript um zwanzig Seiten gekürzt werden. In dem Brief an Muth führte der Autor acht Stellen auf, die in der Druckfassung fehlen: Die erste betrifft die von Schottlaender geschilderte „großbürgerliche Geheimtuerei" in seinem Elternhaus, die er darin sah, dass ihm und seinem Bruder eine erste Ehe der Mutter ebenso verschwiegen worden war wie eine daraus hervorgegangene elf Jahre ältere Halbschwester.[21] Die Stelle beschreibt zudem ein weiteres familiäre Angelegenheiten betreffendes Tabu: „Geheim gehalten wurde, wahrscheinlich wegen hässlicher Zerwürfnisse, auch fast alles über die Geschwister meines Vaters. Von der Existenz seines ältesten Bruders erfuhr ich erst, als dieser uns im Januar 1919 nach dem Tode meines Vaters einen Beileidsbesuch machte."[22] Durch die Streichung ging somit die Information über den frühen Tod des Vaters verloren. Die zweite zu kürzende Stelle berichtete zunächst von kindlicher Musikbegeisterung sowie einem von der Mutter eines Klassenkameraden angeleiteten Theaterspiel. Die harmlose Episode erhält eine dramatische Wendung, als Schottlaender angesichts eines für die „Regisseurin" verfassten Gedichts berichtet: „Hierfür wurde ich bewundert, für manches andere aber ausgelacht. So kam in den regelmäßigen Geburtstagsgedichten für die Eltern auch einmal ein Schlussvers für die Mutter vor, worin ich ihr – ausgerechnet zum Geburtstag!

20 Durchschlag des Briefes von Rudolf Schottlaender an den Verlag Herder, in: Staatsbibliothek zu Berlin. Preußischer Kulturbesitz, Handschriftenabteilung, Nachlass 359 (Rudolf Schottlaender), Mappe 1267 (an Herder GmbH und Co. KG Freiburg/Br.).

21 Rudolf Schottlaender: Deutschsein fünfmal anders. Eine Autobiographie, [maschinenschriftliches Manuskript, undatiert], in: Staatsbibliothek zu Berlin. Preußischer Kulturbesitz, Handschriftenabteilung, Nachlass 359 (Rudolf Schottlaender), Mappe 5; im vorliegenden Band, S. 30.

22 Im vorliegenden Band, S. 31.

– wünschte: ‚Und wenn Du stirbst, dann gehe selig ein!' So erbaulich ich das fand, so lächerlich erschien es der lieben Verwandtschaft." Ebenso weichen musste die direkt daran anschließende Schilderung von Schottlaenders Freundschaft zu Erich Krämer, neben dem er nicht nur zwölf Jahre lang auf der Schulbank gesessen hatte, sondern auch im Januar 1918 zum „Hilfsdienst" im Ersten Weltkrieg eingezogen worden war. Als Krämer 1933 nach Palästina ausreiste, schlief der Kontakt nach Schottlaenders Angaben weitgehend ein. Unerwähnt lässt er, dass Krämer ebenfalls promovierter Philosoph war, sich 1941 zum britischen Militär meldete und ab 1946 als Journalist bei der Tageszeitung *Haaretz* tätig war, wo er zunächst unter dem Namen Moshe Krämer und dann unter dem Namen Moshe Keren publizierte. (Den hebräischen Nachnamen führte er nach Auskunft seines Sohnes Michael Keren[23] seit 1949, als er zwischenzeitlich in den diplomatischen Dienst des neu gegründeten Staates Israel eintrat und auch an den Verhandlungen mit Deutschland über die Entschädigungszahlungen mitwirkte.) Kurz vor dem plötzlichen Tod des Jugendfreundes habe es, so berichtet Schottlaender, jedoch ein Wiedersehen gegeben. Dieses Treffen im Jahr 1955 auf deutschem Boden, wo sich Keren zu Recherchezwecken aufhielt und unerwartet starb, muss für die beiden Freunde sehr bewegend gewesen sein.

Zudem hatte Schottlaender in der gestrichenen Passage vom Lebensweg seiner drei Klassenkameraden Walter Kristeller, Ernst Grawitz und Walter Strauß während des „Dritten Reiches" berichtet. Der jüdische Arzt Walter Kristeller habe Grawitz, der zu einem der führenden Mediziner im Nationalsozialismus aufgestiegen war, um Beistand gebeten. Walter Strauß als dritter Klassenkamerad habe ihm dann später berichtet, so Schottlaender, Grawitz – zunächst Leitender Arzt

[23] Mündliche Auskunft von Michael Keren am 25.03.2017.

am Berliner Westend-Krankenhaus Berlin und später als Mediziner im Dienst der SS für Menschenversuche in Konzentrationslagern verantwortlich – habe sich „aus prinzipiellen Gründen“ geweigert, seinem ehemaligen Schulkameraden zu helfen.[24] Kristeller wurde Ende November 1942 nach Auschwitz deportiert.[25] Mit Walter Strauß verband Schottlaender eine nach dem „Dritten Reich“ neu belebte Freundschaft. Voller Bewunderung blickte Schottlaender auf Strauß, der 1948 Mitglied des Parlamentarischen Rates war, erwähnt allerdings weder, dass er 1962 eine zentrale Rolle in der *Spiegel*-Affäre eingenommen hatte, die ihn zum Rückzug von seinem Posten als Staatssekretär im Bonner Justizministerium[26] zwang, noch seine danach erfolgte Berufung zum Richter am Europäischen Gerichtshof.

Ebenfalls der Kürzung zum Opfer fielen an dieser Stelle Schottlaenders Schilderung seines Verhältnisses zur jüdischen Religion und einige Anekdoten über die Familie, bei der er in seiner Studienzeit in Heidelberg wohnte.[27] Die folgende Kürzung des Manuskripts um fast drei Seiten nimmt sich dagegen gravierender aus: Zunächst verschwanden einige detaillierte Beschreibungen aus dem Haus seiner ersten Schwiegereltern, der Kinderpsychologen William und Clara Stern, ehe Schottlaender mit dem Selbstmord seiner Mutter im Sommer 1922 auf ein einschneidendes Erlebnis zu sprechen gekommen war. Damit verschwand auch Schottlaenders Versuch, die Gründe für den Suizid der Mutter zu finden. So vermutete

24 Vgl. Ernst Klee: Personenlexikon zum Dritten Reich. Wer war wer vor und nach 1945, 4. Aufl., Frankfurt a. M. 2013, S. 198.

25 Kristeller, Walter Rudolf, in: Gedenkbuch. Opfer der Verfolgung der Juden unter der nationalsozialistischen Gewaltherrschaft in Deutschland 1933–1945 (www.bundesarchiv.de/gedenkbuch; 16.03.2017)

26 Vgl. Friedemann Utz: Preuße, Protestant, Pragmatiker. Der Staatssekretär Walter Strauß und sein Staat, Tübingen 2003.

27 Im vorliegenden Band, S. 52.

er, dass seine Mutter an der Inflation „zugrunde gegangen" sei, da ihre Unfähigkeit, sich ein eigenes Einkommen zu verschaffen, mit ihrer Angst zusammengefallen sei, ihrer Tochter und ihrem Schwiegersohn zur Last zu fallen. Sein eigener Entschluss, eine Familie zu gründen, so fürchtete noch der über Achtzigjährige, habe der Mutter womöglich „in ihren Ängsten den Rest gegeben".[28]

In Bezug auf Schottlaenders berufliches Leben war wiederum die Kürzung von fast sechzehn Manuskriptseiten am schwerwiegendsten, da somit die gesamte Episode verschwand, die seine Übersetzung von Marcel Prousts *Auf der Suche nach der verlorenen Zeit* behandelt. Damit fehlt der Autobiografie in der Ausgabe von 1986 der Aspekt, der Schottlaender – neben seiner Sophokles-Übertragung, seinen Komödienübersetzungen, seiner Petrarca-Ausgabe und seinem Plutarch-Band – zweifellos mit Abstand zur größten Bekanntheit verholfen hatte.[29]

Wie die Streichungen im Einzelnen zustande kamen, lässt sich nicht mehr rekonstruieren, da das Telefonat zwischen Schottlaender und dem Verlag nicht im Wortlaut dokumentiert ist. Somit muss offenbleiben, ob der Lektor die zu kürzenden Passagen vorschlug oder Schottlaender von sich aus die betreffenden Textstellen anführte. Es bleibt also Spekulation, ob die Kürzungen vonseiten des katholischen Verlagshauses in eine bestimmte Richtung gelenkt wurden, wie es etwa die ebenfalls getilgten Ausführungen über Verhütung und Abtreibung in Schottlaenders erster Ehe durchaus nahelegen.[30] Letztlich kann also nur festgehalten werden, dass Schottlaender die Streichungen – um den Preis einer Veröffentlichung – mitgetragen hat.

[28] Im vorliegenden Band, S. 60.

[29] Siehe dazu den Text von Stephan Reimertz im vorliegenden Band, S. 207–214.

[30] Im vorliegenden Band, S. 70.

Die Publikation der Autobiografie nahm schneller als geplant konkrete Formen an. Noch im Mai 1986 erhielt der Autor, versehen mit der Bitte um Korrektur, einen ersten Andruck des Umschlages, und am 9. Juni teilte der Verlag ihm den Terminplan für das Buch mit.[31] Es war vorgesehen, dass die Satzfahnen am 23. Juli an Schottlaender verschickt werden sollten. Bis zum 6. August wurde dem Verfasser Zeit gegeben, eventuelle Korrekturen vorzunehmen. Da allerdings der Postverkehr nach Ostberlin mitunter nahezu einen Monat beanspruchte, hatte man stets nur Kopien an Schottlaender geschickt. Die Originale und damit die für die Korrekturen maßgeblichen Fahnen gingen stets zu seinem in München lebenden Sohn Rainer, mit dem auch etwaige Änderungen abgesprochen werden sollten. Ihm hatte Schottlaender bereits zuvor die Befugnis erteilt, in seinem Namen die Vertragsverhandlungen mit dem Verlag zu führen. Am 12. August 1986 konnte der Verlagsleiter dann an Schottlaender vermelden, dass das Erscheinen des Buches nun für September angekündigt werde, und er erbat eine Liste mit Interessenten von Rezensionsexemplaren.[32] Am 4. September versicherte dem Autor wiederum die Lektorin, dass seine durch den langen Postweg sehr spät eingetroffenen Korrekturen noch eingearbeitet werden könnten, und am 25. September 1986 wurde Schottlaender das fertige Buch zugeschickt.[33] Mit dem Ver-

31 Verlag Herder an Rudolf Schottlaender am 22.05.1986, 9.06.1986 und 23.07.1986, in: Staatsbibliothek zu Berlin. Preußischer Kulturbesitz, Handschriftenabteilung, Nachlass 359 (Rudolf Schottlaender), Mappe 974,15 (Herder GmbH und Co. KG Freiburg/Br.).

32 Verlag Herder an Rudolf Schottlaender am 12.08.1986, in: Staatsbibliothek zu Berlin. Preußischer Kulturbesitz, Handschriftenabteilung, Nachlass 359 (Rudolf Schottlaender), Mappe 974,15 (Herder GmbH und Co. KG Freiburg/Br.).

33 Verlag Herder an Rudolf Schottlaender am 4.09.1986 und 25.09.1986, in: Staatsbibliothek zu Berlin. Preußischer Kulturbesitz, Handschriftenabteilung, Nachlass 359 (Rudolf Schottlaender), Mappe 974,15 (Herder GmbH und Co. KG Freiburg/Br.).

sand einiger Rezensionsexemplare war die Veröffentlichung des Buches über die deutsch-deutsche Grenze hinweg abgeschlossen.

In der vorliegenden Ausgabe sind die 1986 gestrichenen Passagen nun wieder enthalten. Um das Ausmaß der Kürzungen zu verdeutlichen, wurden sie mit eckigen Klammern versehen; stillschweigend getilgt wurden dafür Passagen, die damals eingefügt wurden, um durch die Kürzungen entstandene Brüche zu glätten. Auf diesem Weg soll der ursprünglich von Rudolf Schottlaender eingereichten Fassung seiner Autobiografie möglichst nahegekommen werden. Dennoch wurden auch hier behutsame Korrekturen bei Rechtschreibung und einzelnen Formulierungen vorgenommen.

Mit der Entscheidung, Rudolf Schottlaenders Erinnerungen nun unter ihrem ursprünglichen Titel *Deutschsein fünfmal anders* erscheinen zu lassen, wurde zudem der augenfälligste Eingriff in Schottlaenders Manuskript zurückgenommen. Der damals gewählte Titel *Trotz allem ein Deutscher* ließ sich auf verschiedene Weise deuten. Bezogen auf die Zeit des „Dritten Reiches" kann man darin Schottlaenders Weigerung erkennen, sich von den Nationalsozialisten den Status als Deutscher nehmen zu lassen; und im Kalten Krieg scheint daraus die Weigerung zu sprechen, sich – trotz eines sich verfestigenden Bekenntnisses zur Zweistaatlichkeit – zwischen dem westlichen und dem östlichen Block entscheiden zu müssen. Beides tritt zusammen, wenn Schottlaender darauf besteht, mitsamt seiner jüdischen Abstammung „wie eh und je in die gesamtdeutsche Nationalität integriert"[34] zu sein.

Der vom Autor ursprünglich gewählte Titel dagegen erinnert an die Memoiren des 1926 in Breslau gebore-

[34] Im vorliegenden Band, S. 175.

nen deutsch-amerikanischen Historikers Fritz Stern *Fünf Deutschland und ein Leben*. So steht der dann in Abstimmung mit dem Verlag Herder gefundene Titel in deutlichem Kontrast zur Autobiografie des Literaturwissenschaftlers Hans Mayer, der sich als *Deutscher auf Widerruf* beschreibt.[35] Anders als seine jüdischen Kollegen aus den Geisteswissenschaften floh Schottlaender jedoch nicht aus dem nationalsozialistischen Deutschland. Sein Schicksal, das „Dritte Reich" in einer „privilegierten Mischehe" überlebt zu haben, verbindet ihn wiederum mit Victor Klemperer, einem der zweifellos berühmtesten deutsch-jüdischen Autobiografen des 20. Jahrhunderts. Neben dem Umstand, dass sich zwischen ihm und dem Romanisten Klemperer „keine rechte Herzlichkeit" und infolgedessen auch „kein Verständnis für die wissenschaftliche Persönlichkeit des anderen"[36] einstellen mochte, wie Schottlaender rückblickend berichtet, unterscheidet die beiden vor allem die politische Haltung nach 1945 – und damit letztlich auch der Umgang mit der nichtjüdischen Mehrheitsgesellschaft, die kurz zuvor die mörderische Verfolgungspolitik weitgehend mitgetragen hatte. Während sich Klemperer unter dieser Prämisse zumindest nach außen hin der Politik des neuen Regimes anpasste, widersetzte sich Schottlaender dieser offen und bekam die Gegenreaktion mit seiner Entlassung als Professor für Philosophie an der Technischen Hochschule Dresden zu spüren.

Rein formal unterscheiden sich Schottlaenders und Klemperers Autobiografien bereits vom Umfang her erheblich. Allein Klemperers *Curriculum Vitae* – die in der Zeit des Nationalsozialismus niedergeschriebenen und 1989 postum

35 Fritz Stern: Fünf Deutschland und ein Leben, München 2007 (Originaltitel: Five Germanys I have known, New York 2006); Hans Mayer: Ein Deutscher auf Widerruf. Erinnerungen (2 Bde.), Frankfurt a. M. 1982.

36 Im vorliegenden Band, S. 102.

erschienenen Erinnerungen an die Jahre 1881 bis 1918 – umfassen weit über 1000 Seiten.[37] Dagegen fällt Schottlaenders Autobiografie außerordentlich schmal aus. In dieser quantitativen Selbstbeschränkung kommt eine grundsätzliche Haltung zum Ausdruck, die Schottlaender anlässlich der Reichspogromnacht von 1938 drastisch auf den Punkt bringt: „Mein Haus war, von außen betrachtet, eine Art ‚Bruchbude' und erregte niemandes Neid. So wurde ich denn auch in der ‚Kristallnacht' nicht, wie so viele andere jüdische Männer, abgeholt. ‚Rudolf Israel Schottlaender' war eben eine Null."[38] Befragt man Schottlaenders Autobiografie bezüglich ihrer „narrativen Harmonisierung", dann korrelieren hier äußerliche politische Faktoren mit privaten. So fragt sich Schottlaender auf dem Tiefpunkt seiner beruflichen Existenz in Westberlin, kurz vor der überraschenden Möglichkeit, erneut eine Professur im Machtbereich der SED übernehmen zu können: „War ich nun eine ‚gescheiterte Existenz'? Beim Eintritt in mein sechzigstes Lebensjahr schien es so." Als Erklärung für dieses „Scheitern" führt er selbst neben der akademisch kaum verzeihbaren „Zweigleisigkeit" von Philologie und Philosophie immer wieder seinen „mangelnden Ehrgeiz" an. Dass er damit keineswegs Ehrgeiz im Sinne von wissenschaftlicher Produktivität meinen kann, beweist allein schon seine umfangreiche Bibliografie.[39] Vielmehr hebt er auf sein fehlendes Karrieredenken ab: „Einerseits habe ich mich durch meine Ehrgeizlosigkeit redlicher und geistig unabhängiger gehalten als viele, deren höchstes gesellschaftliches Ziel die ordentliche Professur war. Ande-

[37] Victor Klemperer: Curriculum Vitae. Erinnerungen 1881–1918 (2 Bde.), Berlin 1996.

[38] Im vorliegenden Band, S. 84.

[39] Siehe dazu die Bibliografie in: Rudolf Schottlaender: Ursprung – Ursache – Urheber und andere Themen in philosophischer Neubefragung, hg. von Ernst Oldemeyer, Würzburg 1989, S. 245–259.

rerseits kann ich mich von einer gehörigen Portion Trägheit nicht freisprechen."[40] Darin sieht Schottlaender nicht nur die Gründe für seinen beruflichen Werdegang, sondern letztlich auch dafür, dass er nicht vor dem Nationalsozialismus ins Ausland flüchtete: „Der Gedanke, nicht nach Berlin zurückzukehren [...], kam mir gar nicht."[41] In der Situation der erzwungenen Vereinsamung im Nationalsozialismus erkennt er den Ausgangspunkt für seine Haltung, sich fortan aktiv in aktuelle politisch-philosophische Diskussionen einzubringen und dabei auch Fragen wie Judentum und Antisemitismus zu reflektieren: „In der Einsamkeit der Jahre des „Dritten Reichs" ist daraus der Charaktertyp geworden, als der ich in der zweiten Hälfte meines Lebens, vom Ende Hitlerdeutschlands bis heute, meinen Weg gesucht habe, einen Weg über Rufmorde vonseiten der beiden entgegengesetzten Parteiungen im Kalten Krieg bis zu der äußeren Unangefochtenheit, in der ich diese Memoiren niederschreibe."[42]

Einerseits misst Schottlaender der „erzwungenen Einsamkeit" in der Zeit des Nationalsozialismus große Bedeutung für die eigene Charakterbildung bei, andererseits spart er den eigentlichen Massenmord an den europäischen Juden konsequent aus. Angesichts der Verwendung des Begriffs „Auschwitz" als Synonym für den Holocaust wird deutlich, dass Schottlaenders Erzählung tatsächlich mit seiner lebensweltlichen Erfahrung zusammenfällt.[43] „Auschwitz" findet bei ihm im Zusammenhang mit dem Wissen der deutschen Mehrheitsbevölkerung durchaus Erwähnung: „Niemand

40 Im vorliegenden Band, S. 70

41 Ebd., S. 83.

42 Ebd., S. 88f.

43 Vgl. Norbert Frei: Auschwitz und Holocaust – Begriff und Historiographie, in: Hanno Loewy (Hg.): Holocaust: Die Grenzen des Verstehens. Eine Debatte über die Besetzung der Geschichte, Reinbek b. Hamburg 1992, S. 101–109.

kann behaupten, er habe davon [von den Rassegesetzen von 1935] nichts gewusst, wie viele auch immer mit Recht sagen können, von Auschwitz hätten sie nichts gewusst."[44] Eine weitere Stelle bezieht sich auf ihn selbst. Angesichts einer möglichen Scheidung von seiner nichtjüdischen zweiten Ehefrau wird er gefragt: „‚Ja, wissen Sie denn nicht, dass Sie dann sofort nach Auschwitz kommen?' Die automatische Schutzlosigkeit [...] wurde mir nun erst bewusst."[45] In Anbetracht dieser existenziellen Bedrohung erscheint seine Erklärung für das eigene Überleben erstaunlich lapidar: „Ich hatte Glück." Dass die Beschreibung des Holocaust bei Schottlaender gleichsam bereits beim Abtransport endet, erscheint – je nach Perspektive – entweder als Folge oder als Voraussetzung für sein im „Dritten Reich" entwickeltes Bemühen „neben der entschiedensten Verwerfung der Barbarei so viel Objektivität wie möglich zu bewahren und meine Urteile nicht durch Hass trüben zu lassen".[46] Damit liefert er zugleich seine eigene Erklärung für die fehlende Beschreibung von Gefühlen wie Angst. Da die antisemitische Politik der Nationalsozialisten, statt Empörung auszulösen, „zumeist gläubig oder allenfalls achselzuckend aufgenommen wurde", weist er der deutschen Mehrheitsbevölkerung immerhin eine „schwere kollektive Belastung" zu. Dass er damit die beiden in diesem Zusammenhang verbreiteten Kategorien „Verantwortung" und „Schuld" vermeidet, begründet sich daher mit der allenfalls als passiv zu beschreibenden Rolle der Mehrheit der Deutschen, womit er nicht zuletzt eine Kontinuität zur Erfahrung aus der Zeit vor 1933 herstellt: „Antisemitismus in persönlich verletzender Form habe ich in meiner Jugend nicht zu spüren bekommen."[47]

[44] Im vorliegenden Band, S. 86.
[45] Ebd., S. 94.
[46] Ebd., S. 86.
[47] Ebd., S. 42.

Diese Feststellung scheint sich mit dem Erfahrungsbericht zu decken, in dem Victor Klemperer als einer der „meistgelesenen Augenzeugen des 20. Jahrhunderts“ (Christopher Clark) auf den April 1919 zurückschaut: „Ich will nicht übertreiben: es gab in München damals eine ganze Reihe von Dozenten und Studierenden, die diese aufflammende Judenfeindschaft durchaus verwarfen, und persönlich hab ich die ganze Münchner Zeit über niemals unter Antisemitismus zu leiden gehabt [...].“[48] Klemperer fügt allerdings bereits eine Erfahrung hinzu, die Schottlaender dann erst im „Dritten Reich“ ansetzt: „[...] aber bedrückt und isoliert fühlte ich mich doch durch ihn“.[49] In Klemperers in der Zeit des Nationalsozialismus verfasster Rückschau aus dem Jahr 1942, als er genau wie Schottlaender nur durch eine „privilegierte Mischehe“ halbwegs vor der Deportation geschützt war, deuten sich somit weitere Parallelen und Unterschiede zu dem fast zwanzig Jahre jüngeren Rudolf Schottlaender an. So notiert Klemperer im März 1935 in sein Tagebuch: „Sonst große Einsamkeit. Politisch hoffnungslos, finanziell ebenso.“[50] Ist ein solcher Satz auch bei Schottlaender denkbar, zeichnet sich in Klemperers Tagebuch bereits im März 1933 ab[51], was er dann 1942 auf den Punkt bringt, wenn er schreibt, dass ihm

48 Victor Klemperer: Man möchte immer weinen und lachen in einem. Revolutionstagebuch 1919, Berlin 2015, S. 151.

49 Ebd.

50 Victor Klemperer: Ich will Zeugnis ablegen bis zum letzten. Tagebücher 1933–1941, hg. von Walter Nowojski unter Mitarbeit von Hadwig Klemperer, Berlin 1995, S. 189.

51 „Ich für meinen Teil werde niemals wieder Vertrauen zu Deutschland haben.“ (Klemperer 1995, S. 13). Zur Frage des „Deutschtums“ bei Victor Klemperer: Heide Gerstenberger: „Meine Prinzipien über das Deutschtum und die verschiedenen Nationalitäten sind ins Wackeln gekommen wie die Zähne eines alten Mannes“. Victor Klemperer in seinem Verhältnis zu Deutschland und zu den Deutschen, in: Hannes Heer (Hg.): Im Herzen der Finsternis. Victor Klemperer als Chronist der NS-Zeit, Berlin 1997, S. 10–20.

Hitler sein Deutschtum „fortgelogen" habe.[52] Schottlaender dagegen ließ sich – ungeachtet der oben ausgeführten Einschränkungen – als „trotz allem ein Deutscher" bezeichnen. Konsequenterweise sprach er zumindest die nachgeborenen Deutschen daher „nicht nur frei von Mitschuld, sondern auch frei von Mitverantwortung".[53]

In dieser Haltung unterscheiden sich die beiden Fassungen der Autobiografie nicht. Ekkehard Klausa, dem für seine Rezension von *Trotz allem ein Deutscher* in der *Zeit* das ungekürzte Manuskript zur Verfügung gestanden hatte, merkte daher vorsichtig an, dass man eine solche Aussage „eher in der *Nationalzeitung* erwartet als von einem rassisch verfolgten linksliberalen Humanisten".[54] Doch Rudolf Schottlaender verknüpfte in seiner Lebensbeschreibung lebensweltliche Erfahrung und philosophische Theorie zu einer unauflösbaren Einheit. Auch seine Autobiografie bildet nicht die tatsächliche Wirklichkeit eines Lebens ab, sondern stellt ein Verfahren zur Sinngebung dieser Wirklichkeit dar.[55] Entsprechend gelesen, wohnt ihr jedoch die Chance inne, die großen historiografischen Narrative zu bestätigen, zu ergänzen oder gar zu korrigieren. Indem sich Rudolf Schottlaender dem „Schema des Kalten Krieges nicht fügte", illustriere seine Autobiografie nicht zuletzt auch ein „trübes Kapitel westdeutscher Demokratiegeschichte", urteilte letztlich daher auch Klausa

52 Klemperer 1996, S. 10.

53 Rudolf Schottlaender: Synopsis. Zu Grundbegriffen aus Philosophie, Politik und Literatur von der Antike bis zur Gegenwart, Würzburg 1988, S. 165.

54 Ekkehard Klausa: „Deutschsein – fünfmal anders. Rudolf Schottlaender, Schüler von Karl Jaspers, Martin Heidegger und Ernst Hoffmann, präsentiert seinem Saekulum die Rechnung", in: *Die Zeit* vom 10.04.1987.

55 Vgl. Martin Sabrow: Autobiographie und Systembruch im 20. Jahrhundert, in: Ders. (Hg.): Autobiographische Aufarbeitung. Diktatur und Lebensgeschichte im 20. Jahrhundert, o.O. 2012, S. 10.

und nannte Schottlaender folgerichtig ein „Denkmal des deutschen 20. Jahrhunderts".[56]

Im persönlichen Umgang wirkte Rudolf Schottlaender allerdings keineswegs wie ein „Denkmal", sondern war ein sehr aufgeschlossener, humorvoller, großzügiger und gastfreundlicher Mensch, der alles Formelle, Engstirnige und Unlebendige verabscheute.[57] Seine ethischen Grundsätze legte er auch dem eigenen alltäglichen Handeln – wie bei der Erziehung seiner Kinder – stets als Maßstab zugrunde. Der ihm eigene „pädagogische Eros"[58], gepaart mit seiner Offenheit für neue Entwicklungen und seiner überzeugenden Persönlichkeit, machten ihn zu einem begehrten Redner insbesondere in jenen Kreisen der jungen DDR-Opposition, die sich unter dem Dach der evangelischen Kirche formierten. Er starb am 4. Januar 1988, im Jahr, bevor deren führende Köpfe an die breitere Öffentlichkeit traten. Ein solches Fortwirken seiner Gedanken hatte er sich immer erträumt.

Moritz Reininghaus und Irene Selle

56 Klausa 1987.

57 Siehe dazu den Text von Brigitte Sändig im vorliegenden Band, S. 215 f.

58 Im vorliegenden Band, S. 107.

Deutschsein fünfmal anders
Erinnerungen eines Unangepassten

Deutschjüdische Anfänge im Kaiserreich

Mein Vater Leopold Schottlaender bekannte mir gelegentlich: „Meinem jüngsten Lehrling bitte ich ab, wenn ich unrecht hatte." Das war nicht selbstverständlich. Er war Chef eines Textilfachverlages mit über hundert Angestellten. Die Abbitte eines Vorgesetzten gegenüber seinem Untergebenen wäre von den meisten preußischen Mitbürgern als Preisgabe der erforderlichen Autorität empfunden worden. Vonseiten eines Lehrers in der Schule (seit 1906) habe ich dergleichen als spontanen Akt weder an mir noch an einem Mitschüler erlebt. Es war eine sehr persönliche Haltung meines Vaters. Vielleicht hat jüdische Tradition ein wenig mitgewirkt, gewiss aber seine eigene Jugenderfahrung als Lehrling. Entweder hat er selbst einen solchen Lehrmeister gehabt oder aber, wenn nicht, sich vorgenommen, es später einmal besser zu machen. Er entstammte einer jüdischen Familie, die, ursprünglich wohlhabend, durch den frühen Tod des Vaters aber verarmt war, so dass er die höhere Schule nicht beenden konnte. Die Familie war in Bromberg (dem heutigen Bydgoszcz) ansässig. Die dortige deutsche Oberschicht einschließlich der jüdischen sprach kein Polnisch. Als Kind habe ich nicht erfahren, dass die Gegend ein Gebiet mit überwiegend polnischer Bevölkerung war. Voll bewusst wurde mir das erst durch die Volksabstimmung im Zusammenhang mit der Neugründung Polens nach 1918.

Der Grundsatz meines Vaters bedeutete auch uns Kindern gegenüber, dass seine Autorität unbezweifelt, aber nicht drückend war. Vor der Mutter Rosa geb. Stern, einer gebürtigen Hamburgerin (ihr Vorname wurde „Röschn" ausgesprochen), hatte ich wenig Respekt. Sie war abwechselnd gutmütig und jähzornig, ohne erzieherische Fähigkeiten, liebevoll, aber der Bequemlichkeit ergeben. Neben dem Vater besaß bis zu meinem elften Lebensjahr die Erzieherin

Autorität. Mit der jüdischen Frömmigkeit war es auch später in meinem Berliner Elternhaus nicht weit her. Die ostpreußische Erzieherin sollte uns Weihnachten feiern lehren und auch sonst in deutsche Bräuche und Tugenden einführen: mich, den am 5. August 1900 Geborenen, und meinen ein Jahr jüngeren Bruder Hans, mit dem ich das Zimmer teilte, ohne dass wir uns, solange wir Kinder waren, besonders gut vertragen hätten. Die Erzieherin, im Unterschied zu Köchin und Hausmädchen, aß nicht nur mit bei Tisch, sondern gab auch, soweit der Vater Spielraum ließ, den Ton an. Von ihr lernte ich:

> Du bist ein deutsches Kind, sei treu und wahr!
> Lass nie die Lüge deinen Mund entweihn!

Ich nahm das bitterernst. Als ich sie einmal bei einer Notlüge – Verleugnung gegenüber einem Besucher – ertappte, rügte ich das. Ich wurde barsch abgefertigt (in zornigem Ostpreußisch: „Dummä Lümmel, das is janz was andres!"). Dafür nahm sie mich aber leidenschaftlich in Schutz, als ein Lehrer mich einmal zu Unrecht beschuldigt hatte, die Unwahrheit gesagt zu haben.

[Was großbürgerliche Geheimtuerei bedeutet, dafür ein Beispiel aus meiner engsten Familie! Wir hatten eine elf Jahre ältere Schwester, Else, die in meinem neunten Lebensjahr heiratete. Erst drei Jahre später eröffnete uns die Mutter, dass sie das Kind mit in die Ehe gebrachte hatte, unser Vater also ihr Stiefvater war. Die Gelegenheit ergab sich, als wir den Eltern zur silbernen Hochzeit gratulieren wollten, der Vater aber unverständlicher Weise verreist war. Tatsächlich waren sie ja erst dreizehn Jahre verheiratet. Und warum solches Stillschweigen? Weil meine Mutter, wenn auch gänzlich unschuldig, von ihrem ersten Mann, offenbar einem Taugenichts, geschieden war und solch eine Scheidung eben möglichst nicht erwähnt werden sollte.

Geheim gehalten wurde, wahrscheinlich wegen hässlicher Zerwürfnisse, auch fast alles über die Geschwister meines Vaters. Von der Existenz seines ältesten Bruders erfuhr ich erst, als dieser uns im Januar 1919 nach dem Tode meines Vaters einen Beileidsbesuch machte. Infolgedessen dominierte die vielköpfige mütterliche Familie. Mein Vater bezeichnete die periodischen Einladungen als „Massenabfütterungen“. Ich bestand aber, mit dreizehn Jahren, darauf, dass ich der versammelten Tischgesellschaft die Leichenrede des Marcus Antonius aus Shakespeares *Julius Caesar* vorlesen durfte; so hingerissen war ich damals davon. Ein aufrichtiger Vetter bat mich hinterher unter vier Augen, so etwas doch in Zukunft bleiben zu lassen.]

Wie viel mir die Schule bedeutete, lässt sich hiernach ahnen. Denn ohne die Anregungen, die von dort kamen, wäre ich in eine solche poesiefreudige Stimmung gewiss nicht hineingewachsen. Es war ein „humanistisches Gymnasium“: das Mommsen-Gymnasium in Berlin-Charlottenburg, das für besonders guten Unterricht in den alten Sprachen bekannt war. Dort wurde denn auch der Boden bereitet für mein späteres Studium der klassischen Philologie. Die meisten Klassenkameraden in dieser Knabenschule – es gab noch keine Koedukation – waren Juden. An intellektuellem Hochmut hat es nicht ganz gefehlt, aber die Kameradschaft war trotzdem gut. Auch die Lehrer, fast sämtlich Nichtjuden, vermieden judenfeindliche Äußerungen. Mit meiner Absicht, Philosophie zu studieren, war mein Vater nicht einverstanden.* Das hielt er für ein „brotloses Studium“. Als Hobby – ja, gern; aber neben einem durch Brotstudium, etwa Jura, erlangten gutbezahlten, nicht allzu zeitraubenden Beruf wie etwa „Syndikus“. Vater sagte sogar – aber ich nahm es nicht ernst –:

* Siehe dazu den Brief, den Rudolf Schottlaender kurz vor seinem siebzehnten Geburtstag an seinen Vater schrieb, im vorliegenden Band S. 183–185.

selbst wenn ich nach Flandern an die Front müsste, würde er nicht nachgeben. Er meinte es ja, ach, so gut! Ich war aber von Spinoza, dem religionslos gewordenen jüdischen Philosophen, schon mit siebzehn Jahren so sehr beeinflusst, dass ich mich nicht abbringen ließ. So sind denn Philosophie und Altphilologie meine beiden Studienfächer geworden, und bei dieser Zweigleisigkeit ist es mein Leben lang geblieben.

Die wichtigste Schulfeier war die Sedanfeier am 2. September. Daneben gab es noch Kaisers Geburtstag am 27. Januar – ach hätten wir doch lieber Mozarts Geburtstag, der auf den gleichen Tag fällt, gefeiert! –, dagegen wurde der 18. Januar, der Reichsgründungstag, zwar regelmäßig erwähnt, konnte sich jedoch mit dem Sedantag nicht messen. Das war ja der Tag des Sieges über die Franzosen gewesen, deren Kaiser Napoleon III. danach kapitulieren musste. Jenem militärischen Triumph war vor allem die Annexion von Elsass und Lothringen zu verdanken, die offiziell „die Reichslande" hießen. Den Gedanken, dass die Elsässer sich vielleicht etwas anderes wünschten, als von der Reichshauptstadt Berlin aus regiert zu werden, hätte gewiss keiner von uns Schülern zu denken, geschweige denn zu äußern gewagt.

So waren wir denn bei Kriegsausbruch in der ersten Augustwoche 1914, in die auch mein vierzehnter Geburtstag fiel, bestens vorbereitet, um gemeinsam mit der gesamten deutschen Öffentlichkeit den Reim „Jeder Schuss ein Russ'", dazu auch gleich die Reime „Jeder Stoß ein Franzos'" und „Jeder Tritt ein Brit'" begeistert zu akzeptieren. Was den letztgenannten Reim betrifft, lernte ich eine besondere Art von Frömmigkeit kennen, nämlich den gen Himmel gerichteten Wunsch „Gott strafe England!" in Verbindung mit dem „Hassgesang auf England", der in dem Bekenntnis gipfelte: „Wir haben alle nur einen Feind – England!" Der Verfasser des ausdrücklich als „Hassgesang" betitelten Gedichts war der deutsche Jude Ernst Lissauer. Warum so speziell England? Und was wollte es besagen, dass der Verfasser Jude war?

Zum Franzosenhass wurden wir erzogen wie die französischen Kinder zum Hass gegen die „boches". Russland schien weit weg, man lernte kein Russisch; so etwas wie kriegerischer Russenhass wurde erst geschürt in den Wochen nach der Ermordung des österreichischen Thronfolgers Franz Ferdinand und seiner Frau durch einen Serben, da Serbien von Russland Beistand im Kriegsfall zugesichert worden war. Mit England bestand Rivalität, besonders in der Rüstung zur See, aber Kaiser Wilhelm II., Sohn einer englischen Mutter, hatte doch gesagt: „Blut ist dicker als Wasser." Und nun erklärten die „englischen Vettern" den Krieg (am 4. August 1914)! Es drehte sich um den Einmarsch der deutschen Armee in Belgien, einen Bruch der völkerrechtlich vereinbarten belgischen Neutralität. Deutschland hatte Russland und Frankreich den Krieg erklärt, den Russen wegen ihrer Mobilmachung gegen die mit dem Deutschen Reich verbündete österreichisch-ungarische Monarchie, den Franzosen wegen ihres Bündnisses mit Russland. Dass die Engländer, die ja nicht direkt angegriffen waren, ihre völkerrechtliche Pflicht, Belgien im Ernstfall militärisch zu helfen, in die Tat umsetzen würden, damit hatte in Deutschland niemand gerechnet. Der Reichskanzler von Bethmann Hollweg hatte öffentlich erklärt: „In der Not sind Verträge ein Fetzen Papier!" Mag der eine oder andere dies Eingeständnis für unvorsichtig gehalten haben – überzeugt davon waren, soweit ich mich erinnern kann, alle. Weit und breit erkannte in Deutschland niemand, dass das „in der Not" eine Lüge war. Es bestand keine Notwehr wie gegen einen Überfall, sondern es war ein vorbereiteter Präventivschlag, um angesichts einer durch allgemeines Wettrüsten unsicher gewordenen Zukunft selber den optimal günstigen Zeitpunkt und Verfahrensweg wählen zu können. Unsere Hirne waren zu verwirrt, um den fundamentalen Unterschied zwischen Notwehrkrieg und Präventivkrieg wahrnehmen zu können. Das nenne ich eine Belügbarkeit zwecks Kriegsbejahung. Diesen Zustand zu erzeugen, war umso nötiger, als es natürlich infolge der christlichen und sonst wie humanitären Erziehung des Volkes außer der Begeisterung für den Krieg auch Bedenken gab, von der gewöhnlichen, nur zu verständlichen Privatangst ganz zu schweigen. Diese Bedenken musste man mit Scheinargumenten so sehr beschwichtigen, dass die Überzeugung, für eine „gerechte Sache“ zu kämpfen, sich einwurzelte. Daher das lügnerische „in der Not“, das angeblich – noch heute glauben das manche – einen so großen Unterschied zwischen dem Ersten und dem Zweiten Weltkrieg machte. Bald nach Kriegsausbruch kamen ja auch die „Kriegsziele“ des „Alldeutschen Verbandes“ heraus, wovon als markantester Punkt mir die Einverleibung von Briey und Longwy in Erinnerung ist, d. h. derjenigen Teile Lothringens, die 1871 noch bei Frankreich belassen wurden. Wie zimperlich! – als ob nicht auch in dem an Deutschland abgetretenen lothringischen Gebiet, einschließlich der Hauptstadt Metz, zum größten Teil von jeher nur französisch gesprochen wurde! Briey und Longwy hatten Eisenerzvorkommen, die man zur Belieferung der Ruhrkohleindustrie brauchte.

Und nun pfuschten die Engländer hinein, und das mit ihrer so gefährlichen Waffe, der Seeblockade! Daher: „Wir haben alle nur einen Feind – England!“ Was für ein guter deutscher Patriot war doch der Jude Lissauer! Wie stolz auf diesen Dichter konnten die anderen deutschen Juden sein! Was für ein großartiges Argument gegen den Antisemitismus! Mein Elternhaus ging ohne auffälligen Enthusiasmus konventionellerweise konform. Vorsichtshalber besorgte mein Schwager sich, wie viele andere, eine Stellung in der Etappe. Ein Schulkamerad von mir dagegen, Fritz Kristeller, ein Jahr älter als ich und Musterschüler, Sohn einer besonders patriotischen jüdischen Familie, die beide Söhne gleich nach der Geburt hatte christlich taufen lassen, fiel noch in den letzten Kriegswochen. Insgesamt entwickelte sich in den Berliner jüdischen Kreisen eine Spaltung, die im Verlauf des Krieges immer ausgeprägter wurde. Einerseits gab es da mindestens zwei berühmte Juden: Fritz Haber und Walther Rathenau. Der Chemieprofessor Haber trug durch seine Entdeckung der Ammoniaksynthese aus Luftstickstoff und Wasserstoff wesentlich zur Düngung der deutschen Getreidefelder und dadurch zur Ernährung des durch die britische Blockade mit Hunger bedrohten Volkes bei. Dass er auch Miturheber der Giftgasangriffe war, erfuhr ich während des Krieges noch nicht. Walther Rathenau war Leiter der Rohstoffversorgung und veröffentlichte zu meiner großen Überraschung noch Anfang Oktober 1918 einen Durchhalteappell. Daneben gab es unter jüdischen Intellektuellen, besonders soweit sie zu den Sozialdemokraten und Kommunisten tendierten, zunehmende Ernüchterung und Skepsis. Dieser Prozess begann bei mir, ohne dass ich mich persönlicher Einflüsse anderer erinnern könnte, seit Anfang 1917, und zwar infolge der krassen Unwahrhaftigkeit der Wehrmachtsberichte. Monat für Monat wurden nach Verkündung des „uneingeschränkten U-Boot-Krieges" sechsstellige Tonnageziffern von versenkten britischen und amerikanischen Schiffen veröffentlicht. England musste demnach bald am Boden liegen, was aber keineswegs der Fall war. Da ging mir auf, wie wenig das deutsche Volk, im Unterschied zum britischen, fähig war, der Wahrheit realistisch ins Auge zu sehen. Diese Erkenntnis bewirkte einen entscheidenden Umschwung in meinem Denken. Die amerikanische Kriegserklärung Anfang April 1917 nahm ich schon ganz anders auf als die allermeisten Mitschüler und Mitbürger. Wiederum war es ja ein deutscher Völkerrechtsbruch, dass in den uneingeschränkten U-Boot-Krieg die unterschiedslose Versenkung amerikanischer Handelsschiffe eingeschlossen war. Dies erst ermöglichte es dem Präsidenten Wilson, die öffentliche Meinung in den Vereinigten Staaten zu gewinnen für ein offizielles Heraustreten aus der seit mehr als 120 Jahren befolgten Neutralität Amerikas angesichts europäischer Kriege.

Schon vorher waren wir um ein Objekt des Völkerhasses reicher geworden. Im Mai 1915 verließ Italien den „Dreibund“ mit Deutschland und Österreich und trat zu den Franzosen und Briten über. Wir hatten damals einen Mathematiker als Klassenlehrer, dessen ostpreußisch artikulierter Patriotismus uns längst amüsierte. Im Mai 1915 wurde ihm das Klassenbuch entwendet, in das er seine Eintragungen zu machen hatte. „Wer war das?“ Niemand meldete sich. Da brach es los: „Solch ein Kerl, der so was macht, solch ein Laffe und Affe verdiente wahrhaftig, mit dem Schimpfwort ‚Italiener‘ belegt zu werden.“ Dieser Erguss wurde unter dem Namen „Italienerpredigt“ genüsslich kolportiert.

Trotz Franzosenhass wurde Französisch nach alter Tradition in unserer Schule früh und ausgiebig gelehrt, während Englisch dort erst spät und nur als Wahlfach an die Reihe kam. Mit meinem Französischlehrer Ernst Sass, der wegen Multipler Sklerose nicht eingezogen wurde, schloss ich in den letzten Schuljahren eine die Schulzeit überdauernde Freundschaft. Konversation wurde fast gar nicht getrieben, umso eifriger aber Lyrik gelesen. Das entflammte mich, den Siebzehnjährigen, zu Übersetzungen, so von Mussets *La nuit de mai*. Im Griechischunterricht hatte ich mich aus eigenem Antrieb auf den *Prometheus* des Aischylos gestürzt und auch den, verwegen genug, verdeutscht. Unser Griechischlehrer war Ernst Neustadt, ein getaufter Jude, dessen Begeisterung für seine Klassiker in einem seltsamen Widerspruch stand zu seinem dröhnenden Lachen und sonstiger Ungeschliffenheit. Wir lernten bei ihm Platons *Verteidigungsrede des Sokrates* schon als Sechzehnjährige lesen, und jenes unvergleichliche Vorbild aller „Apologien“ hat sicherlich dazu beigetragen, mich zum Philosophiestudium zu motivieren. Überhaupt waren im Mommsen-Gymnasium weitaus das Wichtigste die alten Sprachen. Meine Begabung dafür war früh zu erkennen. In den obersten Klassen war mein Lateinlehrer Walther Kranz, ein bedeutender Gelehrter, der später durch seine überall mit

Diels-Kranz zitierte Ausgabe der *Fragmente der Vorsokratiker* international bekannt wurde. Er war schwer verwundet aus dem Krieg heimgekommen und hinkte seitdem, was aber seiner pädagogischen Hingabe keinen Abbruch tat. Da wir Freundschaft schlossen, förderte er auch nach Kriegsende, in den ersten Studienjahren, meine Vertiefung in die griechische Literatur. Sein Lateinunterricht schien den meisten Kameraden „zu hoch" – mir nicht! Wie er uns in die Poesie eines Catull oder Horaz einführte, ist mir unvergesslich geblieben. Zu einem berühmten Zweizeiler Catulls sagte er: „Die erste Zeile dieses Distichons lohnt die erste Hälfte eurer zehn Jahre Lateinunterricht, die zweite Zeile die zweite Hälfte." Solcher Enthusiasmus mochte manchen überschwänglich scheinen – mich entzückte er.

Deutsch und Geschichte hatten wir bei Hermann Küchling, einem Pädagogen, dem ich achtundzwanzig Jahre später, nach dem Ende des Zweiten Weltkrieges, wieder begegnete, diesmal als jüngerer Kollege. Er hatte eine Vorliebe für Ibsen. Nicht die Gesellschaftsdramen allerdings lernten wir kennen, sondern *Brand* und *Peer Gynt*, daneben auch die *Kronprätendenten*, über die ich einen sechzig Seiten langen Aufsatz schrieb, was er zwar mit einer Eins honorierte, sich aber als Überforderung für die Zukunft verbat. Er begleitete uns auch auf Ruderfahrten, dem einzigen, übrigens echt berlinischen Sport, der mich interessierte. Der Ruderwart, den wir außerdem noch hatten, rügte schlechte Haltung mit dem Zuruf: „Blamierst ja'n janzen Stand!" Naturwissenschaften wurden wenig gepflegt und ließen mich kalt. Mathematik fiel mir im Ganzen nicht schwer, es bestand aber eine auffällige Diskrepanz zwischen Algebra, worin ich hervorragend war, und beispielsweise sphärischer Trigonometrie, in der mich ein schwaches visuelles Vorstellungsvermögen behinderte.

[Bei der Musik war ich immer gern dabei, meist aber außerhalb der Schule. Leider bekam ich erst mit vierzehn Jahren einen wirklich guten Klavierunterricht. Der Klavierlehrer Herz, ein kleiner Jude mit rheinischem Tonfall, machte mich zum Beethovenschwärmer – ein Mozartfan wurde ich erst später, ohne fremde Einflüsse –; beim Vierhändigspielen bekam ich oft genug im Kölner Tonfall zu hören: „Aber eilen Sie doch nicht so!"

Meine erste und einzige Rolle spielte ich im ersten Kriegshalbjahr. Die Mutter eines der wenigen nichtjüdischen Schulfreunde, des gleichaltrigen Eberhard Müller, der mit mir denselben Schulweg hatte, war eine musische Dame. Ihr sehr viel älterer Mann, ein steifer Landgerichtsdirektor, ließ sie gewähren, als sie uns, d. h. ihren Sohn und ein paar im Deutschunterricht hervorragende Kameraden, darunter mich, zusammenrief, um mit uns den *Zerbrochnen Krug* einzustudieren. Wie viel besser gefielen mir doch diese Kleistschen Verse als später die mir damals noch unbekannten der *Hermannsschlacht* mit ihrer germanischen Hassverherrlichung! Ich wurde mit der Rolle des schurkischen Dorfrichters Adam betraut, Eberhard Müller als Juristensohn mit der des vornehmen Gerichtspräsidenten Walter. Frau Müller führte hingebungsvoll Regie, obwohl sie daneben ihre kleinen Zwillinge zu versorgen hatte. Ein paar Wochen nach der Aufführung schrieb sie mir aus der Tiroler Sommerfrische eine Ansichtskarte mit der Anrede „Lieber Richter Adam!" und der Unterschrift: „Ihre Ex-Regisseurin." Darauf antwortete ich ihr mit einem Gedicht, von dem ich noch die folgenden Anfangsstrophen weiß:

Frau Regisseurin, Sie vergaßen,
Dass jetzt auch ich Ex-Richter bin,
Doch wollen Sie im Amt mich lassen,
Das stände grad' mir nach dem Sinn.

Zwar muss ich mich nun daran mahnen,
Dass ich verloren und verdammt,
Doch da Sie selbst den Weg mir bahnen,
So schreib ich Ihnen außerm Amt.

Hierfür wurde ich bewundert, für manches andere Gereimte aber ausgelacht. So kam in den regelmäßigen Geburtstagsgedichten für die Eltern auch einmal ein Schlussvers für die Mutter vor, worin ich ihr – ausgerechnet zum Geburtstag! – wünschte: „Und wenn Du stirbst, dann gehe selig ein!" So erbaulich, wie ich das fand, so lächerlich erschien es der lieben Verwandtschaft. Immerhin wurde ernsthaft die Möglichkeit diskutiert, dass ich als Dichter zu Geld kommen könnte, Gerhart Hauptmann sei das ja auch gelungen.

Der engsten Freundschaft meines Lebens, die allerdings nach der Schulzeit etwas verblasste, habe ich noch zu gedenken. Zwölf Jahre nebeneinander auf der Schulbank, zuletzt noch drei Monate als allein Übriggebliebene, bis auch wir, im Januar 1918, zum „Hilfsdienst" eingezogen wurden, zu dem die anderen Kameraden sich schon im Herbst 1917 „freiwillig" gemeldet hatten – das ist der Rahmen, in dem mein Freund Erich Krämer und ich alle Interessen miteinander teilten. Er ist nach Israel gegangen und hat dort den Namen Moshe Keren angenommen. Unsere Kontakte wurden dadurch schwächer, wir sind uns aber 1955, kurz vor seinem plötzlichen Herztod, noch einmal begegnet; und 1984 hatte ich zweimal die Freude, von seinem Sohn Michael Keren, Professor für Wirtschaftswissenschaft in Jerusalem, aufgesucht zu werden.

Zwei andere Klassenkameraden, mit denen ich gleichfalls, wenn auch nicht ganz so eng, befreundet war, haben in der Zeit des „Dritten Reiches" Schicksale gehabt, über die ich durch einen der beiden, der ebenso wie ich zu den in Deutschland verbliebenen überlebenden Juden gehörte, Näheres erfahren habe. Der Umgekommene war Walter Kristeller, Bruder des erwähnten Fritz und ebenso wie Eltern und Bruder so völlig eingedeutscht, dass er sich überhaupt nicht mehr als Jude fühlte. Für solche Menschen war die rassistische Gesetzgebung und Praxis besonders tragisch. Walter Kristeller war Arzt und dachte trotz der begonnenen Diskriminierung nicht an Auswanderung, selbst dann noch nicht, als er eine Jüdin geheiratet hatte. Der Abtransport traf ihn, nachdem er vergeblich versucht hatte, einen anderen Klassenkameraden von uns, den führenden Nazi-Mediziner Grawitz, zum Eintreten für ihn zu bewegen. Grawitz, der plötzlich vom „Du" abging, soll ihm gesagt haben: „Ich stehe zwar hoch genug, um Ihnen helfen zu können, tue es aber aus prinzipiellen Gründen trotzdem nicht." So hat mir Walter Strauß berichtet, der 1949 Staatssekretär im Bonner Justizministerium wurde, ebenfalls ein – inzwischen verstorbener – Klassenkamerad jüdischer Abstammung, mit dem ich, wie unter Schulfreunden üblich, auf dem Duzfuß stand.

Meine eigene Einstellung zum Judentum wandelte sich während der Schulzeit. Der Religionslehrer Galliner gab einen trockenen Unterricht. Mein Vater ging nie in die Synagoge. In der Not aber kam, wie er mir einmal gestand, hin und wieder ein Gebet über seine Lippen, so gegen Ende seines Lebens das Gebet, Gott möge ihn durch einen leichten Tod zu sich nehmen – was dann auch in Form eines Gehirnschlags geschah; das Erblinden als letztes Stadium der Schrumpfnierenerkrankung blieb ihm erspart. Meine Mutter ging zu den „Hohen Feiertagen" Neujahr und Versöhnungstag in den „Tempel" in der Oranienburger Straße, wohin ich sie öfters begleitete, ohne vom Gottesdienst beeindruckt zu werden. Der Vater war von der konventionellen Predigt so abgestoßen, dass er sich vor seinem Tode ausdrücklich verbeten hatte, bei der Beerdigung einen Rabbiner sprechen zu lassen; nur nächste Angehörige, die ihn liebten, sollten das tun. So sprachen dann an seinem Grabe, nach den unerlässlichen kurzen Formeln des Rabbiners, mein Schwager Erich und ich. Was ich damals, zugleich im Namen meines Bruders, sagte, lautete so (Privatdruck Leopold Schottlaender): „Liebster Vater! Wir, Deine Kinder, können das beste Zeugnis ablegen von Deinem menschlichen Wert. Niemand hat es so wie wir erfahren, wie viel Treue, selbstlose Liebe und unermüdliche Sorgfalt in Dir war. Wer sein Vateramt mit einer so von innen kommenden Wärme versehen konnte, in dem musste eine große sittliche Kraft leben. Es ist keine Übertreibung, wenn wir sagen: Seit zwanzig Jahren gab es keinen Tag, an dem Du nicht mit inniger Hingabe in Gedanken und Taten für Deine Kinder sorgtest. Du hast uns oft gesagt, Du empfändest es als eine Tragik Deines Lebens, dass so viele Anlagen Deines Wesens durch Deinen äußeren Lebensgang nicht gefördert worden seien. Umso mehr bewunderten wir, wie stark und unverkümmert sich Dein moralisches Wesen erhalten hatte, wie all die Hässlichkeit und Flachheit, die Dir auf Deinem Lebenswege begegnet ist, Deinem inneren Edelsinn und Deinem Reichtum an Liebe nichts hatte anhaben können. Über den Schmerz des Verlustes hinaus besteht für uns dieser schönste Sinn Deines Daseins – und so bleibst Du in unserem Gedenken!"]

Privatperson in der Republik

Von jüdischen Feiertagen erfuhr ich zwar einiges im Schulunterricht und auch durch eine ältere Schwester meiner Mutter, die einen frommen Juden geheiratet hatte und an der ich sehr hing; zu Hause aber war nur von Weihnachten, Ostern und Pfingsten etwas zu spüren. Mit einsetzender Pubertät und erwachender Neigung zur Philosophie kam ich immer mehr vom Judentum ab und wurde spinozistischer „Pantheist", worin ich mich durch Goethe bestärkt fühlte. Formell aus der Jüdischen Gemeinde ausgetreten bin ich erst nach erlangter Mündigkeit, im August 1921, als ich die Unterschrift meiner Mutter nicht mehr brauchte.

Antisemitismus in persönlich verletzender Form habe ich in meiner Jugend nicht zu spüren bekommen. Der Umschwung zu einer Judenfeindschaft, die den religiösen Rahmen sprengte, unter Juden also nicht mehr nur Glaubensjuden verstand, sondern nach der Rasse fragte, trat erst mit und nach der Novemberrevolution von 1918 in meinen Gesichtskreis. Am 1. November 1918 eingezogen, hatte ich nur zehn Tage, bis zum Waffenstillstand, Soldat zu spielen. Dann kam die Zeit der Arbeiter- und Soldatenräte. Ich sympathisierte mit den zwischen Sozialdemokraten und Kommunisten stehenden „Unabhängigen Sozialisten". Links von der Sozialdemokratie gab es in Deutschland viele führende Köpfe jüdischer Abstammung. Rosa Luxemburg, die zusammen mit Karl Liebknecht am 15. Januar 1919 ermordete Kommunistin, wurde als „polnische Jüdin" geschmäht. Hugo Haase, gleichfalls jüdischer Abstammung, Führer der „Unabhängigen", denen ich nahestand, wurde 1919 Opfer eines Attentats. Kurt Eisner und Gustav Landauer, die zusammen in München eine „Räterepublik" errichten wollten, wurden, obwohl längst keine Glaubensjuden mehr, der Rasse wegen beschimpft und kurz nach den Berliner Revolutionsführern umgebracht. Es war also viel Propagandastoff beisammen, um im Zeichen des Rassismus den Bindestrich „jüdisch-bolschewistisch“ dem älteren Bindestrich „jüdisch-kapitalistisch“ anzureihen, so dass schließlich, von den Vorläufern des „Dritten Reiches“ aus gesehen, der Mord an Walther Rathenau mit dem an Rosa Luxemburg unter einen Hut gebracht werden konnte.

Das waren damals freilich Randerscheinungen, die mich als jungen Studenten nur in Form von Tagesereignissen bekümmerten. Dass zwei der drei Universitätslehrer, deren Vorlesungen an der Berliner Universität ich mit besonderem Eifer hörte, Juden zu Eltern hatten, war Nebensache. Der eine war Ernst Cassirer, damals noch Privatdozent, bald darauf an die neugegründete Universität Hamburg berufen. Er führte uns in die Geschichte der vorkantischen neueren Philosophie ein. Fast weißhaarig, sonst sehr frisch, gab mir der Fünfundvierzigjährige einen Begriff von dem, was „Erkenntnistheorie“ bedeutet. Seine Art von Abgeklärtheit aber imponierte mir weniger, ahnte ich doch schon damals dahinter, dass er wie die meisten deutschen Philosophen die Praxisnähe verschmähte, die in meinen Augen zur Philosophie gehörte. Da war ich durch Ernst Troeltsch, den protestantischen Theologen und Soziologen, der zugleich Philosophieprofessor war, besser versorgt, wenngleich das, was er vortrug, an Ordnung und Übersichtlichkeit zu wünschen übrig ließ, dafür aber durch Anregungen entschädigte. Persönlich besonders sympathisch war mir der Altphilologe Eduard Fraenkel, damals Privatdozent, einunddreißig Jahre alt. Unter einer Denkerstirn von einer Höhe, wie ich sie weder vorher noch nachher je zu sehen bekam, ein liebenswertes jüdisches Gesicht – so habe ich seine äußere Erscheinung im Gedächtnis. Er machte uns mit der griechischen Komödie vertraut, genauer: mit dem genialen Frühwerk des Aristophanes, den *Acharnern*. Auch sonst konnte man mit ihm scherzen – er war ja noch nicht Professor! – so bei Gelegenheit der Geburt seines Söhnchens. Wir

Studenten gratulierten ihm mit dem Vorschlag, das Kind nach Hektors Heldensohn in Homers *Ilias* „Astyanax“ (wörtlich: Burgherr) zu nennen. Er akzeptierte das, aber nur unter der Bedingung, dass daneben das berlinische „Piefke“ erscheinen müsse, also: Astyanax Piefke Fraenkel (wie er wirklich hieß, weiß ich nicht mehr). Doch Spaß beiseite: Fraenkel war von gleich hohem Rang als Latinist wie als Gräzist – eine Seltenheit! Während er in den Jahren, die er in Deutschland verbrachte, vornehmlich durch Studien zur römischen Poesie bekannt wurde, gipfelten nach seiner Emigration, die ihn schnell auf einen Lehrstuhl in Oxford brachte, seine Leistungen als Forscher in einer dreibändigen Ausgabe des *Agamemnon*, der bedeutendsten Tragödie des Aischylos (Oxford 1950, in englischer Sprache). In beiden alten Sprachen war es also hauptsächlich die Poesie, der er seine philologische Arbeit widmete. Das sprach mich besonders an, wenn ich auch an philologischer Akribie einem Eduard Fraenkel niemals gleichkam.

Der Wunsch, auch außerhalb Berlins eine Zeitlang zu leben und zu studieren, war seit Kriegsende in mir immer lebhafter geworden. Meine Wahl fiel auf Heidelberg. Das war mehr intellektuelle Reiselust, noch keine innere Distanzierung von der Heimatstadt. Bei meinem ersten Ferienbesuch in Berlin aber, im März 1920, lernte ich einen Mann kennen, den ich bis heute als die bedeutendste Persönlichkeit unter denen ansehe, die ich als Freunde bezeichnen kann. Es war Kurt Badt, sozusagen der „frühe Badt“, von dem man wenig weiß, während der „späte“ ja zu seinem siebzigsten und achtzigsten Geburtstag in umfangreichen Festschriften geehrt wurde. Über den Bereich der Kunstwissenschaften allerdings und selbst über den deutschen Sprachbereich hinaus ist sein Ruhm wohl nur wenig hinausgedrungen. Als ich zum ersten Mal sein Haus betrat, im März 1920, war er gerade dreißig Jahre alt geworden. Albert Salomon, neun Jahre älter als ich, nach der Emigration als Soziologe bekannt geworden, hatte mich bei Dr. Badt eingeführt. Salomon hielt mich für ein „junges Talent" und Badt für den geeigneten geistigen Schutzpatron solcher Jünglinge. Kurt Badt akzeptierte mich, nachdem ich ihm Hölderlinverse vorgelesen hatte. Er war damals weit mehr Maler als Kunsthistoriker. Er stand in der Nachfolge von Cézanne, van Gogh, Renoir. Durch sein Buch *Die Kunst Cézannes* hat er sich fünfunddreißig Jahre später, selbst schon ein Fünfundsechziger, den Namen gemacht, dem sich ein starker akademischer Einfluss anschloss, obwohl er an Universitäten nicht mehr vollamtlich auftrat. Von alledem war damals noch nichts zu ahnen. Hinter seiner spröden, manchmal mürrischen Art verbarg sich eine Empfänglichkeit für alles Echte in den Erscheinungen großer Kunst, mochten es die bildenden Künste, die Musik oder die Dichtung sein. Für die Malerei hat er mir, soweit das bei meiner geringen visuellen Aufnahmefähigkeit möglich war, überhaupt erst die Augen geöffnet. Aber auch sonst schien mir sein Urteil unbestechlich und war für mich auch da maßgebend, wo bei ihm, besonders im Hinblick auf die gesellschaftliche Umgebung, Scharfblick und Voreingenommenheit zusammengingen. Sein Vater, Leopold Badt, war ein reicher, in der Getreidehandelsbranche führender Mann, zugleich am Berliner jüdischen Gemeindeleben stark beteiligt. Der Sohn lebte mit Frau und zwei Kindern vom Geld des Vaters. Aber wie sehr er auch anerkannte, dass der Alte Format hatte, war doch alles, was im Elternhaus als erstrebenswert galt, dem Sohn verhasst. Die jüdische Religion nannte er gelegentlich ein „Totenreich". Die kaufmännische Umwelt verabscheute er ebenso wie allen Kunstbetrieb, alles Literatentum in den damaligen „Goldenen Zwanzigerjahren" Berlins, wie sie im Rückblick auf die Epoche der Weimarer Republik oft genannt werden. 1925 war das Jahr seiner Übersiedlung an den Bodensee, wo er ständig wohnte und wohin er aus dem Londoner Exil auch zurückkehrte. Vorher aber war er in den Semesterferien für mich der wichtigste Mann in Berlin. Seinem

Enthusiasmus war jeder Überschwang fremd, die Begeisterung, wo er sie empfand und mitteilte, war im Ausdruck von vollendeter Sachlichkeit und Treffsicherheit. Ich konnte unter seinem Einfluss und kann nach wie vor nicht in den Chor derer einstimmen, die von der damaligen Kulturblüte schwärmen. Wohl erinnere ich mich, dass Werner Jaeger, der große Gräzist, damals an der Berliner Universität wirkte; dass Nicolai Hartmann, einer der gedankenreichsten deutschen Philosophen, 1931 nach Berlin berufen wurde; dass Max Reinhardt mit dem von mir über alles bewunderten und belachten Max Pallenberg aufwarten konnte; wie sehr Bruno Walter mich durch seine Aufführung von Mozarts *Entführung* entzückte, Alfred Kerr mit seinen Kritiken mich amüsierte und mir Denkanstöße gab. Aber das alles wurde überwogen durch den Eindruck, dass die Gesellschaft als ganze, selbst abgesehen von den politischen Umständen, um die Kurt Badt sich wenig kümmerte, in einem ungesunden Zustand war. Er wie ich isolierten uns weitgehend von ihr. Er konnte wegziehen; das war mir nicht möglich. Persönliche Niederlagen traten bei mir hinzu – davon später! –, doch möchte ich auch heute, nach rund sechzig Jahren, mein Urteil nicht in dem nostalgischen Sinne revidieren, der inzwischen wieder in Mode ist. Eine – zugegeben: rhetorische – Frage mag verdeutlichen, was ich meine: Warum war denn ein Sokrates unzufrieden mit seinen Athenern zu einer Zeit, als die großen Bühnendichter, ein Euripides mit seinen Tragödien, ein Aristophanes als junges Genie der Komödie, in Athen alle Welt fesselten, als die großen Sophisten, voran Protagoras, dort in hohem Ansehen standen? Trotz allen Glanzes schien das, wie sehr auch Blüte, so doch, aufs Ganze gesehen, dem Sokrates als Scheinblüte. Er vermisste die Redlichkeit, die Unbestechlichkeit, den Gemeinsinn, kurz: Tugenden, an denen es nicht mangeln darf, wenn ein Gemeinwesen gedeihen soll, Tugenden auch, die während der ersten Hälfte des Jahrhunderts, in deren Schlussphase Sokrates als junger Mensch hineinwuchs, zumindest noch ihre Chance gehabt und zuletzt den Aufstieg des Perikles gezeitigt hatten. Ich müsste mehr, als mir in Lebenserinnerungen am Platze scheint, sagen, um verständlich zu machen, warum ich, nach dem Vorbild von Sokrates und Kurt Badt – der sich nicht als einen Philosophen sah und sich nie auf Sokrates bezog – die vielgerühmte Kulturblüte im Berlin der Zwanzigerjahre im gleichen Sinne für eine aus sumpfigem Boden und in Treibhausklima entsprossene Flora halte, wie der Athener Platon die seiner Vaterstadt, ungeachtet aller Vorzüge, die ihm ja bestens bekannt waren.

Ohnedies ließ die Entfernung von Berlin in den Jahren meines Studiums mich Entwicklungen versäumen, die von dort ansässigen Zeitgenossen besser beobachtet werden konnten. Auf Heidelberg war ich schon eingestimmt durch Hölderlins Gedicht mit der Eingangsstrophe:

> Lange lieb' ich dich schon, möchte dich, mir zur
> Lust,
> Mutter nennen und dir schenken ein kunstlos Lied,
> Du, der Vaterlandsstädte
> Ländlichschönste, so viel ich sah.

Ich wohnte in nächster Nähe der Neckarbrücke und erblickte sie so, wie Hölderlin sie gleich anschließend rühmt:

> Wie der Vogel des Walds über die Gipfel fliegt,
> Schwingt sich über den Strom, wo er vorbei dir
> glänzt,
> Leicht und kräftig die Brücke,
> Die von Wagen und Menschen tönt.

Ein Hölderlinband begleitete mich auch auf Wanderungen mit meiner ersten großen Liebe. Allerdings war an eine Verbindung von Dauer trotz der Freundschaft, die der Verlobung nahe schien, nicht zu denken. Dass sie sich in Heidelberg mir zuneigte und nicht einem der vielen Korpsstudenten, deren lärmende „Alt-Heidelberg"-Romantik mir zuwider war, wollte schon etwas heißen. Sie hat mir zum Abschied ein *Neues Testament* im griechischen Urtext geschenkt mit ihrer Widmung auf Griechisch, die besagt: „Die Erinnerung aber bleibt uns." Ich benutze das Bändchen heute noch.

Doch zurück nach Heidelberg, zu den eigentlichen Studienerlebnissen! Es war die große Zeit des gerade nach München übergesiedelten Max Weber. Wenig interessierten mich daneben Heinrich Rickert oder Hans Driesch, die offiziellen Philosophen, umso mehr aber Karl Jaspers, der noch seinen Lehrstuhl hatte. In seinen Vorlesungen und Privatgesprächen zitierte er immer wieder Max Weber als Leitfigur. Webers Reden, die gedruckt umliefen, beeinflussten mich aufs Stärkste. Jaspers hatte damals den Übergang von der Medizin zur Philosophie hinter sich. Seine *Psychologie der Weltanschauungen* war gerade erschienen. Die Zusammenstellung so verschiedenartiger Denker wie Kierkegaard und Nietzsche war für den damaligen Jaspers charakteristisch, vollzog er sie doch im Namen der „Echtheit", eines Vorbegriffs dessen, was er später „existenzielles Philosophieren" nannte.

Zwar nur vier Jahre älter als ich, aber schon promoviert und dadurch eine Art jugendliche Respektsperson für mich war Hermann Glockner. Er hat die damalige Zeit in seinem *Heidelberger Bilderbuch* (Bonn 1969) beschrieben. Mich erwähnt er einmal beiläufig als einen „überaus irritablen Jüngling, dessen Augenbälle ruhelos von einer Seite zur anderen glitten. Sein feuchter Blick schien von allem angezogen zu werden und nichts halten zu können." Das war sein allererster Eindruck, den er in seinem Buch nicht mehr ergänzt. Und wie oft waren wir doch zusammen! Ich suchte ihn als meinen Berater auf, als einen, der im Universitätsbetrieb erfahren war und ganz darin aufging. Einmal sagte er streng zu mir: „Wenn Ihnen ein Buch, das Sie lesen sollen, nicht gefällt, dann taugt entweder das Buch nichts oder Sie taugen nichts." Ein so hingegebener Leser war er! Er wurde 1933 nach Gießen berufen. Nach Kriegsende schrieb er mir einmal, er habe manches zu bereuen. Mag sein, dass ich ihm darauf, wenn auch bestimmt nicht unfreundlich, so doch nicht in dem Maße entgegenkommend geantwortet habe, wie er es erwartet hatte. Jedenfalls riss der Kontakt wieder ab. Möglich wäre schon, dass seine Vergangenheit als Professor im „Dritten Reich" die „Verdrängung" des echten Gedenkens an seine Bekanntschaft mit einem neunzehnjährigen jüdischen Studenten bewirkt hat. Er erwähnt auch, recht ironisch, dass ich damals als blutjunger Anfänger erklärt habe, mich fähig genug zu fühlen, um Hegel zu verstehen und in dem Seminar von Jaspers über Hegels *Phänomenologie des Geistes* ein Referat zu übernehmen. Wie ich meine Sache dann gemacht habe, sagt er nicht. Jaspers selbst, daran erinnere ich mich noch, lobte meine Leistung.

Glockner war elf Jahre lang ein persönlicher Freund von Friedrich Gundolf. Es ist eine bewegende und hochinteressante Schilderung, die er von dieser Freundschaft gibt. Die jüdische Abstammung Gundolfs erwähnt er nicht, wohl aber, dass der Freund die Heidelberger Soziologen geringschätzig eine „jüdische Sekte" genannt hat. Soviel Wert auf schriftstellerischen Stil Gundolf und Glockner gelegt haben, so wenig kümmerte sich Max Weber in seinen Publikationen darum. Das verübelt ihm der Ästhet Glockner am meisten. Mir bedeutete das in diesem Falle gar nichts, denn mein Hauptinteresse galt innerhalb der Philosophie von Anfang an der Ethik. Hierfür hatte Max Weber in seinen Reden *Wissenschaft als Beruf* und *Politik als Beruf* sowie in seiner Abhandlung *Die protestantische Ethik und der Geist des Kapitalismus* ganz neue Probleme aufgeworfen, in einer Sprache, die eindringlich und klar, wenn auch schmucklos, dem aufmerksamen Leser Horizonte aufschloss und Entscheidungen abnötigte. Max Weber war, als Glockner und ich nach Heidelberg kamen, gerade nach München gegangen, wo er schon im Sommer 1920 gestorben ist. Ich wäre ihm sonst sicherlich nach München nachgezogen.

Glockner bringt Max Weber ebenso wie Stefan George unter den Titel *Mythos von Heidelberg*. Es sei mit ihnen ein Kult getrieben worden, den er ablehnt. Auch ich habe weder den einen noch den anderen vergöttert, beiden aber richtungweisende Impulse zu verdanken. Max Weber rechtfertigte einen in Deutschland neuen Typus des Wissenschaftlers als eines Menschen, der höchste theoretische Objektivität mit entschiedenster praktischer Stellungnahme vereinigt. In seinen religionssoziologischen Untersuchungen studiert er die sozialen Erscheinungen ohne jede Parteinahme für diejenige Religion, deren gesellschaftlichen Einflüssen er jeweils nachgeht. Und gerade durch diese Unbefangenheit entdeckt er ursächliche Zusammenhänge, für die sowohl Theologen als auch Historiker bis dahin blind gewesen waren, während die Philosophen es für außerhalb ihrer Kompetenz oder gar unter ihrer Würde liegend gehalten hätten, sich damit zu befassen. Die Fülle moralisch-praktischer Probleme, deren Materialien in solchen religionssoziologischen Studien dargeboten wurden, forderte zu ethischer Entscheidung heraus, die Weber aber in einer Weise vorzutragen wusste, dass sie nicht als durch die professorale Autorität den vom Hochschullehrer abhängigen Studenten aufgenötigt erscheinen konnte. Er selbst vertrat seine Entscheidung öffentlich, aber nicht in der Vorlesung, sondern im politischen Kampf, und wollte indirekt auch Politiker heranbilden, die durchaus nicht seinen Standpunkt zu teilen brauchten, wohl aber die Eigenschaften besitzen und in sich selber reifen lassen sollten, die er in der Rede *Politik als Beruf* als die Verbindung von „Leidenschaft und Augenmaß“ charakterisierte.

So etwas konnte die ganz der ästhetischen Sphäre zugewandten Freunde Gundolf und Glockner nicht fesseln. Ich selbst aber war der Welt der Dichtung zwar auch von ganzer Seele zugewandt, jedoch nicht wie jene beiden in der Weise der Abkehr von der Politik. So war meine Haltung zu Stefan George zwiespältig. Seine Gedichte las und rezitierte ich als die schönsten Wiederverkörperungen griechischer Verskunst seit Hölderlin. Den Mann, der das geschaffen hatte, gelegentlich in Heidelberg – er wohnte, wenn er dort war, bei Gundolf in einem Haus vor dem Eingang zum Schloss – im Vorbeigehen am Fenster gesehen zu haben, war das Ereignis eines großen Tages. Gundolf kannte ich bereits aus seinem Goethe-Buch. Sein Kolleg hörte ich fleißig. Die Strenge, mit der er das Werk um des Werkes willen deutete und dementsprechend das Aufgehen des Künstlers im Werk an seinem Meister Stefan George demonstrierte, machte mir tiefen Eindruck. Ein wenig komisch kamen mir im persönlichen Umgang einige seiner Verehrer vor: unter den jüdischen besonders der hochaufgeschossene Schulkamerad Erich Aron und gelegentlich auch meine Freundin Irmgard Kalischer, Nichte der bekannten „Georgiastin" Edith Stein-Landmann und ganz unter deren Einfluss stehend. Als großer Seher und vorbildlicher Führer kam George mit seiner bildungsaristokratischen Politikverachtung für mich nicht in Frage. Bei Weber und Jaspers, denen ich, gerade weil sie persönlich keinen Führerrang beanspruchten, umso mehr zuneigte, hätte ich mir wohl mehr musischen Sinn, als sie erkennen ließen, gewünscht; im Ganzen aber war die Hochachtung für diese beiden in mir viel zu tief gewurzelt, als dass ich mich dem Georgekult eines Gundolf je hätte anschließen können.

Dass aus einer dauernden Verbindung mit meiner Jugendliebe nichts werden konnte, verleidete mir Heidelberg, wenn auch nicht für immer. Dieser Freundin ist es wahrscheinlich zuzuschreiben, dass mein späterer Doktorvater Ernst Hoffmann sich so erstaunlich für meinen Studienweg interessierte. Sie, mit der er befreundet war, hatte mich ihm als den empfohlen, der unter allen ihr bekannten Studenten „am ernstesten an sich selber arbeitet". Hoffmann war zwar vor seiner Berufung nach Heidelberg Lehrer am Mommsen-Gymnasium, wo ich zur Schule ging, gewesen, dort aber hatte er mich und ich ihn nur wenig kennengelernt. Zu wissenschaftlichen Kontakten kam es erst in Heidelberg. Ohne dass ich ihm persönlich besonders nahegekommen wäre, lernte ich doch von ihm viel hinzu in der philologischen Interpretation antiker philosophischer Texte, in der er als Platonforscher ein Meister war, was ihm ursprünglich ja auch zu der Berufung nach Heidelberg verholfen hatte. Er empfand als alter Gymnasiallehrer immer eine gewisse Distanz, die er in dem Spottwort zum Ausdruck brachte: „Die Selbstachtung der deutschen Professoren grenzt an Heldenverehrung". Dabei fehlte es ihm nicht an einer gern zu abschätzigen Bemerkungen greifenden Selbsthochschätzung, nur war sie gemäßigt durch sein Vorbild Sokrates, nach dem er die von ihm herausgegebene Zeitschrift benannt hatte; im *Sokrates* veröffentlichte er später auch meine Dissertation vom Sommer 1923.

In den Sommerferien habe ich mich nach Blankenburg in Thüringen zurückgezogen und auf einsamen Wanderungen den ganzen Sophokles im griechischen Urtext gelesen.

[In Heidelberg hatte ich bei einer jüdischen Familie Carlebach, Schiffgasse 9, gewohnt. Ganz einfache Leute, sie hatten erwachsene Kinder, ein Sohn war im Krieg gefallen, sechs waren im Haus. Für den gefallenen Sohn wurde ein jüdisches Waisenkind adoptiert. Sonst nur scherzhafte Erinnerungen. Beispielsweise, wenn es sich um das drehte, was als „schä" (schön) anzusehen sei. Uns, d.h. mir und meinem mir nachgereisten Vetter Fritz Stern – der aber gleich in eine studentische Verbindung eintrat, wodurch alle Gemeinsamkeit aufhörte –, wurde angekreidet, dass wir von einem wohlschmeckenden Gericht auf berlinisch gesagt hatten, es schmecke „schön": „Dumms Zeisch, schä is e Mädle, aber kee Esse." Eines Tages gab mir der Hausvater Carlebach mit Bezug auf Irmgard Kalischer zu verstehen: „Ihnen Ihre Freindin mag ja sehr liebenswirdisch sein, aber schä is se mal net."

Ganz anders die Wirtin in Marburg, wohin ich im Herbst 1920, hauptsächlich wegen der enttäuschten Liebe, die ich irrationalerweise mit Heidelberg assoziierte, übergesiedelt war. Ein Stübchen hatte ich gemietet bei einer ganz armen, fromm christlichen Witwe, Frau Weitzel. Ich verstand nicht einmal, den eisernen Ofen richtig zu heizen, so dass die Wirtin, als sie sah, wie ich fror, mir den höchst einfachen Rat gab, doppelt so viel Kohlen in den Ofen zu stecken, was ich von da an auch tat.]

Während des Winters in Marburg, wo ich nur ein Semester lang blieb, war ich fleißig, ohne mich behaglich zu fühlen. An der Kirche, der gegenüber ich wohnte, zogen nachts öfters johlende Studenten vorüber, gerade die Sorte von „Kommilitonen", die ich am wenigsten mochte. In guter Erinnerung ist mir der Verkehr mit Oskar Schürer und Hans Hess, zwei miteinander befreundeten „älteren Semestern". Beide lernten bei mir Griechisch. Schürer, eine Kraftnatur aus Augsburg, reimte auf seinen Namen „Hürer" und „Verführer"; er kam oft zu spät, aber mit entwaffnender Liebenswürdigkeit, beispielsweise: „Jetzt schlagen's mich tot – bloß san's net bös!" Hess rühmte sich seiner Freundschaft mit Franz Rosenzweig, was ihn aber später nicht hinderte, sich als Nazi hervorzutun. Dies habe ich übrigens erst durch Hans-Georg Gadamer, den ich in Marburg (wo er als Student im Elternhaus wohnte) nur flüchtig kennengelernt hatte, bei einem Zusammentreffen Ende 1945 erfahren. Gadamer sagte mir damals auch, er habe sich an mich als Vorgänger erinnert, als er sich nach dem Philosophiestudium entschloss, klassische Philologie ausgiebig nachzustudieren. Soviel hatten ihm Schürer und Hess, seine Freunde, immerhin von meinem Griechischunterricht erzählt.

Wiederum stieß ich auf Hegel, dessen Frühschrift *Über die wissenschaftlichen Behandlungsarten des Naturrechts* Gegenstand der Seminarübungen von Julius Ebbinghaus war. Ebbinghaus, damals fünfunddreißig Jahre alt, war ein schwungvoller, streitbarer, anregender Mann. Ich ahnte noch nicht, dass er, der uns in ein Frühwerk Hegels einführte, sehr bald zum leidenschaftlichen Kantianer werden würde. Ebenso wenig war eine sich vorbereitende Wende bei dem achtunddreißigjährigen Nicolai Hartmann anzunehmen, der zusammen mit dem Neukantianer Paul Natorp, dem damals schon Endsechziger und nach Hermann Cohens Tode Haupt der „Marburger Schule", Übungen über Plotin leitete, an denen ich teilnahm. Ich erinnere mich noch an Hartmanns wie abwesend wirkendes ständiges Aufwärtsblicken. Für den Neuplatonismus aber konnten mich die beiden nicht gewinnen, davon war und blieb ich noch weiter entfernt als vom Hegelianismus und Neukantianismus, die immerhin als Zucht zur Methodik in meinen philosophischen Bildungsweg eingegangen sind.

Das nahende Frühjahr lockte mich nach Freiburg. Dort verbrachte ich ein ganzes Studienjahr, mit stärkerer Hinwendung zur klassischen Philologie als in Marburg, wo ich nur das Kolleg von Paul Friedländer über Tacitus gehört hatte, durch das übermäßig selbstbewusste Auftreten des Professors aber am Wunsch zur Annäherung gehindert wurde. In Freiburg wurde ich in das von Ludwig Deubner und Paul Immisch geleitete Oberseminar aufgenommen. Deubner hatte mir für die lateinisch zu verfassende Aufnahmeprüfungsarbeit ein Thema gestellt, das den Unterschied zwischen den in Rom einheimischen und den dort von außen eingeführten Göttern zum Gegenstand hatte. Er war als Philologe vornehmlich Religionshistoriker und gab eine Zeitschrift heraus, die der international führende Ulrich von Wilamowitz-Moellendorff als „Blättchen für Aberglauben" bezeichnet haben soll (so sagte mir's mein Lehrer und Freund Walther Kranz, mit dem ich damals die Fränkische Schweiz durchwanderte). Deubner war ein vorzüglicher Didaktiker. Später wurde er nach Berlin berufen. Er und seine liebenswürdige Frau gaben ein schönes sommerliches Gartenfest, zu dem auch ich eingeladen war. Mitten im besten, hochkultivierten Gespräch, das von Deubners mit deutsch-baltischem Tonfall gewürzter Freundlichkeit beherrscht wurde, erwähnte ich die Hungersnot in Lettland und unsere studentischen Spenden dorthin. Da zeigte sich der Balte aus Riga von einer anderen Seite: „Lasst doch recht viel von dem Pack verrecken!“ Schade, dass sich so etwas tiefer einprägt als die vielen Nettigkeiten, von denen mir nichts im Gedächtnis haften geblieben ist.

Bei Edmund Husserl hörte ich ein paar Vorlesungen, darunter eine über die *Einklammerung des Wirklichkeitskoeffizienten*. Gründlicher konnte man mir die Phänomenologie nicht verleiden. Martin Heidegger dagegen, damals noch Privatdozent, zog mich als Altphilologen heran in einem Seminar über die Lehre des Aristoteles vom „Nous“ (göttliche wie auch menschliche Vernunft). Die vielen Teilnehmer nahmen es mit dem Text nicht genau, er jedoch bestand darauf, dass erst einmal philologisch richtig interpretiert werden müsse, ehe Spekulationen begonnen werden dürften. Es war nicht das erste Mal, dass mir meine „Zweigleisigkeit“ zustattenkam. Bestärkt hatte mich und andere schon in Heidelberg Karl Jaspers, der jedem Philosophiestudenten einschärfte, zugleich mit der Philosophie ein Spezialfach je nach Wahl gründlich zu studieren. Er selbst war ja von Haus aus Mediziner. Heidegger trug wesentlich dazu bei, dass ich mich immer mehr in Aristoteles vertiefte; und tatsächlich ist nach dem Pantheismus Spinozas und Goethes, dem ich mich schon in den letzten Schuljahren geöffnet hatte, die aristotelische Philosophie, allerdings mehr die Ethik, Politik und Poetik als die Metaphysik, Physik und Logik, maßgebend für mein eigenes philosophisches Denken geworden.

Der Freiburger Sommer 1921 war durch die Nähe des Schwarzwalds ebenso schön wie danach der Winter. Ich wohnte so billig wie nur möglich – die Inflation und der Schwund unseres Vermögens hatten schon begonnen – bei einem sehr liebenswürdigen kinderlosen Ehepaar zur Miete. Beide hatten das größte Vergnügen daran, mir das Skilaufen beizubringen. Leider habe ich diesen Sport nur damals (1921/22) gepflegt. Als erstes echt studentisches, nicht nur akademisches Gemeinschaftserlebnis genoss ich das Mitsingen im

Chor unter der Leitung von Professor Wilibald Gurlitt. Händels *Cäcilienode* und das *Deutsche Requiem* von Brahms – es vibriert noch in mir, wenn ich daran denke. Dort schloss ich auch Freundschaft mit Günther Stern*, dem späteren Günther Anders. Die zwei Jahre, die ich ihm im Alter und als Student voraushatte, waren von Bedeutung. Er war, als Sohn des Hamburger Psychologieprofessors und philosophischen Systemerbauers William Stern, an philosophischen Disput gewöhnt, so sehr, dass Heidegger ihm im Seminar einmal über den Mund fuhr mit: „Das ist mir zu gelehrt." An Husserl hatte ihn der Vater empfohlen, und bei ihm hat er später – als ich schon längst kein Student mehr war – promoviert.

Aus der Freiburger Zeit und Landschaft ist mir besonders der Spätherbst in angenehmer Erinnerung. Der November 1921 war in dieser Hinsicht der schönste meines Lebens: wochenlang im Tal Nebel, in den nahen Bergen aber Sonne und wolkenloser Himmel. Mein Zimmerchen war in einer Arbeitersiedlung. Der Hausherr war aus Schlesien zugereist und nie so ganz heimisch geworden, sie eine echte Schwarzwälderin. Ich wurde wie ein Sohn behandelt. Die unumgängliche, sehr bescheidene Mietpreissteigerung erinnerte mich daran, dass die Inflation im Gange war.

Der Grund für meine Rückkehr nach Heidelberg zum Sommersemester 1922 lag darin, dass Ernst Hoffmann in mir ein wissenschaftliches Talent sah, das zu fördern er sich vorgenommen hatte. Sein Plan war, mich erst einmal promovieren zu lassen, dann meine Dissertation, wenn sie seinen Erwartungen entsprechen sollte, zu veröffentlichen und mich zum Umzug nach Heidelberg zu bewegen, damit ich mich dort auf die Habilitation in theoretischer Pädagogik vorbereiten und ihn von diesem Teil seines Lehrauftrages entlasten sollte, so dass er sich ganz der Geschichte der Philosophie widmen

* Günther Stern war in den Jahren 1929 bis 1937 der erste Ehemann von Hannah Arendt.

könnte. Ende Februar 1922 hatte ich sieben Semester hinter mir. Es war also nicht zu früh, an den Abschluss des Universitätsstudiums vorauszudenken. Walther Kranz riet mir, sicherheitshalber das Staatsexamen zu machen, damit ich, wie einst er selbst, notfalls Lehrer werden könnte. Ich scheute aber die gymnasiale Lehramtsdisziplin und hielt daher das Staatsexamen für unnötig. Hoffmann ebenso wie Kranz, die einander zwar nicht mochten, aber achteten, ebneten mir die Wege zu jener unerlässlichen Anerkennung in der Gelehrtenwelt, die nur durch Publikationen zu erreichen ist. Zunächst fand mein Vorschlag zum Dissertationsthema sofort Hoffmanns Zustimmung: *Die historische Bedingtheit des Gehalts der Nikomachischen Ethik des Aristoteles*. Damit startete ich im Sommer 1922. Zuvor aber hatte sich mein Eintritt in das Haus von William Stern vollzogen. Günther hatte mir von seinen Eltern und von seinen beiden schönen Schwestern, zwischen denen er, selbst ein schöner jüdischer Jünglingstyp, dem Alter nach in der Mitte stand, vorgeschwärmt und seine Eltern dazu überredet, mich einzuladen. So kam ich, zunächst als Gast, in das Haus in Hamburg und wurde freundlich aufgenommen. Mehr schien es zunächst nicht zu sein, obwohl ein paar Monate später sehr viel mehr daraus wurde. Die ältere Schwester Hilde, mit mir ungefähr gleichaltrig, hatte sich Heidelberg als vorübergehenden, gar nicht in erster Linie akademischen Aufenthalt ausersehen. Dort traf ich sie wieder und verliebte mich in sie. Dass daraus eine Ehe werden sollte, entsprach anfangs nicht den Wünschen ihrer Mutter [Clara, genannt Klärchen. Zwar musste der Schwiegersohn nicht unbedingt schön sein, aber zu der Intelligenz, Anständigkeit und Gesundheit, die man mir nicht absprach, sollte doch ein reiches Elternhaus kommen, das bei mir der Vergangenheit angehörte. Sie hatte sich unter den Hamburger jungen Männern Curt Bondy ausersehen, den späteren bedeutenden Pädagogen, der viel für die Auswanderung junger Juden nach Palästina geleistet hat. Aber erotisch wollte offenbar zwischen ihm und Hilde nichts zünden. Ich lernte ihn im Hause Stern nur flüchtig kennen, ebenso seinen jüngeren Bruder Fritz, den Mutter Stern auf Eva angesetzt hatte, offenbar gleichfalls ohne rechten Erfolg.]

Die Eltern Stern lebten zweifellos in glücklicher Ehe, was man schon damals nicht häufig antraf. William Stern hatte sich, obwohl selber nicht eigentlich religiös, vom Judentum seines als Vertreter der Reformtendenzen bekannten Vaters und noch mehr des Großvaters nicht trennen wollen. Dass er solchen Traditionsbruch nicht vollzog, sich also nicht taufen ließ, versperrte ihm den Weg zu der längst wohlverdienten ordentlichen Professur. Nach Kriegsende war es endlich soweit. Vor allem die neugegründeten Universitäten Hamburg und Frankfurt sahen es als Ehrenpflicht an, solche Zurücksetzungen gutzumachen, und so erhielt William Stern, etwa ein Jahr bevor ich Günther kennenlernte, einen Lehrstuhl in Hamburg. An seiner Kinder- und Jugendpsychologie, deren Forschungsergebnisse ihn international bekannt gemacht hatten, war seine Frau Clara zeitweise aktiv beteiligt. Die eigenen Kinder, alle drei wohlgeraten, waren zugleich die Lieblinge und die Beobachtungsobjekte der Eltern. Den philosophischen Personalismus vertrat Vater Stern allein. Er legte ihn dar in drei Bänden unter dem Titel *Person und Sache*. Dass ich mich als Philosoph zu ihm reserviert verhielt, hat er mir nie verziehen, obwohl es darüber nicht zum offenen Zerwürfnis kam. Zunächst wurde ich nach Überwindung einiger Bedenken als Schwiegersohn akzeptiert. [Hauptbedenken von Clara Stern war, dass ich nicht so schön sei wie Hilde, die ja wirklich, ihrer Großmutter mütterlicherseits Friederike geborene Benjamin nachschlagend, eine jüdische Schönheit war, wenn auch etwas kleiner an Wuchs. Die mir dies sagte, war Laura Henschel, eine Altersgenossin und Freundin der (1916 durch Selbstmord geendeten) Großmutter „Riekchen". Frau Henschel sammelte in Berlin junge Leutchen um sich, täuschte sich aber über Hilde gewaltig, indem sie meinte, diese sei nun fest und für die Dauer gebunden („süß und verwurzelt"). Warum jene Frühehe grundverkehrt war, dies zu erklären lohnt sich wegen eines Aufschlusses von allgemeiner Bedeutung, der sich daraus gewinnen lässt. Hilde liebte mich schon auch, aber mit dem beiläufig geäußerten Vorbehalt: „Versuchen wir's auf, sagen wir, fünf Jahre!" Ich nahm das gar nicht ernst, und auch sie ist erst nach vier Jahren, dann aber höchst praktisch, darauf zurückgekommen. Man sollte, damals wie heute, keine von solch einem Vorbehalt auch nur andeutungsweise begleitete Ehe eingehen.

In meiner eigenen Familie war der Sommer 1922 eine Zeit des Unglücks. Meine Mutter nahm sich das Leben – und das in der Nacht zu meinem Geburtstag! Solange ich sie kannte, hatte sie gelegentlich solche Andeutungen gemacht. Der Vater spottete darüber. Es kam ja auch nie zu einem Selbstmordversuch. In den Tagen vor ihrem Tod wurde ihr Rentnerinnengeiz krankhaft, aber das war verständlich bei dem Vermögensschwund, der uns infolge der Inflation immer mehr ruinierte. Wahrscheinlich hat bereits etwa fünfundzwanzig Jahre vorher die plötzliche Verarmung am Ende ihrer ersten Ehe das ursprüngliche Trauma gesetzt. An der Seite meines Vaters lebte sie zwar wirtschaftlich sorgenfrei, aber nie ganz zufrieden. Zu sehr war er ihr überlegen, und auch seine Freude an der freien Natur teilte sie nicht. Nach seinem Tod musste sie sich eingestehen, was sie an ihm verloren hatte. Die ihr eigene extreme Unentschlossenheit machte ihr die Verwaltung des Vermögens zur Qual. Einer ihrer Brüder, dem sie voll vertraute, war so töricht, nach altem Rezept „nur mündelsichere Papiere" für seine Schwester zu kaufen, während er selber an der Börse „spekulierte", d. h. durch Kauf und Verkauf von Wertpapieren viel Geld verdiente. Ich habe nie ein dümmeres Festhalten an ins Gegenteil ihres Sinnes verkehrten formellen Pflichten gesehen. Meine Mutter ist an der Inflation, die ja gerade die „mündelsicheren" Obligationen aufzehrte, insofern zugrunde gegangen, als ihre Unfähigkeit, sich durch eigene Arbeit Einkommen zu verschaffen, zusammentraf mit der Angst, der

Tochter und dem Schwiegersohn zur Last zu fallen, die doch ganz sicher, ohne sie zu erniedrigen, für sie gesorgt hätten, während ich das nicht konnte und mein Bruder noch weniger. Womöglich hat meine beabsichtigte Familiengründung ihr in ihren Ängsten den Rest gegeben. Unvernünftig! – und doch: wie ich sie, die eine Überdosis Veronal genommen hatte, regungs- und bewusstlos daliegen sah, kam mir auf einmal in den Sinn, dass ich ihr irgendwann hatte versprechen müssen, ich würde dafür sorgen, dass an ihr, wenn sie sich etwas antue, kein Wiederbelebungsversuch gemacht werde. Ich hatte das für eine ihrer nicht weiter ernstzunehmenden melancholischen Anwandlungen gehalten. Nun aber war der Ernstfall da. Ich bat den herbeigeholten Arzt, dem Wunsch meiner Mutter zu entsprechen. Er sah mich so argwöhnisch an, als wäre ich ein Erbschleicher. Ich blieb aber fest und setzte das durch, woran mich zu halten mir als ein Gebot der Pietät schien.

Die Wohnung war nun leer.] Wir heirateten, früher als geplant, am 20. September 1922, um einzuziehen und durch Vermietung Einnahmen zu haben. Vom Geld meines Schwiegervaters wollte ich denn doch nicht leben; er hatte ja auch erhebliche eigene Verpflichtungen und hätte es mir wohl nur für den äußersten Notfall angeboten. Ich machte also Schreibarbeiten in einer Bank. Die Inflation galoppierte, ohne dass ich an eigene Börsenspekulationen auch nur einen Gedanken verschwendete. Daneben arbeitete ich an meiner Dissertation, die denn auch zu kurz ausfiel. Hoffmann sagte: „Allerliebst, aber zu wenig für summa cum laude“. „Allerliebst“ – obwohl nur „magna cum laude“ – bedeutete aber immerhin, dass er die Arbeit sofort in seinem *Sokrates* drucken ließ. Die Promotion fiel auf den 28. Mai 1923. Einer der schönsten Abende schloss sich an, konnte ich doch unmittelbar nach bestandener Prüfung in Heidelberg gleich in ein Konzert des Rose-Quartetts gehen und mich von Beethovens Streichquartetten entzücken lassen. Es war, danach auch mit meiner Frau, die nach Heidelberg kam, ein kurzes glückliches Intermezzo, ehe wir nach Berlin zurückkehrten, mitten in die Zeit der schlimmsten Inflation. In deren letzte Monate fiel die Ausarbeitung einer kleinen Studie, die im Januarheft 1924 der Monatsschrift *Die Frau* erschien. Titel: *Die Frau in der griechischen Tragödie*. Bei der Herausgeberin, der linksliberalen Politikerin Gertrud Bäumer, war Hilde als Sekretärin angestellt. So lag es nahe, dass sie mich zu dem Aufsatz ermutigte und ihn ihrer Chefin zum Druck einreichte. Ich hatte meine Behandlung des Themas auf dieses Publikationsorgan insofern zugeschnitten, als ich einen paradoxen Sachverhalt beleuchtete: dass nämlich die athenische Frau im Rechts- und Gesellschaftsleben ein stumm aufs Haus beschränktes Dasein verbrachte, als Bühnenfigur aber aktiv und beredt vor die männlichen Zuschauer trat und durch die große Kunst der drei Tragiker tiefste Anteilnahme am weiblichen Wesen und Leiden erregte – eine (übrigens durch männliche Schauspieler gegebene) Frauendarstellung, die realistisch nicht im zeitschildernden, dafür umso mehr im psychologischen Sinne war.

Die Zeit der Weimarer Republik war pädagogischen Reformen und Experimenten sehr zugeneigt. Eines davon war die Volkshochschule in Internatsform nach dänischem Muster. Eduard Weitsch hatte eine solche 1919 in dem ehemaligen Schloss Dreißigacker bei Meiningen eröffnet. Öfters wurde ich eingeladen und sah mit Bewunderung auf zu ihm und seiner schönen jungen Frau. Sie stammte aus Prag, sprach ein reizendes böhmisches Deutsch, sah allerdings nicht wie eine Deutsche aus. Dass sie jüdischer Abstammung war, hat sie mir nie verraten, das erfuhr ich erst nach ihrem frühen Tod von dritter Seite. Es begeisterte mich, wie Weitsch den jungen Arbeitern, unter denen manche Charakterköpfe waren, die Art eines Lesens beibrachte, das zu echter Bildung führt. Eine seiner Regeln lautete: „Hütet euch, ein ironisches ‚Soso!' an den Rand zu schreiben, ihr könntet sonst nach ein paar Seiten genötigt sein, ein ‚Ach so!' hinzuzuschreiben." Auch die Hügellandschaft und die Abgeschiedenheit bei willkommener

Nähe zur Theaterstadt Meiningen erfreuten mich. Aber noch bevor deutlich wurde, wie brüchig meine eigene Ehe war, irgendwann im Jahre 1925, suchten mich, getrennt voneinander, Eduard und Klärchen Weitsch auf, um sich freundschaftlich mit mir darüber auszusprechen, dass es bei ihnen, trotz der beiden kleinen Kinder, nicht weitergehen werde. Es war eindeutig, dass da eine neue Frau dazwischengekommen war, mit der sich Weitsch auch bald danach verheiratete. Die erste Frau brachte es nicht fertig, ihr Privatleben mit so viel Verzicht zu beladen, wie das Leben in einem solchen Männerheim mit ständigen unerwarteten Anforderungen an den eigenen Mann das eben mit sich brachte. Die neue Frau konnte das. Ich habe sie zwar kurz kennengelernt, eine Freundschaft ist aber nicht daraus geworden. Später hörte der Kontakt auf, und ich habe Weitsch erst nach dem Krieg einmal in München wiedergesehen. Damals machte er mich auf einen Unterschied zwischen Nürnberg und München aufmerksam, der darin bestanden habe, dass man sich in Nürnberg schon längst nur noch mit „Heil Hitler!" begrüßte, während in München das Willkommen immer noch „Grüß Gott" lautete.

Eine ganz andere Quelle pädagogischer Hoffnungen entsprang in Schulpforta, dem altehrwürdigen gymnasialen Internat, wo mein alter Lehrer und Freund Walther Kranz Mitte der Zwanzigerjahre die Leitung übernahm. Er hatte inzwischen Erna Landauer geheiratet. Ihr Bruder Walter hatte sie ursprünglich mir zugedacht, aber über eine Freundschaft war es nicht hinausgediehen. Die beiden waren von einer Hochzeitsreise nach Hellas, worauf ja niemand besser vorbereitet sein konnte als Kranz, selig zurückgekehrt und gingen nun an die in Schulpforta gestellten Aufgaben mit vollem Vertrauen in die Zukunft heran. Ich wurde zum Besuch eingeladen und freute mich mit ihnen an den Bauten aus der Reformationszeit, über die sie nun gewissermaßen als Schlossherren walteten. Es kam aber schließlich zu einem Missklang. Kranz eröffnete mir, er sehe es als seine Aufgabe an, eine geistige

Führerschicht für das gesamte deutsche Volk heranzubilden. Ich erwiderte ihm, dass ich das nicht in Bezug auf das Ganze erhoffen könne, sondern nur innerhalb der gelehrten Kreise, für die ja Schulpforta von jeher Vorbildliches geleistet habe. Diese Einschränkung hat ihn tief verstimmt. Tragischerweise lief solche Überschätzung der eigenen Möglichkeiten 1933, nach Hitlers Machtergreifung, in die berufliche Katastrophe aus, indem der Mann einer jüdischen Frau sofort seine Position räumen und anderen überlassen musste, die auf ihre Art dort eine „Führerschicht" heranzüchten wollten, wofür sie die von ihm so geliebten und so wundervoll interpretierten und rezitierten Klassiker weidlich ausgebeutet haben.

Die wirtschaftliche Beruhigung durch die Währungsreform von Anfang 1924 brachte auch in mein Leben wenigstens insofern mehr Stetigkeit, als ich, nach der Geburt unseres Sohnes Michael (28. März 1924) eine Arbeit annahm, die mit meiner Ausbildung etwas zu tun hatte. Es war eine pädagogische Tätigkeit in den Vorbereitungskursen von Dr. Auerbach in den alten Sprachen. [Ferner erteilte ich, von meinem Schwiegervater empfohlen, einer amerikanischen Familie Privatunterricht in Deutsch. Es war die des später in Cambridge (Massachusetts) steil aufgestiegenen Neurologen Stanley Cobb. Zum ersten Mal erfuhr ich aus eigener Anschauung und erster Hand etwas über die Vereinigten Staaten. Ich bin ja nie in meinem Leben dort gewesen, aber die damals empfangenen Eindrücke prägten sich mir tief ein. Einmal schon die Großzügigkeit überraschte mich, durch die ein Mann, der die Mitte dreißig überschritten hatte, für einen nahezu zweijährigen Aufenthalt zu Studienzwecken in Europa ein zusätzliches Stipendium erhielt, das für seine Frau und drei Kinder und obendrein noch eine mitreisende Haushaltshilfe ausreichte. Viele Monate in London und Paris hatten sie schon hinter sich. Für die Studien in Deutschland war ein Jahr vorgesehen, ein halbes in Berlin und danach ein halbes in München. Da wollten nun alle – außer der unbedarften Haushaltshilfe – schnell Deutsch lernen, und ich sollte es ihnen beibringen. Am schwersten fiel es dem Familienvater. Nicht nur, dass er sowieso an gelegentlichem Stottern litt: Er gestand mir obendrein, dass zehn Stunden am Mikroskop ihm leichter fielen als eine Stunde Sprachunterricht. Umso besser ging es mit den Kindern und der Frau. Sidney mit acht, Helen mit sechs und Jock mit fünf Jahren fanden in mir einen freudigen und einfallsreichen Pädagogen. Dass es bei der Mutter Elizabeth Almy Cobb über das gute Lernen hinausging, erkannte ich bald an der Art, wie sie mich ansah. Aber über Blick, Wort und Händedruck ging es bei uns beiden nicht hinaus. „Don't spoil the memory!", sagten wir und hielten es durch. Sie war acht Jahre älter als ich vierundzwanzigjähriger frischgebackener Vater. Mütterlicherseits war sie eine Cabot, d. h. Abkömmling einer der Familien, die drei Jahrhunderte zuvor mit der „Mayflower" als „Pilgerväter" in Massachusetts gelandet waren. Das Andenken an jene ersten englischen Besiedler Amerikas wurde hochgehalten und ersetzte wohl gewissermaßen ein Adelsprädikat. Sie erzählte mir einmal von einem Verwandten, der es nie über sich gebracht hätte, nach einer Straßenbahn zu „rennen". Aus Haltung und Bewegungen sprach eine vollendete Erziehung. Ich war für sie „an entirely new type". Gewiss war ihre Ehe glücklich, aber der Mann, ein reiner Naturwissenschaftler, konnte den musischen Neigungen seiner Frau keine Nahrung geben. Ich war gewiss längst nicht so gut erzogen wie die beiden, aber etwas Musisches, insbesondere für die Poesie Aufgeschlossenes, brachte ich mit. Ich sprach schließlich auch meiner Frau gegenüber von dieser Liebe, die ja von „Ehebruch" weit entfernt war. Zu „verzeihen" gab es da eigentlich nichts. Ein Ressentiment mag bei Hilde geblieben sein; sie selbst hat es niemals eingestanden, ihr Vater deutete es später an. Frau Cobb machte nach dem Abschied, schon in München angelangt, ihrem Mann eine Mitteilung und schrieb mir dann: „It has given quite a shock to him." Wir sind lebenslang, wenn auch mit großen Unterbrechungen, in Korrespondenz geblieben. Cobbs waren auch bereit, mir, etwa 1941, das Affidavit für eine Auswanderung nach Amerika zu geben, aber es war schon zu spät. Auf meinen ersten Brief nach 1945 schrieb sie mir – wie stets auf Englisch, während ich immer auf Deutsch, aber nicht auf dem Duzfuß, mit ihr korrespondierte –, sie habe so sicher mit meinem Tod gerechnet, dass ihr mein Brief wie „from a ghost" vorgekommen wäre. Während des Krieges hat sie einen Aufsatz von mir übersetzen lassen. Ihr ist es zu verdanken, dass diese Studie unter dem Titel *Two Dionysians: Emerson and Nietzsche* in *The South Atlantic Quarterly* 39 (1940) erschienen ist – das Einzige überhaupt, was von mir während der zwölf Jahre, die ich in Deutschland als jüdische Unperson verbrachte, publiziert werden konnte. Als ich ihr, die schon hoch in den Achtzigern stand, nochmals einen Brief schrieb, erhielt ich eine ausführliche Antwort: Sie hatte sich nach dem Tode von Stanley Cobb wiederverheiratet, schließlich aber auch den zweiten Mann überlebt, und nun wolle ihr ältester Sohn Sidney sie zu sich nehmen, sie zögere aber noch. Danach kein Lebenszeichen mehr ... Vor der Abreise aus Deutschland schickte sie mir ein kostbares kleines Buchgeschenk. Es enthält zwar vorn ganz kurz nur die Widmung „Rudolf Schottlaender, from E. A. C., January 12, '26", lässt aber das Motiv der Auswahl erraten: Es ist nämlich, in bibliophilem Einband, *Le Roman de Tristan et Iseut*, renouvelé par Joseph Bédier de l'Académie Française, ouvrage couronné par l'Académie Française, mit Préface von Gaston Paris. Die Schenkende und der Beschenkte müssen daran gedacht haben, dass es bei ihnen nicht so tragisch ausgegangen ist, wohl aber, hätten sie sich nicht beherrscht, hätte ausgehen können, wie es von Tristan und Isolde in den bezaubernden Anfangssätzen der rekonstruierten Legende heißt: „Seigneurs, vous plaît-il d'entendre un beau conte d'amour et de mort? C'est de Tristan et d'Iseut la reine. Écoutez comment à grand' joie, à grand deuil ils s'aimèrent, puis en moururent un même jour, lui par elle, elle par lui." („Ihr Herren, gefällt es euch, eine schöne Geschichte anzuhören von Liebe und von Tod? Es ist von Tristan die und von Îsot der Königin. Vernehmet, wie in großer Freud und großem Leid sie einander liebten, dann daran starben an einem Tag, er um sie, sie um ihn."). Wie entfernt auch immer die Ähnlichkeit, wie ganz anders der Fortgang – es ließ uns doch erzittern.

Während ich mir von dieser Liebe schon damals sagen musste, dass sie sich zur freundschaftlichen Korrespondenz verdünnen werde, schien in anderer Hinsicht das Jahr 1925 verheißungsvoll. Es bahnte sich etwas an, das bis heute, sechzig Jahre später, noch nicht völlig ausgestanden ist. Ich wurde zum Übersetzer französischer Romane. Der Berliner Verlag Die Schmiede brachte eine Serie *Die Romane des XX. Jahrhunderts* heraus. Der beste Freund meines Bruders Hans, selber im Verlag Lektor, Walter Landauer, mit dem auch ich, ebenso wie mit seiner Schwester Erna, befreundet war, hatte mich den Chefs der Schmiede, Dr. Fritz Wurm und Dr. Julius Salter, empfohlen. Ich begann mit einem bretonischen Roman, der immerhin den Goncourt-Preis erhalten hatte: *La Brière* von Alphonse de Châteaubriant. Ich wählte als Titel *Schwarzes Land*. Es sollte eine Art Gesellenstück werden, denn ich war für Größeres vorgesehen. Eine lange Besprechung im *Berliner Börsen-Courier* spricht sich sehr anerkennend aus, nennt aber meinen Übersetzernamen nicht. Es ist ein Stück französischer „Blut-und-Boden-Literatur"; der Verfasser ist später offen zu den Faschisten übergegangen. Die Kunst in diesem geschickt geschriebenen Landschaftsroman ist nicht zu vergleichen mit der des Goncourt-Preisträgers von 1919, Marcel Proust, dessen Ruhm sich nun, nach seinem Tod im November 1922, auch in Deutschland zu verbreiten begann. Der eifrigste und kundigste Werber war der Romanist Ernst Robert Curtius, selber zweisprachig, Sohn einer französisch-schweizerischen Mutter. Der Verlag Die Schmiede hatte das Copyright für das Proustsche Gesamtwerk erworben. Ich bekam ein monatliches Fixum und setzte mich an die Arbeit. Nie hat mich eine Lektüre so bezaubert wie die des Abschnitts I von *Du côté de chez Swann*. Jeder neue Morgen ein neuer Ausflug. Diese *Kindeszärtlichkeit im Aufruhr gegen Erziehungsgrundsätze* – wie ich es mehr als fünfzig Jahre später einmal nannte – rührte mich im Innersten, manchmal bis zu Tränen. Nun, Rührung garantiert noch keine gute Übersetzung. Das wusste ich wohl und gab mir die größte Mühe – ich, der ich nicht Romanistik studiert hatte und noch nie in Frankreich gewesen war! Die Übersetzung ist nicht voll gelungen; viele, darunter ernste Einzelfehler müssen den ärgern, der den Urtext gut kennt; sie aber für misslungen halten kann man nur, wenn man „den Wald vor Bäumen nicht mehr sieht". Die Dankbarkeit für meine Arbeit ist mir von mehreren Seiten bestätigt worden, in der Öffentlichkeit allerdings nur von Hermann Hesse (im *Berliner Tageblatt* vom 29. April 1926 innerhalb seiner Sammelrezension *Der Bücherberg*). Er konnte nicht aufkommen gegen den Rufmord, der kurz vorher entfesselt worden war. Willy Haas, Herausgeber der Berliner Wochenschrift *Literarische Welt*, hatte in seinem Blatt mehrere Seiten dem Verriss meiner Übersetzung zur Verfügung gestellt. In meiner Unerfahrenheit hatte ich nicht geahnt, wie ungünstig der Start gewesen war. Ich hatte den Schmiede-Chefs gesagt, dass ich einen Superrevisor brauche. Salter und Wurm wandten sich deswegen an Ernst Robert Curtius. Wie sie mir sagten, habe der zu viel Geld verlangt. So wurde ich denn allein ins Feuer geschickt und hatte obendrein einen Feind mehr. Wie zählebig die Gehässigkeit nachwirkte, kann man daraus ersehen, dass noch nach sechsundfünfzig Jahren als „Gesamtwürdigung" meiner Übersetzung der Satz von Curtius zitiert wird: „Eine liederliche Pfuscherei ist sein Machwerk" (in *Marcel Proust. Werk und Wirkung*, Frankfurt am Main, 1982, S. 110). Friedrich Burschell, der zweite Verreißer, erwähnte wenigstens, dass meine Übersetzung von Châteaubriants Roman nicht ebenso schlecht sei. Als dritten – als ob zwei nicht genügten! – hatte Willy Haas noch Hans Jacob beauftragt. Dessen Ausfälle waren die heftigsten. Dass Willy Haas auch ihn beauftragte, den er samt seiner Meinung über mich doch kannte – denn natürlich redeten Berliner Literaten sofort miteinander über eine solche Sensation –, berechtigt mich dazu, von einer „Literatenmeute" zu sprechen.

Damit bestätigte sich mir erneut jener zwiespältige Eindruck vom demokratischen Berlin der „Goldenen Zwanzigerjahre", den Kurt Badt längst hatte und mir durch seine Urteile vermittelte. „Treibhausklima" – in Treibhäusern wachsen sehr schöne Blumen, und dennoch ist das Klima ungesund. Ich weiß nicht, ob mir der folgende Vergleich schon damals kam, heute jedenfalls will ich ihn niederschreiben: der mit dem demokratischen Athen um 400 v. u. Z.! Dort lebte und schuf ein Aristophanes, Sophisten wie Gorgias, Hippias, Prodikos brillierten. Ein Sokrates aber wurde hingerichtet! Die Ähnlichkeit geht noch weiter. Fünf Jahre nach einem verlorenen Krieg: 390 v. u. Z. so wie 1924 u. Z., standen sich gegenüber die konservativen Verlierer, die die Schuld an der Niederlage nicht bei sich, sondern bei den „Jugendverderbern" suchten – dies der Hauptanklagepunkt gegen Sokrates! – und mit denen man die Hintermänner der deutsch-nationalistischen Hetze durchaus vergleichen kann. Die Verfolgung aber richtete sich gegen einen, den die Ankläger mit den eigentlich Beschuldigten verwechselten, obwohl er doch selbst deren gründlichster Gegner war. An einen mit Sokrates vergleichbaren öffentlichen Mahner in Berlin kann ich mich freilich nicht erinnern, und darin mag der Hauptunterschied liegen, der zugleich eine Erklärung dafür ist, dass es in Deutschland so viel schlimmer weiterging als in Alt-Athen.

Trotz meiner Fehler hatte ich mit den „liederlichen Pfuschern", unter die Curtius mich einreihte, nichts gemein. Alfred Kerr schrieb dem Verlag: „Das erste Zweirad war ein Dreirad" und „Es war ein seltener Genuss, dieser Proust, also hat Schottlaender seine Sache gut gemacht." Auch Thomas

Mann dachte so, wollte aber gegen Curtius öffentlich nicht auftreten, ebenso wenig wie achtundzwanzig Jahre später Theodor W. Adorno, der mir das, ebenso wie 1926 Thomas Mann, in einem Brief mitteilte (Curtius ist erst 1956 verstorben).

Es fällt mir nicht ein, an der Lebensleitung Ernst Robert Curtius', insbesondere an seinen Verdiensten um Proust, zu mäkeln. Nur dass eben auch er gelegentlich zum bösartigen Fachidioten werden konnte, scheint mir durch sein Vorgehen gegen meine Proust-Übersetzung erwiesen. Es folgte Walter Benjamin, den ich selber im Sommer 1926 der Schmiede empfohlen hatte. Er machte mir sogar einen formellen Dankesbesuch; was ihn später nicht daran hinderte, meine Übersetzung als ein „lächerliches Debüt" in der deutschen Proust-Rezeption zu bezeichnen.

Was mich als Juden an Proust noch persönlich fesselte, waren seine so außerordentlich bedeutsamen Bezugnahmen in dieser Hinsicht. Es ist ja nicht bloß ein (übrigens von Anfang an bekanntes) biografisches Faktum, dass seine Mutter aus der jüdischen Familie Weil stammte. Und was *maman* für Marcel bedeutete, das erfährt man, kaum dass man den Roman aufgeschlagen hat. Nach israelischem Recht hätte Proust sogar als „Jude" zu gelten. Dass er Halbjude war, wirft ein Licht auf die Möglichkeit, als Jude mit einer überwiegend nichtjüdischen Nation zu verschmelzen, denn französischer als Marcel Proust kann wohl kein Autor sein, und von seiner jüdischen Mutter hat er Impulse empfangen, die sich in der Erinnerung des Sohnes an ihr Vorlesen aufs Schönste zeigen. Und Swann selbst, um den der erste Band von *Auf der Suche nach der verlorenen Zeit* sich dreht, ist Jude, ein hochkultivierter reicher Kunstfreund, den sein Verkehr mit Adligen in keiner Weise zum Snob gemacht hat, während ein anderer Jude in Marcels Umgebung, Bloch, schon eher einige Züge trägt, die von Antisemiten im judenfeindlichen Sinne glossiert werden könnten. Aber Proust beschönigt nichts; auch konnte er die Aufrichtigkeit umso eher wagen, als die judenfeindlichen

„Antidreyfusards" in Frankreich, wenigstens unter möglichen Lesern seiner Bücher, wohl ausgespielt hatten.

Als trügerisch erwiesen sich mir die Hoffnungen des Jahres 1925 bald auch im familiären Bereich. Als im Oktober 1925 unser zweites Kind geboren war und wir zu dem Sohn noch eine Tochter hatten, konnte die gemeinsame Liebe zu den Kindern nicht die Erwartung aufkommen lassen, der Bestand der Familie werde von Dauer sein. Weit gefehlt! Das zweite Kind, Hannah, war trotz meiner Vorkehrungen zur Verhütung empfangen worden, aber schon der Entschluss zur Austragung fiel der Mutter schwer. Schon damals hatte Hilde durchblicken lassen, ein drittes Mal würde sie zur Abtreibung greifen wollen. Ich sagte zwar weitere Verhütung zu; für den Fall aber, dass es missglücken sollte, ließ ich es offen, ob ich meine schweren Bedenken gegen eine Abtreibung zurückstellen würde oder nicht. Das bedeutete nach damaligem Recht einen eventuellen Zwang zur Austragung, da der eheliche Vater seine Zustimmung geben musste, wenigstens wenn ein seriöser Arzt den Eingriff vornehmen sollte. Hilde stand schon ganz auf dem Boden der frauenemanzipatorischen Auffassung „Mein Bauch gehört mir". Der Zusammenbruch meiner Übersetzertätigkeit und mein Rückzug in ein Privatgelehrtendasein schien ihr das Familienrisiko gewiss so sehr zu erhöhen, dass in ihr Anfang 1926 der Vorsatz reifte, mich zu verlassen. Sie war damals, wie ich mit Sicherheit sagen kann, noch längst nicht Kommunistin. Was sie an mir zurückschreckte, war der Mangel an gesundem Gelehrtenehrgeiz, den ihr Vater William Stern in jungen Jahren in reichem Maße besessen hatte. Dieser Mangel hat, wie mir scheint, seine Licht- und seine Schattenseiten. Einerseits habe ich mich durch meine Ehrgeizlosigkeit redlicher und geistig unabhängiger gehalten als viele, deren höchstes gesellschaftliches Ziel die ordentliche Professur war. Andererseits kann ich mich von einer gehörigen Portion Trägheit nicht freisprechen, die sich lebenslang in übergroßer Sesshaftigkeit und Reiseunlust wie auch in

Unsportlichkeit und Unordentlichkeit zeigte; will ich doch keineswegs behaupten, dass ein Philosoph so sein müsse.

Hilde verließ mich im Dezember 1926, indem sie aus ihrer Reise zu den Eltern nach Hamburg, wohin sie beide Kinder mitnahm, einen mir gänzlich unerwarteten endgültigen Abschied machte. Die Eltern gewährten allen dreien jeden Schutz. William Stern suchte mich in Berlin auf, um diesen Beistand zu rechtfertigen. Ein seltsamer Versuch! Er behauptete auf einmal – nie zuvor war eine Unzufriedenheit dieser Art laut geworden: „Wir Schwiegereltern haben unsere Armee sooo weit geöffnet“ (mit Geste), „aber es ist nichts gekommen.“ Meiner Erinnerung nach habe ich mich stets wie ein ganz normaler Schwiegersohn benommen, und weder Hilde noch Günther noch Eva haben mir in dieser Hinsicht einen Tadel zu verstehen gegeben. Auch mit Clara Stern ebenso wie mit ihrer Schwester Else und deren Mann Eduard Meyerstein („Onkel Eddy“) in Griebnitzsee bei Berlin, wo Hilde und ich viel Gastfreundschaft genossen haben, war das Verhältnis familiär und ungetrübt. Noch Anfang 1926 hatte William Stern mich dort einen Vortrag vor einem kleinen Kreis halten hören und mir nachher seine erstaunte Freude darüber zu erkennen gegeben, wie gut ich mich rein rednerisch für eine Vorlesungstätigkeit eigne. Tatsächlich hat er mich damals, wofür ich ihm dankbar war und bin, für das Sammelwerk *Die Lüge*, das seine Kollegen Lipmann und Plaut vorbereiteten, als Bearbeiter des Themas *Die Lüge in der Ethik der griechisch-römischen Philosophie* vorgeschlagen; mein Beitrag steht in dem Sammelband, der 1927 bei Joh. Ambrosius Barth in Leipzig erschien; er wurde günstig beurteilt, und auch ich selbst halte ihn für das Beste dessen, was ich vor 1946, also vor einer erzwungenen Unterbrechung von zwölf Jahren, geschrieben habe. Umso erstaunlicher das gekränkte Fremdtun der Schwiegereltern vor Weihnachten 1926! Ich bin fest überzeugt, dass sie für Hilde deswegen so uneingeschränkt Partei genommen haben, weil alle miteinander einen Familienvater wie mich als ein zu großes wirtschaftliches Risiko betrachteten, worüber sie sich bis zu Hildes Flucht noch kaum Gedanken gemacht hatten, denn meine ökonomische Pflicht tat ich ja immer, nur leider nicht mehr als das.

Inzwischen war ein Teil meiner Erbschaft gesetzlich aufgewertet worden, wobei zum Lebensunterhalt die Zinsen von etwa 70 000 Mark herauskamen, pro Monat kaum 300 Mark, was nicht reichte und durch meinen Bruder Hans ergänzt wurde. Er hatte sich reich verheiratet, liebte seine schöne junge Frau Lena, geborene Kass, und sah mit Respekt zum Schwiegervater auf, in dem er, der den Halt am Vater durch dessen Tod verloren hatte, nun eine neue Stütze fand. Er bewährte sich als Teilhaber und verdiente so viel Geld, dass er mich freiwillig unterstützte, was ich ohne Bedenken annahm.

In meiner wissenschaftlichen Tätigkeit fand ich außer durch meinen Doktorvater Ernst Hoffmann und meinen Schwiegervater William Stern Hilfe zu der für ein akademisches Weiterkommen unerlässlichen Publikation auch bei meinem Lehrer und Freund Walther Kranz. Er ebnete mir den Weg zu den Herausgebern der angesehensten deutschen Altphilologenzeitschrift *Hermes*. Der dort erschienene Aufsatz *Nus als Terminus* (Jg. 1929) ist der Rest einer größeren Arbeit *Nus als Terminus und Phänomen*, die ich mir als Habilitationsschrift gedacht hatte. In der Erinnerung an die Aristoteles-Übungen bei Heidegger, der mich in Freiburg im Sommer 1921 gern herangezogen hatte, richtete ich, wohl Ende 1927, an ihn die schriftliche Anfrage, ob er ein solches Thema als einen Vorschlag zu meiner Habilitation akzeptieren werde. Er lehnte ab mit der Begründung, er habe schon jemanden. Ob er damit den dreieinhalb Jahre älteren Karl Löwith meinte? Jedenfalls war von der vier Jahre später bei Heidegger ausgebrochenen Nazi-Aktivität, damals im Jahre 1928, als er Husserls Nachfolge in Freiburg antrat, für Außenstehende noch nichts zu erkennen, weder Husserl noch Löwith gegenüber, die ja beide jüdischer Abstammung waren; und so wäre es ungerechtfertigt, hinter seinem an mich gerichteten Ablehnungsbrief von Ende 1927 ein antisemitisches Motiv zu vermuten.

So blieb ich denn in Berlin als Kleinrentner, Privatgelehrter und verlassener Ehemann. Keiner wollte „die Schuld auf sich nehmen", was damals noch zur Scheidung gehörte, aber die Trennung war vollkommen und definitiv, so dass von echtem „Ehebruch" im Fall einer neuen Liebesverbindung nicht die Rede sein konnte. Trotzdem dachte ich zunächst nicht an Wiederverheiratung, als ich die Beziehung zu Wally Damm aufnahm, der ich, nach flüchtiger Bekanntschaft in Freiburg, ohne dass wir einander damals etwas bedeutet hätten, zufällig in der Berliner Staatsbibliothek wiederbegegnete. Als dann ein Kind unterwegs war, unser Anfang 1928 geborener Sohn Stefan, heirateten wir im Herbst 1927, nachdem ich die „Schuld" auf mich genommen hatte. Zwei sehr verschiedene Frauen, meine erste und meine zweite, eine Verschiedenheit, die sich, wenigstens teilweise, aus dem familiären Hintergrund erklären lässt.

Das Elternhaus der ersten war gutbürgerlich, dabei kultiviert und anregender Geselligkeit geöffnet. Im Familienleben gab es keine Krisen, enge Beziehungen zu Verwandten wurden gepflegt. Die Besonderheit der Sterns bestand aber darin, dass sie drei schöne, gesunde und aufgeweckte Kinder nicht nur hatten, sondern auch in dem Bewusstsein aufzogen, dass solch eine Edelzucht von jeder noch so großen Freiheit nur den edelsten Gebrauch machen werde. Das Wort „Übermensch" fiel zwar nicht, aber die um 1900 ausgebrochene Nietzsche-Mode übte doch ihren Einfluss aus. Bei der Mutter kam noch die Vergötterung hinzu, mit der sie den Sohn umgab, während sie die Töchter am liebsten zu führenden Damen der Gesellschaft gemacht hätte. Aber dazu hatte Hilde nicht das Zeug, sie wollte es auch gar nicht, und die Zeiten waren nicht danach. Dazu kam nun die Verbindung mit mir, der ich zum Gatten einer jüdischen Salonkönigin (à la Henriette Herz oder Rahel Varnhagen) nicht die geringste Eignung hatte. Ihr Vater war ihr immer ein Vorbild. Seinen enormen Fleiß, seine praktische Tüchtigkeit, seine gesellschaftliche Aufstiegsfreudigkeit vermisste sie bei mir. Aus eigener Kraft aber konnte sie nichts Ergänzendes beisteuern. Später ist sie dann Kommunistin geworden, hat zu Anfang der Nazizeit im Gefängnis gesessen, kam danach als arme jüdische Exilantin nach New York, wo sie ihrem späteren zweiten Mann, Hans Marchwitza, auf die Beine half, bis schließlich beide, er als Arbeiterschriftsteller, in die DDR heimkehrten und dort hoch gefeiert wurden. Jeder Kontakt mit mir war längst abgerissen; sie hat mich unseren beiden Kindern gegenüber fast nie, und wenn einmal doch, dann nur im hasserfüllten Sinne erwähnt.

Ganz anders der Hintergrund bei Wally Damm! An ihrem „Mütterchen" hatte sie sehr gehangen. Bestimmend aber war der Vater, den ich erst kennenlernte, als er schon Witwer war. So weiß ich von der verstorbenen Mutter kaum etwas zu sagen, vom Vater aber ist mir Wichtiges in Erinnerung geblieben. Otto Damm stammte aus Dithmarschen, ein friesischer Typ wie aus dem Bilderbuch, intelligent und redegewandt. In seiner bäuerlichen Umgebung war ihm gar nichts anderes übriggeblieben, als den mühsamen und damals nicht sehr einträglichen Beruf eines Gärtners zu erlernen. Zwischendurch musste er drei Jahre Militärdienst leisten. Das hat ihn sehr gewurmt, obwohl ihm die Reiterei sogar Spaß machte, aber er musste immerfort daran denken, wie viel Geld er hätte verdienen können, wenn er als „Einjähriger" die Schule verlassen hätte. Inzwischen war er Sozialdemokrat geworden, so dass die Appelle an preußischen Patriotismus bei ihm nicht verfingen. Der 1869 Geborene entschloss sich, wenig über die Mitte zwanzig hinaus, einen kleinen Einmannbetrieb mit Heimarbeiterinnen in Kremmen, nördlich von Berlin, zu eröffnen, und zwar für künstliche Blumen. Das war weit weniger mühselig und viel einträglicher als die Gärtnerei. Dass es ihm an Anfangskapital fehlte, brauchte ihn zwar von der Familiengründung nicht abzuschrecken, machte aber viel

Umherreisen nötig, wobei er aus Gründen der Sparsamkeit das Fahrrad benutzte, selbst auf weite Entfernungen, weil die Eisenbahn eben teurer war. Er, der von Haus aus kerngesunde Mann, hat sich dadurch eine Herzerweiterung zugezogen, an der er 1937 starb.

Dieser Vater war, ganz anders als William Stern, nicht liebevoll, am wenigsten zu seiner Tochter Wally. Er war, unbeschadet seines sozialdemokratischen Glaubensbekenntnisses und seines nordischen Aussehens das, was manche um ihn herum einen „weißen Juden" zu nennen pflegten: geizig und wucherisch und hierfür stadtbekannt. Dass der einzige Sohn sich freiwillig zum Militärdienst meldete, war ihm unfasslich. Die drei Töchter teilte er nach seinen Vorstellungen von Weiblichkeit ein. Wally, die mittlere, war weniger schön als die älteste und die jüngste. Dass sie sich graziös bewegte, übersah er; für ihn zählte nur, dass sie seinen Verstand geerbt hatte. Hieraus zog er aber nicht die Folgerung, sie studieren zu lassen, sondern er hatte vor, sie als billige Hilfskraft in seinem Betrieb einzuspannen. Diese eigennützige Zurücksetzung hat sie ihm nie vergessen, auch wenn sie sich, sobald sie nur konnte, wirtschaftlich von ihm unabhängig machte.

Ich war nun, obwohl ja auch aus mir ein Geldmensch hätte werden können, das Gegenteil davon, und gerade das flößte ihr Vertrauen ein. Zu der Heirat gab der Vater die Zustimmung mit der – natürlich nicht direkt zu mir geäußerten – Motivierung: „Wo Juden sind, da steckt immer auch Geld dahinter." Und in Bezug auf meinen Bruder stimmte das damals ja auch. Wallys gutes Verhältnis zu mir in unseren glücklichen ersten Ehejahren, etwa von Stefans Geburt Anfang 1928 bis über Wolfgangs („Wölfchens") Geburt Mitte Juni 1932 hinaus beruhte wesentlich auf dem Gegensatz meiner ganzen Sinnesart zu der von ihr abgelehnten, ja, man kann sagen gehassten ihres Vaters. Wie anfällig solche sozialdemokratischen Kleinkapitalisten mit der Zeit für den Nationalsozialismus wurden, ging aus einer seiner letzten Tagebuchaufzeichnungen hervor, die Wally im April 1937 nach seinem Tode vorfand und worin er über mich schrieb: „Der Semit" – ein Wort, über das er sich früher nur mokiert hätte – „ist mir nicht sympathisch".

In dem knappen Jahr zwischen der ersten und der zweiten Ehe familiär nicht mehr gebunden, gestattete ich mir endlich kurze Auslandsreisen, eine nach Paris im April und eine nach Florenz im Spätsommer. Ich habe nie fotografiert, nie Tagebuch geschrieben, bin weder ein Augenmensch noch reiselustig. Nach Athen und Rom, wo die mir vertrautesten Klassiker gelebt hatten, bin ich nie gekommen. Aus der Woche in und um Paris ist mir erinnerlich, wie ein ganz einfacher Mann, der mir eine freundliche Auskunft erteilt hatte, mich zum Abschied freundlich rügte, weil ich vergessen hatte, „Merci Monsieur" zu sagen. Diese Form der netten Belehrung war mir neu und machte mir Eindruck. Gleichfalls ein Unterschied zu dem, was ich aus Deutschland gewohnt war, bestand in dem leichten und anmutigen Gang, den schon auf der Straße die Mädchen und Frauen am Leibe hatten. Das konnte doch nicht angelernt sein, das kam aus tieferen Ursprüngen der spezifischen Nationalität. Auf der Place de la Concorde die sitzenden Statuen der größten französischen Städte – damals erst erfuhr ich, dass die der Stadt Straßburg von 1871 bis 1918 verhüllt gewesen war. Wie oft habe ich, bis heute, darüber nachgedacht! Wie unentschuldbar vereinfacht war uns das unter alldeutschem Einfluss in der Schule immer dargestellt worden! Ich hatte zwar längst umgelernt und deshalb in der Nachkriegspolitik nichts so sehr begrüßt wie Stresemanns Tätigkeit als Außenminister vom Locarno-Pakt an bis zum Eintritt in den Völkerbund. Aber die Anschauung, die sich auf der Place de la Concorde hinzugesellte und sich mit einer mir neuen historischen Information verband, prägte mir all das noch tiefer ein. Viel Geld hatte ich übrigens nicht zur Verfügung, aber was gab es doch für billige Delikatessen: Unvergesslich die frischen Krabben, die ich mir einmal von einem Stand an der nahen

Seine zum Frühstück holte, nachdem man sie im Morgengrauen an der Seine-Mündung gefangen hatte!

Warum nur ist mir von dem Aufenthalt in Florenz, obwohl er länger dauerte, weniger hängengeblieben?! Da fehlte mir mein Freund Kurt Badt, der mir als unübertrefflicher Führer durch Architektur und Museen die Augen geöffnet hätte. Soviel ich mich erinnere, hat er mir die deutsche Quartiersgeberin, das nahe bei Florenz ansässig gewordene Fräulein Licht, vermittelt. Sie war rau und kenntnisreich. Eine ihrer Belehrungen bestand darin, dass man bei Verhandlungen mit irgendwelchen Eigentümern immer nur mit einer Mittelsperson, dem „fattore", verhandeln könne und dabei stets feilschen müsse. Auf meine Bemerkung, das würde ich nicht tun, bekam ich zur Antwort: „Na wenn Sie es besser wissen!" Warum nur kann ich mich an die beiden riesengroßen Zypressen, zwischen denen ich oft hindurchfahren musste, besser erinnern als an den Palazzo Pitti? Ich weiß es nicht. Einmal bekam ich von dem Professore Arrigo Levasti, an den Badt mich empfohlen hatte, eine moralische Ohrfeige. Er konnte kein Deutsch, ließ sich aber auf mein (einst autodidaktisch zwecks Dante-Lektüre) erworbenes miserables Italienisch ein. Wir kamen auf Mussolini zu sprechen. Der war für ihn nur „Der da (Quello lì)!", im Ton des Abscheus gesprochen. Als ich radebrechend versuchte, den italienischen Faschismus aus Überreaktion gegen hyperdemokratische Schwächezustände zu erklären, fuhr mir der pazifistische Professor über den Mund mit der drohenden Frage: „Sind Sie für den Krieg oder für den Frieden?" Aus seiner Kampfposition verständlich genug!

Schon damals hätte ich nicht zwischen Stalin und Mussolini wählen mögen, scheute aber vor dem fanatischen, ja, bürgerkriegsähnlichen Kampf zurück, der in Berlin die gegenseitige Hasspropaganda der Rechts- und der Linksradikalen kennzeichnete. Einmal hatte ich auf einer Neuköllner Volkshochschulveranstaltung in einem Vortrag Kommunismus und

Nationalsozialismus miteinander verglichen und beide gleichmäßig abgelehnt. Danach trat ein Arbeiter auf mich zu und tadelte, dass ich etwas so Vorübergehendes wie den Faschismus mit etwas so Bleibendem wie dem Kommunismus überhaupt vergleichen könne. Er hatte auf seine Weise recht und doch nicht ganz recht. Mir fehlte damals jene Art von zeitgeschichtlicher Einsicht, die ich mir erst erwarb, als die sogenannte Totalitarismusdoktrin, die in den Fünfzigerjahren begann und bis heute virulent ist, mich aufstörte und zu tieferem Nachdenken nötigte. Wie ich es seitdem sehe, aber gegen Ende der Zwanzigerjahre noch nicht zu sehen vermochte, notiere ich hier vorwegnehmend.]

Der geschichtliche Hergang zwischen 1917 und 1945 ist zu begreifen als ein Prozess in Etappen, die sowohl den gemeinsamen Ursprung als auch das moralische Absinken klar werden lassen. Hierbei ist es eine Tatsache von größter geschichtlicher Tragweite, dass Mussolini zuerst ein, wenn auch später abtrünnig gewordener, Schüler Lenins war. Einrichtungen wie die Einparteiherrschaft samt parteilich gelenkter Gewerkschaft, Jugenderziehung, Presse sind original durch Lenin begründet und von Mussolini sowie später von Hitler übernommen worden. Daher die Ähnlichkeiten! Hinzugebracht aber hat Mussolini den extremen italienischen Nationalismus mit seinem ruhmredigen und eroberungssüchtigen Anspruch auf Nachfolge der alten Römermacht. Dieser Einschlag von kriegslüsterner Eitelkeit und heroisierendem Gebaren sticht aufs Ungünstigste ab von Lenins großem Gedanken der Ersetzung überkommener russischnationaler Vorherrschaft durch das sowjetische Nationalitätenprinzip. Das ist und bleibt eine gewaltige Errungenschaft, wie viel Beschwerden auch immer von einzelnen Nationalitäten gegen russisches Übergewicht bis heute geltend gemacht werden. War nun schon der Weg vom führenden Revolutionär Lenin zum nationalistischen Duce ein enormer Abstieg in moralischer und politischer Hinsicht, so kam es zu einer weiteren, in noch höherem Grade verwerflichen und gefährlichen Abwärtsentwicklung durch den biologisch verbrämten Rassenwahn, der mit Hitler seinen Einzug hielt. So kann man zwar mittels unzähliger Belege zeigen, dass, egal ob die Farbe rot, schwarz, braun oder blau ist, Uniform immer Uniform bleibt und den Hineingezwungenen entmündigt, man sollte aber, zugleich mit den vom gemeinsamen Ursprung herrührenden fatalen Ähnlichkeiten, die fundamentalen Differenzen beachten, die den Kommunismus vom Faschismus und erst recht vom Nationalsozialismus unterscheiden und somit die simple Unterbringung unter dem Dachbegriff „Totalitarismus" als zur Ungerechtigkeit verführend erscheinen lassen.

Ich will nun von diesem Exkurs, der spätere Einsichten antizipiert hat, zurückkehren und die unabweisbare Frage beantworten, wie ich mich denn zur Machtergreifung Hitlers verhalten habe. Positiv gesprochen, war ich Republikaner von ganzem Herzen und, was Deutschland anbelangte, von der wilhelminischen Ära dermaßen abgeschreckt, dass ich jede Wiederkehr monarchischer Zustände und damit auch jeden Führerkult entschieden ablehnte. Schon dadurch war ich von deutschnationaler Preußentumsverherrlichung und faschistischer Führerautorität so weit wie nur möglich entfernt. Mein Republikanismus orientierte sich an der besten Zeit der antiken römischen Republik: an dem halben Jahrhundert zwischen dem Zweiten und dem Dritten Punischen Krieg. Das war damals ein Republikanismus noch ohne Parteienwesen und -unwesen, der die Einheit von Senat und Volk (gemäß der Formel „senatus populusque Romanus") noch als real enthielt und nicht schon vom Auseinanderfallen in die Senatspartei und die Volkspartei (optimates und populares) zersetzt war. So hat es der griechische Historiker Polybios analysiert, so dient es dem römischen Historiker Sallust als Maßstab seiner Dekadenzdarstellung, und so hat es auch dem deutschen Romhistoriker Theodor Mommsen immer vorgeschwebt. So war und bin ich denn ein parteiloser Republikaner, parteilos um des wohlverstandenen Interesses der Republik willen, weswegen ich weder mit der Einparteiherrschaft noch mit dem Mehrparteiensystem sympathisieren konnte und kann. Wer in diesem Sinne parteilos und zugleich jeder Form monarchischer oder diktatorischer Regierung abgeneigt ist, kann in unserem Zeitalter politisch wohl nur als Publizist, nicht aber als Berufspolitiker tätig sein. Unpolitisch im Sinne politischer Uninteressiertheit war ich nie, doch fehlte mir zu politischer Publizistik der Antrieb, der mich erst nach Beginn des Kalten Krieges, seit 1950, zu öffentlichem Hervortreten nötigte.

So wenig wie andere durchschaute ich, warum der Vertrauensmann Hindenburgs, Heinrich Brüning, mit dessen Politik von 1930 bis 1932 ich weitgehend einverstanden war, nicht bleiben konnte, und welche Kräfte dem Bündnis Hitlers mit den Deutschnationalen schließlich zur Macht verhalfen. Das Studium Nietzsches, dessen Verhältnis zur Antike ich damals eingehend untersuchte, ließ mich die Demagogie der Völkischen und vor allem ihren schon von Nietzsche mit Verachtung gestraften Antisemitismus als barbarische Kulturzerstörung verabscheuen. Wie eng aber mein Horizont war, das erkenne ich heute, im Rückblick, daran, dass ich von Roosevelts „New Deal“, der ja durchaus eine Alternative zur faschistischen Bekämpfung der Arbeitslosigkeit darstellte, nichts wusste und mich auch um die freilich schwer zu beschaffenden Informationen nicht bemühte.

Dass ich als Jude keine akademischen Berufsaussichten hatte, reichte nicht aus, um mich zu Bemühungen um eine Auswanderung zu veranlassen. Es kam noch hinzu, dass ich zwar promoviert, mich aber noch nicht habilitiert hatte; die Habilitation aber war Vorbedingung dafür, dass die amerikanische Einwanderungsbehörde jemanden außerhalb der Quote und ohne Wartenummer auf eine Vorzugsliste setzte. Verwandte im Ausland, die mir die Auswanderung erleichtert hätten, fehlten. Mein Bruder in der Schweiz war bankrott, Schwester und Schwager hatten bei der Übersiedlung nach

Paris viel zu viel eingebüßt, um an mehr als ihr eigenes Überleben mit Tochter denken zu können. Entscheidend aber war sicherlich, dass ich durch und mit Wally in der Heiligenseer Idylle festgewurzelt und von Haus aus nicht ehrgeizig war, sondern zu der möglichsten inneren Unabhängigkeit von äußeren Umständen neigte, die Spinoza, ähnlich wie die antike Stoa, gefordert und vorgelebt hatte und an deren maßgebendem Einfluss auf mich die Rücksicht auf Frau und Kinder nichts Wesentliches änderte.

Die ersten Jahre nach Stefans Geburt (15. Januar 1928) waren erfüllt von bescheidenem familiärem Glück, im Übrigen aber ereignisarm. Wally wollte unbedingt noch ein zweites Kind haben. Eins, ein Mädchen, starb gleich nach der Geburt. Als nun das spätere Wölfchen unterwegs war, erwachte in ihr das Verlangen, den Kindern eine gesündere Umgebung zu verschaffen, als wir sie in unserer Moabiter Stadtwohnung hatten. Sie kam durch eine Zeitungsanzeige auf das relativ billige Grundstück in Heiligensee (im Norden von Berlin), wohin wir im Dezember 1931 umzogen. Erst jetzt erkannte ich ihre tiefinnerliche Verbindung mit Haus und Garten und halb ländlicher Umgebung, dem Umfeld ihrer Kindheit in Kremmen. Als ich den Kaufvertrag Ende 1931 abschloss, war die NSDAP, nach ihrem Wahlerfolg im September 1930, zwar in weiterem Aufstieg, aber auf meine besorgte Frage, ob ich als eingetragener Grundstückseigentümer womöglich durch ein antisemitisches Gesetz getroffen werden könnte, antwortete mir mein Rechtsanwalt Wunderlich, ein vornehmer Mann jüdischer Abstammung: „Wenn das passiert, nehmen Sie eine Keule und schlagen den Gesetzgeber tot!“ Ich bestand nicht auf meinen Bedenken und habe die Eigentumsrechte erst viel später auf meine Frau übertragen.

Als am 25. Juni 1932, mitten in der Rosenzeit, unser Wolfgang zur Welt kam, erschien das uns beiden wie ein neuer Anfang. Wie haben wir dies Kind geliebt! Es war ja so sanft, dass jemand später sagen konnte: „Dies Wölfchen ist eigentlich ein Lämmchen." Seine Anmut, seine früh sich offenbarende Musikalität zeichneten ihn aus. Der nüchterne ältere Bruder war ohne Neid und vertrug sich gut mit ihm. Auch ich fühlte mich wohl in dem unscheinbaren, nicht ganz fertig gebauten Haus und dem großen Obstgarten, war aber ungeschickt und musste mich von Vater Damms Gartenmeisterschaft oft beschämen lassen. Der Ausbau des zweistöckigen Wohnhauses mit Dachgeschoß war durch Mieteinnahmen lohnend; sogar die Kellerwohnung brachte etwas ein.

Zunächst wurde Wallys Enttäuschung über mich als schlechten Gärtner überwogen durch die gemeinsame Freude an der Musik. Unser Schutzgeist war da die alte Dame aus Wien, Fräulein von Lichtenfels, bei der sie gewohnt und Gesangsunterricht genossen hatte. Eine charaktervolle Gestalt: „Ich bleibe Österreicherin, bis ich zur Grube fahre!" Durch ihren langen Aufenthalt in Berlin kannte sie die Preußen und blieb ihnen keine Antwort schuldig. Einmal, so erzählte sie, fuhr sie mit einem arroganten Preußen im selben Eisenbahnabteil durch Tirol. Dieser machte eine Bemerkung über „österreichische Schlamperei". Darauf sie, mit ausgestrecktem Finger auf die Berghänge weisend: „Den Fleiß der Bauern auf so steilen Feldern macht ihr erst einmal nach!" So liebenswürdig ihre Umgangsformen waren, so unerbittlich streng konnte sie im Unterricht sein. Eine andere, mit uns etwa gleichaltrige Freundin, die ins Haus kam, war Halbjüdin, stammte aus Nürnberg und erfreute uns durch ihre würzige fränkische Mundart; ihr ganzer Stolz war, dass sie eine Zeitlang als „Opernsoubrette" auf der Bühne gestanden hatte. Endlich ein wenig Hausmusik in der Form, dass ich meine liedersingende Frau auf dem Klavier begleitete. Dazu das etwa fünfjährige Wölfchen mit seinen ersten musikalischen Talentproben! – eine Idylle, mit der man sich eine Weile über die sonstige Isolierung trösten konnte. Das ging so bis etwa in den Spätsommer 1938.

Unperson im „Dritten Reich“

Wovon habe ich, die berufslose Unperson, mit meiner Familie damals gelebt? Nach dem spottbilligen Kauf von Haus und Grundstück und den Ausgaben für Anbauten zu Vermietungszwecken waren von meinen rund 70 000 Mark knapp 40 000 übriggeblieben. Jüdische Sparkonten blieben erhalten, solange die Inhaber nicht entweder emigriert, eingesperrt oder deportiert waren. Das bedeutete eine Zinseinnahme, die rund 150 Mark pro Monat erbrachte. Ungefähr ebenso viel verdiente meine Frau mit ihrer Textilkorrespondenz, indem sie Nachrichten aus dem Englischen übersetzte und zu kurzen Wochenberichten für deutschsprachige Zeitungen im Ausland (*Prager Tagblatt*, *Textil-Revue* in Zürich) verarbeitete, wobei ich ihr kräftig half und viel Englisch lernte. Von meinem Bruder kamen keine Zuschüsse mehr, er war schon 1932 in die Schweiz gegangen, dort war seine Firma in Schwierigkeiten geraten, seine Ehe auseinandergegangen. Durch die Vermietungen wohnten wir mietfrei, Hypotheken lasteten nicht auf uns. Mit 300 Mark war bescheiden auszukommen, wenigstens bis etwa 1937. Zu größeren Reisen gab es kaum Gelegenheit; Geselligkeit und entsprechender Kleidungsaufwand entfielen; Theater und Konzerte zu besuchen, war mir verboten. Ein kurzer Auslandsaufenthalt ergab sich für mich daraus, dass ich meine Kinder Michael und Hannah in Schloss Eerde bei Ommen in Holland besuchte. Dort hatten reiche Quäker jüdischen Kindern aus Deutschland eine Zuflucht geboten. Es muss im Frühjahr 1935 gewesen sein, längere Zeit vor der Auswanderung beider Kinder mit ihrer Mutter nach Amerika. Der Gedanke, nicht nach Berlin zurückzukehren, sondern mein Glück im Ausland zu versuchen, kam mir gar nicht. Ich entsinne mich noch der Verwunderung, mit der ein jüdischer Bekannter mich nach meiner Heimkehr begrüßte. So sehr war ich damals eingesponnen in meine bescheidene philosophische Idylle mit der Familie in Heiligensee!

Kurios war die Umgebung schon, zugleich singulär und im Effekt lebensrettend. Es gab in Heiligensee prozentual wohl so wenig Juden wie nirgends sonst in einem Gebiet in und um Berlin. Da war noch das Ehepaar Michaelis mit dem kleinen Laden und der kinderlos verheirateten Tochter, die sich hinter ihrem „arischen" Ehemann verbarg. Sie war nicht einmal bereit, einer todkranken Jüdin am Ort Hilfe zu leisten – es hätte ja „auffallen" können! –; was *ich* dann tat. Mein Haus war, von außen betrachtet, eine Art „Bruchbude" und erregte niemandes Neid. So wurde ich denn auch in der „Kristallnacht" nicht, wie so viele andere jüdische Männer, abgeholt. „Rudolf Israel Schottlaender" war eben eine Null. Schräg gegenüber wohnte eine SS-Familie mit schlecht lernenden Kindern. Warum mir die nicht gefährlich wurde, weiß ich bis heute nicht, hatte es doch unliebsame Aufmerksamkeit bei der Frau erregt, dass die Kinder der bei uns wohnenden Arbeiterfamilie bessere Zensuren nach Hause brachten als ihre edelrassigen eigenen; sie kommentierte das mit dem klassischen Ausspruch: „Kunststück, wenn man beim Juden wohnt!"

Anfang 1939 trat insofern eine Besserung ein, als damals das Gesetz über die sogenannten privilegierten Mischehen herauskam. Wie gerüchtweise verlautete, hatten sich nach der „Kristallnacht" vom 9. November 1938 deutsche Offiziersfamilien, in denen es „jüdische Versippung" gab, an den Feldmarschall Mannerheim in Finnland und den ungarischen Faschistenführer Horthy mit Beschwerden gewandt, die von beiden an Hermann Göring weitergegeben wurden. Jedenfalls wurde ein Gesetz erlassen, das gewiss nicht für Leute wie mich gedacht war, mich aber formell einschloss und mir faktisch zugutekam. Wir waren alle vier „konfessionslos". Wie verzwickt diese Situation werden konnte, hatte ich schon Anfang 1938 erfahren, als ich den zehnjährigen

Stefan zur höheren Schule in Tegel anmeldete. Als „Mischling 1. Grades“ war er davon nicht ausgeschlossen, wenn er auch später nach der zehnten Klasse abgehen musste. Der als Nazi bekannte Oberstudienrat Hübner fragte mich nach dem „Glauben“ meines Sohnes. Die „halbjüdische“ Abstammung war natürlich bekannt, über Religionszugehörigkeit aber stand nichts in den Akten. Ich habe gelogen – eine Lüge, die ich nach wie vor nicht bereue. Als ich zu der Angabe „konfessionslos“ ansetzte, wurde ich unterbrochen: „Gibt's nicht! Es gibt nur entweder ‚gottgläubig‘ oder ‚glaubenslos‘; und Sie werden es Ihrem Sohn doch nicht antun, ihn als ‚glaubenslos‘ zu bezeichnen!“ Ich erfasste blitzschnell, dass ich uns mit der Angabe „glaubenslos“ allesamt als marxistische Atheisten abgestempelt hätte, und ließ „gottgläubig“ eintragen, was nicht nur unwahr, sondern sogar grotesk war, denn die Bezeichnung „gottgläubig“ war für jene rassistischen Neuheiden bestimmt, die nicht mehr Christen sein, aber erst recht nicht mit Kommunisten verwechselt werden wollten. Es war eine der Situationen, in denen Schutzgewährung den Vorrang hat vorm Wahrheitsagen – eine Problematik, die ich seit 1980 in meinen Schriften zur „Tugendpragmatik“ philosophisch erörtert habe.

Da unsere beiden Söhne zwar nicht christlich, aber auch nicht jüdisch erzogen waren, glitten wir haarscharf vorbei an jener feindseligsten Bestimmung des neuen Mischehengesetzes, die jede „Privilegierung“ für den Fall versagte, dass Kinder aus einer Mischehe „jüdisch erzogen“, einfacher gesagt: als „mosaisch“ in die Geburtsurkunde eingetragen waren. Solche „Halbjuden“ hießen „Geltungsjuden“ und waren ebenso schutzlos wie ihr „volljüdischer“ Elternteil. Andernfalls aber war dieser, ob nun Vater oder Mutter, mitgeschützt. Das war bei mir der Fall; daher brauchte ich später trotz des „J“ im Pass und trotz des Vornamens „Israel“ keinen Judenstern zu tragen und war vor dem Abtransport insoweit geschützt, als korrekt verfahren wurde – was freilich nicht überall garantiert und weitgehend Glücksache war, aber: Ich hatte Glück.

Die Nürnberger Rassengesetze vom September 1935 samt der vorhergegangenen antisemitischen Hetzkampagne, die von Streichers *Stürmer* angeführt wurde, waren im deutschen Volk allgemein bekannt. Niemand kann behaupten, er habe davon nichts gewusst, wie viele auch immer mit Recht sagen können, von Auschwitz hätten sie nichts gewusst. Dass im deutschen Volk der Begriff der „Rassenschande" oder die Herabsetzung zu „Mischlingen" entweder, wie zumeist, gläubig oder allenfalls achselzuckend aufgenommen wurde, statt offene oder doch weitverbreitete heimliche Empörung auszulösen, sehe ich als eine schwere kollektive Belastung an. Es war außerhalb der KZ-Lager in Deutschland eine seltene Ausnahme, dass jemand die Nürnberger Rassengesetze als einen unerträglichen Rückfall in die Barbarei verwarf, während man im Ausland in der Regel darüber entsetzt war.

Für mich wie überhaupt für die kleine Minderheit der in „Mischehe" Verheirateten war es freilich kein Problem, ob wir die rassistische Diskriminierung ablehnen sollten oder nicht. Die unbedingte Verurteilung stand für uns fest. In Frage stand bei mir nur, ob ich mich einem nur zu verständlichen ungezügelten Hass hingeben sollte. Solange ich im Lande blieb, war jede Art von Widerstandskampf für mich schon deswegen unmöglich, weil ich gar keine Gruppe kannte, der ich mich hätte anschließen können. So wenig ich also Feinde wie die Nazis christlich „lieben" konnte, so sehr bemühte ich mich doch, mir neben der entschiedensten Verwerfung der Barbarei so viel Objektivität wie möglich zu bewahren und meine Urteile nicht durch Hass trüben zu lassen. Zu einer solchen Haltung war ich philosophisch prädisponiert. Die antike Philosophie, insbesondere der Stoizismus, aber auch Spinoza und Goethe, die Großen meiner Gymnasiastenlektüre, hatten mich ein solches Verhalten gelehrt. Wie der Hass, so sollten mir auch die Furcht und der Zorn möglichst fern bleiben.

Diese Einstellung hatte mehrmals eine geradezu rettende Funktion. So bei der Gelegenheit, als plötzlich, im Herbst 1937, zwei Gestapoleute bei mir auftauchten, um meine Bibliothek zu besichtigen. Hätte da die Angst oder gar eine heimliche Wut sich in Worten oder Mienen ausgedrückt, konnte es leicht schlimm ausgehen. Man suchte nach kommunistischen oder sonst wie verdächtigen Büchern. Nun besaß ich zwar keine eigentlich marxistische Literatur, aber wenn die Burschen etwas finden wollten, dann hätten sie es in dem Augenblick gefunden, wo ich Zeichen eines schlechten Gewissens oder was sie dafür halten mochten, gezeigt hätte. Ich verhielt mich jedoch seelenruhig, und so nahmen sie schließlich, um nicht ganz ohne Beute wegzugehen, etwas „Russisches" mit, nämlich Tolstois *Auferstehung*, wovon ich eine Übersetzung besaß. Etwas „Französisches", nämlich meine Proust-Übersetzung, wollten sie nicht haben; der eine von beiden sagte sogar, weil da „eine Widmung an Ihre Frau drinsteht". Kaum zu glauben, aber es hat sich so abgespielt! Ich bin übrigens weit davon entfernt, dahinter humane Motive zu vermuten, denke vielmehr, dass meine Art von philosophischer Ruhe mich als absolut uninteressant und ungefährlich erscheinen ließ. Wie es überhaupt zu dieser Haussuchung kam, wer da denunziert haben mochte, habe ich nie erfahren. Sicherlich nichts zu tun damit hatte mein Verkehr mit dem altkommunistischen Arbeiter Franz Klamann, der an gemeinsamen Schachabenden, wo er mich weit öfter besiegte als ich ihn, unbeirrt festhielt; passierte ihm doch zu der Zeit gar nichts, wie er sich denn auch späterhin gut zu tarnen wusste. Er war wirklich immun gegen die Verhetzung und bedauerte nur, dass ich nicht wie er durch eine kommunistische Schulung gegangen sei. An aktivem Widerstand kann er sich kaum beteiligt haben, sonst hätte er die Zeit nicht heil überstanden.

Der mir entgegenschlagende Judenhass zusammen mit meiner philosophischen Enthaltung von urteilstrübendem Gegenhass hat meinen Charakter umgeprägt. Ich erwarb mir diese Haltung in der Einsamkeit jener Jahre. Einsamkeit ist dabei nicht im Sinne mönchischen Eremitentums zu verstehen. Ich lebte ja in der Familie; die gemeinsame Liebe zu den Kindern hielt die Ehe zusammen. Aber mir ganz allein eigen war die Entschlossenheit, philosophische Denkweise antiken Ursprungs nun auch selbst zu bewähren, danach zu leben, mich tagtäglich daran zu halten. Meine Frau sagte wohl gelegentlich mit liebevollem Unterton „Mein nüchterner Grieche", aber zu einem Mitstudium hatte sie keine Lust. Noch weniger konnte ich das jüdischen Verwandten oder Bekannten zumuten, von denen ohnedies nur wenige übrig geblieben waren, darunter meine Kusine Helene und ihr kranker Mann Max Kuttner. Er hatte einst bei meinem Vater Fürsprache eingelegt, indem er ihn bat, sich nicht so sehr gegen mein geplantes Philosophiestudium zu sträuben. Ein Rückenleiden hatte ihm, der ursprünglich Architekt gewesen war, jede Aussicht auf Berufsfindung im Ausland verschlossen. Ohnmächtig sahen beide dem Abtransport entgegen.

Ich will mich nicht zum Weisen hochstilisieren. Ab und zu wurde ich mit Sokrates verglichen, aber im Scherz und das mit Recht. Denn Sokrates war Tag und Nacht unermüdlich, er hatte sich als Soldat bewährt, war nicht unter den Tisch zu trinken. Dagegen nun ich: nicht nur unmilitärisch und unsportlich, sondern so beschaffen, dass mein Leben fast keine Nächte enthält, die ich durchdiskutiert, durchgearbeitet, durchgezecht oder auch nur durchgetanzt oder durchgeliebt hätte. Das alles sind Zeichen nicht von Stärke, sondern von Schwäche. Und doch ist da etwas, worin ich mich zwar nicht als Weisen, wohl aber als einen im unendlichen Prozess des Weiserwerdens Weiterschreitenden – eben als einen Philosophen – betrachten durfte und darf. In der Einsamkeit der Jahre des „Dritten Reiches" ist daraus der Charaktertyp geworden, als der ich in der zweiten Hälfte meines Lebens, vom Ende Hitlerdeutschlands bis heute, meinen Weg gesucht habe, einen Weg über Rufmorde vonseiten der beiden entgegengesetzten

Parteiungen im Kalten Krieg bis zu der äußeren Unangefochtenheit, in der ich diese Memoiren niederschreibe.

Nach außen hin ließ sich die Einsamkeit in der Form der Berufslosigkeit nach 1938 nicht durchhalten. Vorher hatte es eine kurze Episode gegeben, in der es so schien, als könnte meine altphilologische Ausbildung mir im jüdischen Bereich eine Betätigung eröffnen. Die Philologin Frau Dr. Leonore Goldschmidt hatte in Berlin Gymnasialkurse für jüdische Kinder einrichten dürfen und mich als Lateinlehrer angestellt. Bald war es auch damit aus. Um nicht zu irgendeiner Zwangsarbeit gepresst zu werden und auch weil es mit der Auswanderung nicht voranging, nahm ich eine Anstellung als ungelernter Krankenpfleger an. Außer dem großen Jüdischen Krankenhaus gab es noch das kleinere Israelitische Krankenheim. Dort ging es so streng orthodox zu, dass ich als nichtfrommer Jude ein Außenseiter war, den man aber wie einen „Schabbesgoi" gebrauchen konnte, beispielsweise wenn am Sabbat Verrichtungen nötig waren, die nach strengem Ritus vermieden werden mussten. So habe ich mehrmals eine überaus fromme Nachtschwester begleitet und dabei Papier abgerissen oder Licht angeknipst, was als am Sabbat verbotene „Arbeit" galt. Mein Doktortitel, den man in der Anrede meist respektierte, konnte nicht darüber hinwegtäuschen, dass die nichtstudierten Kollegen ihre Sache viel geschickter machten als ich, der ich bei den Patienten nur wegen meiner Freundlichkeit beliebt war. Diese Tätigkeit begann ich am 1. Juli 1939 und setzte sie etwa ein Jahr fort. Dann kam der große Einschnitt, der mich für mehr als zwei Jahre von Berlin entfernte, wiederum in der Eigenschaft eines eigentlich ungelernten Krankenpflegers, aber nun in einem Stuttgarter jüdischen Privathaushalt. Meine Frau, die das von Stuttgart aus aufgegebene Zeitungsinserat entdeckt hatte, redete mir sehr zu. Es war, wenn auch damals noch nicht recht erkennbar, der Beginn einer Auflösung der Familie, die fünf Jahre später mit der Scheidung endete.

Ich kam Anfang Juli 1940 nach Stuttgart, um den an Schüttellähmung leidenden Herrn Schoemann zu pflegen, eine Aufgabe, die für seine Frau zu schwer war. Das jüdische Ehepaar Schoemann wohnte auf der Doggenburg, auf der Degerloch direkt entgegengesetzten Seite der Hügelumgebung um den im Tal liegenden Stadtkern. Es war für mich eine Art von bequemer Verbannung. Von der Stadt Stuttgart habe ich nur selten etwas und dann nur wenig zu sehen bekommen. Ich hatte tagsüber meinen Patienten zu waschen, zu füttern, umherzufahren und nachts neben ihm zu schlafen, um gelegentlich den schweren Körper umzulagern, ein insgesamt nicht allzu anstrengender, aber fast unausgesetzter Dienst. Der Kranke war zum Wrack geworden, kaum noch bei Verstande. Frau Schoemann war trotz der Höhe ihres Bankkontos, die ich nie erfuhr, eine schlichte, brave Hausfrau, die mehr schwäbisch als jüdisch wirkte. Sie verzehrte sich in Sehnsucht nach ihren beiden ausgewanderten Töchtern, deren Briefe jedes Mal Ereignisse waren. Einmal erzählte sie mir von dem jüdischen Pfleger, der vor mir bei ihr gedient hatte: Dieser habe so laut und hartnäckig verlangt, über das Schicksal seines Bruders informiert zu werden, dass einer der Polizisten, die ihn schließlich abführten, ihr hinterher gestand: „Der Kerl hat mir imponiert." So setzt sich manchmal die Persönlichkeit auch eines offiziell zur Unperson Gewordenen unwillkürlich als Eindruck durch, ob es nun praktisch hilft oder nicht. Ein andermal erfuhr ich durch Frau Schoemann etwas von der Weisheit eines alten Juden, ihres verstorbenen Onkels, der zu sagen pflegte: „Bevor du dich aufregst über etwas, überlege, ob du dich darüber auch ein Jahr später noch aufregen wirst!" Ein goldenes Wort, das ich hiermit aufbewahren möchte!

Das Geld der Schoemanns reichte auch noch für eine Haushaltshilfe. Sie, ein wenig jünger als ich, hat mich zunächst wegen meines Doktortitels heftig abgelehnt, sich dann aber, als sie merkte, dass mir jeder akademische Hochmut fremd war, in mich verliebt und wollte mich zur Mitauswanderung überreden. Ich versagte mich ihren Wünschen. Sie schrieb mir noch einmal aus Barcelona, ihrer ersten Zwischenstation. Wohin sie danach entkommen ist, weiß ich nicht.

Gegen Ende des ersten Jahres meines Aufenthalts in Stuttgart erfolgte der Überfall auf die Sowjetunion. Wir hörten nur vom gigantischen Vormarsch. Die militärischen Prahlereien und die Täuschungen der deutschen Öffentlichkeit waren mir aus dem Ersten Weltkrieg noch lebhaft gegenwärtig. In der zweiten Julihälfte 1941 besuchte mich meine Familie aus Berlin. So machte ich denn meinen dreizehneinhalbjährigen Sohn Stefan auf den Widerspruch aufmerksam, der darin bestand, dass Hitler zunächst verkündet hatte: „Der Feind ist geschlagen und wird sich nie wieder erheben", dass aber vier Wochen später doch wieder vom „heftigen Widerstand des Feindes" die Rede war. Meine Frau verwies mir das, weil der Junge dadurch in Konflikte gestürzt werde. Ich bin nach wie vor davon überzeugt, dass ich mit meinem Hinweis, auch wenn er – vielleicht – untergegangen ist, recht getan habe. Eine der erschreckendsten Ähnlichkeiten deutscher Mentalität im Ersten und im Zweiten Weltkrieg besteht ja darin, dass solange wie möglich ein unwahrhaftiger Optimismus angeheizt wurde. Wie anders die Briten, die es ertrugen, dass ihr Churchill ihnen sagte: „Ich kann euch nur Blut und Tränen versprechen!" Gerade dadurch wuchs die britische Ausdauer bis zum schließlichen Sieg, nicht aber durch die ständige deutsche Vorwegnahme des „Endsiegs".

Im Spätsommer 1940 wurde das Tragen des Judensterns verordnet. Ich selbst fiel unter die Ausnahmen, weil die in „privilegierter Mischehe" lebenden Väter von nicht jüdisch erzogenen Kindern den Stern nicht zu tragen brauchten. Dass Frau und Kinder damals nicht bei mir lebten, war dem Gesetzesparagraphen nach unerheblich – einer der wenigen Vorteile der Bürokratie! So stand es auch in meinem Pass, und das sollte mir noch zugutekommen.

Anfang März 1942 war der Gauleiter von Württemberg auf eine Art von „Arisierung“ verfallen, die sogar nach „Humanität“ aussah. Man hatte ausgerechnet, dass rund tausend alte und kranke Juden in Stuttgart und anderen württembergischen Städten lebten. Nun gab es in dem schönen Städtchen Haigerloch (in Hohenzollern) von jeher eine von Juden bewohnte Siedlung, eine Art von freiwilligem Getto. Von dort waren alle arbeitsfähigen Juden abtransportiert worden. In die freigewordenen Wohnungen wies man die tausend Alten und Kranken ein. Damit schlug man zwei Fliegen mit einer Klappe: In die schönen Wohnungen, wie die von Schoemanns auf der Doggenburg, konnten nun „Arier“ einziehen; und zugleich wurde der Anschein erweckt, als könnten die Alten und Kranken in Haigerloch halbwegs menschenwürdig zu Ende vegetieren. Ich entschloss mich, meinen Patienten und seine Frau dorthin zu begleiten. Da ich als Einziger unter den rund tausend Deportierten den Judenstern nicht zu tragen brauchte, wurde ich bestürmt, in der Stadt einzukaufen. Ich tat das ein paarmal, bis eines Tages der Ortsgruppenleiter auf mich zustürmte und mich anbrüllte: „Wo ist dein Stern?“ Hier kam mir nun wieder – wie 1937 bei der Haussuchung, nur in einer viel gefährlicheren Situation – mein Stoizismus zugute. Ich bat den Mann ganz ruhig, mich zum Rathaus zu begleiten, wo ihm der Beamte bestätigen werde, dass die Angaben in meinem Pass tatsächlich dazu ausreichten, mich vom Tragen des Judensterns freizustellen. Der Beamte war korrekt, und der Ortsgruppenleiter zog zähneknirschend ab. Natürlich habe ich nicht wieder Einkäufe gemacht, war aber erst einmal gerettet.

Ende August 1942 wurde dann, nach fünfmonatiger Dauer illusionärer Hoffnungen, auch über das Getto von Haigerloch die Räumung verfügt. Alle Bewohner, darunter auch ich, wurden zusammen eingepfercht auf dem Stuttgarter Killesberg im hinteren Teil des bekannten Gebäudes, wo ins vordere Portal in Massen die Besucher der alljährlichen Gartenausstellung einströmten, ohne etwas von dem zu ahnen, was sich hinten abspielte. Eine Zusammenstellung ohnegleichen: das augenschmausselige Umherwandeln in Blütenpracht ganz dicht bei der Todeserwartung der unter schneidenden Kommandos bangenden Alten und Kranken. Frau Schoemann winkte mir vom Zug aus ein letztes Mal zu, mit der Bitte, die Verbindung zu ihren Verwandten in der Schweiz aufrechtzuerhalten. Ich selbst durfte, als nach Berlin gehörig, heimfahren.

In Berlin nahm ich von mir aus – es war sonst nur Schlimmeres zu erwarten – eine ungelernte Arbeit auf niederstem Niveau an. Die Pulverfabrik Gebrüder Bock in Buchholz stellte mich ein. Das bedeutete frühes Aufstehen und einen langen Weg, den letzten Teil mit dem Fahrrad. In der Bahn lernte ich heimlich ein wenig Russisch. Niemand gab darauf acht. Es war keine besondere Sympathie mit den Sowjets, nur der Wunsch, neben dem Englischen, das mir nicht ganz fremd war, doch auch ein Minimum der anderen möglichen Siegersprache zu kennen. Meine kümmerlichen Russischkenntnisse kamen mir nach dem Einmarsch der Roten Armee sehr zustatten. Davon später! Zunächst waren zweieinhalb Jahre durchzustehen als diskriminierter Arbeiter unterster Stufe und obendrein zu Hause in Heiligensee nicht mehr von Liebe umgeben. Anfangs saßen in der Fabrik am Mittagstisch noch etwa ein halbes Dutzend jüdischer Arbeitskollegen mit mir zusammen. Nach deren Deportation blieb ich allein zurück. Ich, der ich mich so gern bei Tisch unterhalte, musste jahrelang allein aus meiner mitgebrachten Büchse Mittag essen! Denn Kontakte durfte ich nicht aufnehmen, nicht einmal mit den ukrainischen Zwangsarbeiterinnen, von deren hübschen Liedern ich mir einiges aufschrieb – bis mir auch das verboten wurde. Die Arbeit war stumpfsinnig, sie bestand hauptsächlich darin, dass ich Pulverkisten von einem Teil des Geländes zu einem anderen zu karren hatte, was aber weder allzu anstrengend noch irgendwie gesundheitsschädlich war.

Das Schlimmste war die erzwungene Vereinsamung. Ein sozialdemokratischer Arbeiter, der vom unglücklichen Verlauf des Krieges überzeugt war, suchte Gespräche mit mir. Eine Weile ging das gut, bis der baumlange Aufseher dahinterkam. Er verbot es uns beiden, mir in drohendem Ton. Ich erwiderte ihm: „Wenn ich mit niemandem mehr reden darf, brauche ich nicht mehr zu leben." Von da an ließ er mich in Ruhe. Die Antwort hatte ihn offensichtlich beeindruckt. Aber ich provozierte ihn auch nicht durch allzu ungenierte Übertretung des Verbots.

Einmal erschrak ich. Ein mir vorgesetzter Arbeiter, Typ des alten Gewerkschaftlers, immer sachlich, nie judenfeindlich, ging neben mir, während am Horizont die Flammen eines Bombenangriffs auf Berlin zu sehen waren. Da platzte es aus ihm heraus: „Das sind *Ihre* Freunde!" Ich sagte nur: „Ich habe sie nicht bestellt", war aber tief betroffen, weil mir die Entfremdung von allen anderen, die mir ja täglich bewusst wurde, diesmal doch gar zu unerwartet und persönlich gezielt entgegenschlug.

Schließlich, im März 1945, blieben die Lieferungen aus, und die Firma Bock musste schließen. Vorher aber hatte sich in der Familie noch etwas ereignet, was ich, bei aller Schonung für noch Lebende, nicht ganz übergehen kann. Anfang Mai 1944 schien mir die Nichtachtung zu Hause so entwürdigend geworden, dass ich ins Auge fasste, von mir aus die Scheidung in die Wege zu leiten. Ich suchte den vielleicht letzten jüdischen Rechtsanwalt auf, den es damals in Berlin noch gab. Er fragte mich: „Ja, wissen Sie denn nicht, dass Sie dann sofort nach Auschwitz kommen?" Die automatische Schutzlosigkeit, die sich übrigens auch auf plötzlich verwitwete jüdische „Mischehepartner" bezog, wurde mir nun erst bewusst. Es schien eine Weile zu Hause etwas besser weiterzugehen. Im Oktober 1944 aber reichte meine Frau die Scheidungsklage ein. Als ihr Motiv gab sie mir an, dass ihre Weiterführung des väterlichen Kleinbetriebs (Herstellung künstlicher Blumen) in Kremmen ihr sicherer schien, wenn ich nicht mehr ihr Ehemann wäre, als wenn ich es, ohnehin nur der Form nach, bliebe. Daraufhin ging ich, für etwa zwei Monate, in den Untergrund, nämlich in eine Portierloge, wo mich Leute aus der „Halbwelt“, ähnlich Brechts *Gutem Menschen von Sezuan*, versteckten. Meine Retterin wurde eine Christin mit Gewissen. Sie suchte meine Frau kurz vor dem auf den 27. Januar 1945 festgesetzten Termin in Heiligensee auf und erklärte ihr: „Die Russen stehen schon in Ostpreußen. Wenn Sie jetzt Ihren Mann preisgeben, werden Sie selber Ihres Lebens nicht mehr froh werden.“ Daraufhin zog Wally die Klage zurück. Ich tauchte aus dem Untergrund auf und konnte ein Zimmer im Pfarrhaus mieten. Der dortige Pastor versprach sich von mir als einem politisch unbelasteten jüdischen Mieter Hilfe beim vorauszusehenden Einmarsch der Russen. Tatsächlich gelang es mir, bald danach mit meinem bisschen Russisch der hochschwangeren Frau des Pastors in ihrer Angst vor einer Vergewaltigung insofern beizustehen, als ich umherschweifende Sowjetsoldaten vor der Tür des Pfarrhauses abfing und radebrechend wegschwatzte.

Damit greife ich ein wenig vor, denn diese Einzelheit gehört bereits in die Charakteristik meiner Situation beim Einmarsch der sowjetischen Truppen, die Heiligensee schon am 22. April besetzten, so dass ich – wiederum welch ein Glücksfall! – die „Schlacht um Berlin“ nicht mit anzusehen brauchte. Wie sich jener Einmarsch vollzog und was er für mich bedeutete, das ist mir, wie sich denken lässt, unvergesslich. Schon Wochen vorher war die mich beherrschende Empfindung nicht, wie bei fast allen anderen, die bedrückende eines nahen Unheils gewesen, sondern ein Wittern von Morgenluft. Anfang April 1945 fasste ich mir ein Herz und tat etwas für meinesgleichen streng Verbotenes: Ich besuchte eine Sonntagsmatinee in der Staatsoper. Ich berechnete richtig, dass wohl keiner der Besucher einen Mann ohne Judenstern wegen seines jüdischen Aussehens beäugen werde, umso weniger, als der Vortragende kein Günstling der Nazis war und sein Programm nichts mit heldischer Thematik – von der man damals schon nichts mehr hören wollte – zu tun hatte. Es war Paul Wegener, und er rezitierte Besinnliches, darunter buddhistische Weisheitssprüche. Er sah gar nicht germanisch aus, hatte eher mongolisch wirkende Gesichtszüge, muss aber wohl seinen „Ariernachweis" erbracht haben. In meiner Schüler- und Studentenzeit hatte ich ihn die großen Schurken der Tragödie, einen Richard den Dritten, einen Mephisto spielen sehen. Noch klangen mir in den Ohren die Eingangsverse von Shakespeares Bösewichtsdrama:

> Nun ward der Winter unsres Missvergnügens
> Glorreicher Sommer durch die Sonne Yorks

und Mephistos kupplerisches Teufelsgelächter: „Hab ich doch meine Freude dran!"

Ein Vierteljahrhundert später war es ein ganz anderer Paul Wegener, den ich vor mir sah, gealtert, Weisheit ausstrahlend, wie er denn auch, schon vier Monate danach, Lessings *Nathan den Weisen* spielte in einer Aufführung, die ich nun im Genuss der neuen Freiheit besuchen konnte. Was für ein wundervoller Augustabend!

Westberlin – Dresden – Westberlin

Aber zurück zum 22. April 1945! Am Tage vorher waren die SS-Truppen abgezogen. Jeder holte sich von den liegengebliebenen Vorräten, soviel er konnte; auch die SS-Frau von gegenüber sah ich eifrig Kartoffeln wegschleppen. Am nächsten Morgen mag ihr ja anders zumute gewesen sein, bestimmt nicht so wie mir, der ich mit einem Glücksgefühl sondergleichen dem ersten russischen Motorradfahrer zuwinkte, der, die Unterführung unter den Bahnschienen durchfahrend, zurücklächelte. Für mich war eben Befreiung, was ringsum nur Niederlage und Schrecken bedeutete. Mein bisschen Russisch und mein schon am Aussehen abzulesendes rassisches Verfolgtsein empfahlen mich dem Besatzungstrupp sofort als Helfer. Ich wurde neben einen kutschierenden Soldaten auf einen Wagen gesetzt, nachdem ich von einem Offizier durch verschiedene Häuser geflüchteter Nazis geführt worden war und den Auftrag erhalten hatte, fehlende Möbel herbeizuschaffen, besonders Sofas: „Diwán, diwán, diwán!" wurde mir in strengem Ton eingeschärft, zusammen mit der Drohung: Wenn ich das nicht bis neun Uhr abends beschaffte, werde es mir an den Kragen gehen. Ich nahm das keinen Augenblick ernst, und wirklich: trotz höchst unvollständiger Erledigung des Auftrags geschah mir nichts. Zufällig begegnete ich auch keiner vergewaltigten Frau, wohl aber konnte ich genug Russisch, um zu verstehen, was ein angetrunkener Soldat meinte, als er mich zur Hilfe bei seiner Frauenjagd aufforderte und auf meine Frage: „Was für eine Frau denn?" zur Antwort gab: „molodúju!" (molodói, das wusste ich, heißt „jung"). Ich gab ihm keine Auskunft; er stapfte weiter und wird sein Ziel wohl auch ohne meine Hilfe erreicht haben.

Das ehrendste Kompliment erhielt ich damals von meinem kommunistischen Freund Klamann, der mir seine verwunderte Anerkennung dafür aussprach, dass ich bei der Ausräumung von Naziwohnungen für mich gar nichts, „nicht mal ein Rauchtischchen“, abgezweigt hatte.

Es war ein Mai des gesellschaftlichen Wiedererwachens. Jetzt erst spürte ich, welche Kräfte der Zusammenarbeit innerhalb größerer Gemeinschaften in mir, dem familiären Einzelgänger, brachgelegen hatten. Es war für mich, in der Mitte der vierzig, eine „neue Pubertät“, ohne dass ich mich darum, wie Goethe es in seinem bekannten Satz ausdrückt, als „geniale Natur“ zu bezeichnen gewagt hätte. Zu meinen Füßen saßen im Mai und Juni ein schon ziemlich alter Schulrat und der neue Bezirksbürgermeister, angeblich ein Altkommunist, der allerdings später in den Westen abging, was aber zunächst noch nicht zu ahnen war. Beide lernten bei mir das kyrillische Alphabet und ein paar Brocken Russisch. Damals übersetzte ich sogar Lermontows *Kosakenwiegenlied*. Freundschaft schloss ich mit einem Lehrer und seiner Frau. Er war ein alter Sozialdemokrat, vermittelte zwischen mir und der neuen kommunistischen Verwaltung und verschaffte mir die Betrauung mit Volkshochschulkursen. Anfang Juli erfolgte die im Januar verschobene Scheidung. Ende August sah mich in meinem Philosophiekursus zum ersten Mal Edith Theuser. Bald wurden ihre Augen immer größer, aber ich dachte skeptisch darüber, denn ich konnte mir nicht vorstellen, dass ein so viel jüngeres, so schönes Mädchen (sie war dreißig Jahre alt, sah aber viel jünger aus) mich haben wollte, sie, die Tochter eines einfältigen Naziparteigenossen und einer liebevollen Mutter, die besonders an meiner zweimaligen Scheidung Anstoß nahm. Und doch sagte Edith, ein halbes Jahr nach dem ersten Zusammentreffen, ihr Ja. Hiernach vergingen zwei Monate wohlanständig verbrachter Verlobungszeit, bis ich am 30. April 1946 meine dritte Ehe schloss. Auf Wunsch der Eltern geschah die Trauung in der Dorfkirche von Reinickendorf; der Pfarrer aber, dem meine Nichtgläubigkeit bekannt war, entband mich vom Niederknien.

Dass Berlin in vier Sektoren eingeteilt wurde, hatte ich dem Bürgermeister, der es mir Ende Juni mitteilte, zuerst kaum glauben wollen. Da ich mit den extrem linken Kulturbürokraten schon damals Schwierigkeiten hatte, machte ich aus meinem Latein einen Beruf und trat eine Lehrerstellung bei einem bekannten Pädagogen und Schuldirektor in Tegel an. Das Jahr 1946 an der Humboldtschule ließ sich sehr günstig an. Das Unterrichten lag mir. Disziplinarische Schwierigkeiten hatte ich nicht. Unter meinen Schülern waren auch meine beiden Söhne Stefan und Wolfgang, Stefan schon als baldiger Abiturient. Gegen Ende des Jahres bezeugte mir der Direktor plötzlich sein Missfallen. Er ließ sich gern von Schülern über ihre Lehrer berichten, und die Mitteilungen eines Schülers hatten ihn wohl dazu gebracht, mir so etwas wie Mangel an Methode vorzuwerfen. Er, der mich anfangs als eine „Säule" seiner Anstalt bezeichnet hatte, schnitt mir zuletzt einen Rechtfertigungsversuch ungeduldig ab. Bald danach übernahm er die Leitung der neuen Pädagogischen Hochschule. Mit seinem Nachfolger kam ich gut aus.

Die Jahre 1946 bis 1948 waren für mich nicht nur familiär sehr glücklich, sondern auch in politischer Hinsicht; allerdings, wie sich bald herausstellen sollte, auf Grund illusionärer Hoffnungen. Nach den Nürnberger Kriegsverbrecherprozessen, bei denen die alliierten Sieger noch in völliger Eintracht zusammengewirkt hatten, schien mir eine Zeit anzubrechen, die endlich frei zu sein schien vom Völkerhass, dessen Folgen ich in zwei Weltkriegen miterlebt hatte. Ich ahnte nicht, dass bald eine neue Art von Großgruppenhass die Welt zerreißen würde, diejenige, die dann unter dem Namen „Kalter Krieg" bekannt wurde. Der Konflikt zwischen revolutionärem Klassenhass und antikommunistischem Gegenhass bewirkte eine Spaltung in Deutschland, die ich zunächst nicht für möglich gehalten hätte. Die Augen dafür öffneten sich mir wohl deswegen so spät, weil mein persönliches Berufsleben sich durch ein Zusammenwirken von Ost und West so günstig gestaltete, wie ich es weder erwartet noch durch eine Bewerbung angestrebt hatte. Was ich hiermit meine, ist die Vorgeschichte meiner Berufung nach Dresden.

Anfang März 1947 nämlich, als wir uns schon auf unser kommendes Kind freuten, erreichte uns eine ganz andersartige frohe Botschaft. An der Dresdner Technischen Hochschule war der Lehrstuhl für Philosophie frei geworden. Damals war es noch nichts Ungewöhnliches, dass Professoren in der Sowjetischen Besatzungszone bei Kollegen im Westen anfragten, wen sie in einem solchen Fall als Nachfolger empfehlen würden. Ein Rundschreiben mit dieser Anfrage erreichte auch die Universität Heidelberg. Meine alten Lehrer Karl Jaspers und Ernst Hoffmann, beide während der Jahre des „Dritten Reiches" abgesetzt, aber längst wieder in Amt und Würden, hatten von mir die Nachricht meines Überlebens und wissenschaftlichen Weiterarbeitens erhalten. Beide erinnerten sich gern an mich als ehemaligen Studenten und Doktoranden und schlugen mich vor. Am 6. Juli, dem Tag vor der Geburt unserer Tochter Irene, überbrachte uns der Dekan, Professor Werner Straub, die Bestätigung der schon Monate vorher in Aussicht gestellten Berufung nach Dresden. Sogar mein ausdrücklich während der schriftlichen Verhandlungen vorgebrachter Hinweis, dass ich kein Marxist sei, verhinderte damals eine solche Berufung noch nicht. Es schien zu genügen, dass ich als rassisch Verfolgter mich wohl hinreichend „antifaschistisch" verhalten würde. Wie antikommunistisch ein Churchill und wie antikapitalistisch ein Stalin den scheinbar gemeinsamen „Antifaschismus" gestalten würde, das hatte sich im allgemeinen Bewusstsein noch nicht durchgesetzt. Ich neigte weder der einen noch der anderen Interpretation zu, ja, ich sah die Auslegung von etwas so Selbstverständlichem als unproblematisch an – naiverweise, wie sich bald herausstellte.

In die Wochen vor dem Antritt der Professur in Dresden fiel der erste deutsche Philosophenkongress in Garmisch, wo ich Ende August 1947 als Vortragender sprach und interessante Kontakte aufnahm, an die ich zu Beginn des Jahres noch nicht hatte denken können. Kurz vorher war nach den Jahren des Schweigens ein Extrakt aus meinen langjährigen einsamen Studien veröffentlicht worden: *Philosophische Heilswege in der Ursprungszeit der Schulgründungen*, erschienen in der nach dem Krieg von Georgi Schischkoff gegründeten *Zeitschrift für philosophische Forschung*. In Garmisch dominierten zwei mir aus der Marburger Zeit, als beide noch jung waren, bekannte Universitätslehrer: Julius Ebbinghaus, der mich sofort wiedererkannte, und Nicolai Hartmann, der sich meiner nicht zu erinnern schien. Ebbinghaus, inzwischen längst als Kantianer profiliert, schien mir allzu triumphal den Ton angeben zu wollen. Hartmann dagegen, dessen knappe, stets sachangemessene und treffende Redeweise mir tiefen Eindruck machte, hielt sich eher zurück und suchte sich zu informieren, auch über mich, den er zu einem langen Spaziergang einlud. Er soll später zu einem seiner Schüler, der es mir hinterbrachte, über mich gesagt haben: „Der kann was!“ In Garmisch begrüßte er es lebhaft, dass ich nach Dresden ging, weil es, so meinte er, vor allem in der „Sowjetzone“ darauf ankomme, deutsche Wissenschaftlichkeit am Leben zu erhalten. Als eine Lieblingsredensart von ihm ist mir erinnerlich: „Das muss man noch durchanalysieren.“

Anfang Oktober siedelte ich nach Dresden über, zunächst allein, denn meine Frau fürchtete sich, mit der kleinen Irene – auf diesem Vornamen hatte ich bestanden, weil er „Friede“ bedeutet – den Winter in der ungemütlichen, obendrein noch von Ruinen entstellten Stadt zu verbringen. Sie kam erst Anfang April 1948, mitten im schönsten Frühlingsanfang. Am Kirschberg, wo wir wohnten, hatte die Zerstörung durch die Luftangriffe vom 13. Februar 1945 nicht gewütet. Das Haus, in das wir zogen, gehörte Victor Klemperer. Er war von der SED, seiner Partei, abkommandiert worden, zuerst nach Greifswald, wenig später nach Halle. Ehe er nach Dresden zurückkehrte, waren wir schon wieder weg. Es wollte sich bei der Verhandlung, die wir im Juni 1947 miteinander führten, keine rechte Herzlichkeit einstellen und infolgedessen auch kein Verständnis für die wissenschaftliche Persönlichkeit des anderen. Das tut mir immer noch leid, lag aber wohl daran, dass seine Ergebenheit gegenüber der Sowjetmacht mir gar zu kritiklos schien und andererseits er meine kritische Distanz mit Befremden bemerkte.

Führend an der TH Dresden war Arthur Simon, Ministerialdirektor und Chemieprofessor in einer Person, eigentlich ein alter Deutschnationaler, der sich wohl Hitler gegenüber reserviert verhalten hatte und daher jetzt als Vertrauensmann der Besatzungsmacht agieren konnte. Hinter seiner ausgeprägten Selbstzufriedenheit, die er Untergebenen gegenüber autoritär hervorkehrte, im Gespräch mit mir aber dämpfte, steckte eine Zwiespältigkeit, die ihn selber nicht zu beunruhigen schien. So sagte er mir gelegentlich: „Juden als Wissenschaftler? – Gewiss! Aber als Richter? – Nein!" Und die Sowjets, denen er in hoher Funktion diente, nannte er unter vier Augen „Meister der Lüge". Aber mit der Erhaltung des Wissenschaftsniveaus nahm er es ernst, ebenso wie Werner Straub, ein echter Schwabe, der an meiner Berufung erheblich mitgewirkt hatte und, als ich ankam, schon als Leiter unseres gemeinsamen „Instituts für Psychologie und Philosophie" fungierte – ein diplomatischer Akademikertyp, wie er im Buche steht! Meine Antrittsvorlesung mit dem Thema *Die ärztliche Objektivität des Philosophen* wurde besonders von dem Germanisten Christian Janentzky begrüßt, der mir die Hand schüttelte mit den Worten: „So etwas hat uns lange gefehlt." Auch sonst wurde ich mit kollegialer Freundlichkeit aufgenommen, und wir verbrachten 1948 schöne Sommerwochen in Gaußig, einem für die Hochschullehrer bereitgestellten Schloss, zu einer Zeit, als Westberlin unter der sowjetischen Blockade litt und die amerikanische Luftbrücke begrüßte. Mein Freisein von den damaligen Ängsten und Entbehrungen unterschied mich später von den Westberlinern insofern, als ich den hysterischen Antikommunismus, der ihnen zurückgeblieben war, psychologisch kaum verstehen konnte. Aber brieflich bestand doch Verbindung, und so erhielten wir seit dem Sommer 1948 aus Berlin Nachrichten genug, um die sowjetische Blockade eine Blockade zu nennen, was in Dresden als ein schweres Vergehen gegen den parteiamtlich verordneten Sprachgebrauch angesehen wurde, da es unleugbar eine Missbilligung ausdrückte. Ich schwieg darüber zwar in der Vorlesung, habe es aber außerhalb des Hochschulbetriebs an Stellen gesagt, wo dergleichen eifrig notiert und nach oben gemeldet wurde.

An der Dresdner TH war die Philosophie, wie auch sonst an deutschen Technischen Hochschulen, soweit sie dort überhaupt gelehrt wurde, nicht Gegenstand eines Hauptfachstudiums. Sie wurde umrahmt von der Psychologie auf der einen und der Pädagogik auf der anderen Seite. Von diesen beiden Fächern her kamen die meisten meiner Hörer, und die Inhaber der beiden Lehrstühle standen mir als Kollegen am nächsten. Straub, der Psychologe, hatte meine Berufung lebhaft befürwortet und meiner Lehrtätigkeit mit warmer Anteilnahme zugeschaut. Später allerdings schüttelte er den Kopf über manche Äußerungen von mir, die er als unakademisch und undiplomatisch empfand. Seine Assistentin war sehr empfänglich für die Art, wie ich in meinen philosophiehistorischen Vorlesungen, die ich ganz neu auszuarbeiten hatte und mit der entsprechenden Frische vortrug, Verständnis für den Sinn philosophischen Denkens und Trachtens zu erwecken suchte. Mein Kollege von der Pädagogik, Karl Trinks, wurde mit der Zeit mein Freund. Er hatte, wie ich, ohne die in der Laufbahn übliche Habilitation einen Lehrstuhl erlangt. Als alter Sozialdemokrat und in der Nazizeit aus seiner Stellung als Lehrer entfernt, war er, sozusagen von rechts her, zur SED gestoßen, ohne sich in dieser Partei je ganz heimisch zu fühlen. Er war aber erfahrener als ich, übrigens auch neun

Jahre älter, und hielt sich zurück, ohne deswegen mit privaten Bekundungen seiner Sympathie für mich zu geizen.

Die ersten Ansätze wachsender parteioffiziöser Gegnerschaft müssen sich schon daraus ergeben haben, dass ich öffentlich eine Initiative unterstützte, die der Jenaer Strafrechtler Richard Lange unternommen und an mich herangetragen hatte. Es handelte sich um das Todesurteil, das sogenannten Wirtschaftsverbrechern zumindest angedroht wurde. Gegen solche Exzesse kommunistischer Justiz wandten wir uns beide, wohl nicht ganz ohne Erfolg, aber sicherlich mit dem Effekt der Einreihung auch meiner Person unter die „schwarzen Schafe". Dafür waren Lange und sein Philosophiekollege in Jena, Hans Leisegang, längst bekannt, und so wurden beide denn auch sehr schnell nach Westberlin an die neugegründete Freie Universität berufen. Lange wollte mir dort sogar einen Lehrauftrag für „Rechtsethik" verschaffen, kam damit aber nicht voran und hat sich schließlich von mir abgewandt, als ich mich den Leuten um Gustav Heinemann anschloss, die er als ein „öffentliches Unglück" bezeichnete.

In Dresden merkte ich von der wachsenden Ungnade zunächst gar nichts. Die Methoden der Überwachung waren mir so wenig bekannt, dass ich bei gelegentlichen Äußerungen außerhalb des Kollegs (das ich stets von politischer Stellungnahme freihielt!) mir nicht vorstellen konnte, wie eifrig Übelwollende mitschrieben und Bericht nach oben erstatteten. Das kam alles ans Licht, als ich die Unvorsichtigkeit beging, mein Nichtmarschieren am 1. Mai 1949 in Beantwortung einer hochschulinternen Aufforderung schriftlich dem Rektor bekanntzugeben und meine Weigerung – als ob so etwas „vertraulich" bleiben würde! – mit meiner Missbilligung feindseliger Losungen zu begründen. Das war der Funke ins Pulverfass! Es kam zu einem Rufmord, wie er sonst nicht parteiüblich war und meines Wissens später als untunlich galt. In der *Sächsischen Zeitung* vom 25. Mai 1949 erschien ganzseitig ein Artikel mit der Überschrift: „Historische Gerechtigkeit? – Anglo-amerikanische Propaganda", darunter, etwas weniger fett: „Professor Schottlaender steht nicht ‚abseits' und nicht ‚darüber'." Die ironisierten Ausdrücke „abseits" und „darüber" stammten sicherlich von mir, wie auch das meiste des zusammengetragenen Materials, angefangen mit dem Brief zum 1. Mai 1949. Beanstandet wurde beispielsweise, dass ich gesagt hatte, auch der Westberliner *Tagesspiegel* enthalte Informationen, die zu lesen sich lohnen. Dieser tatsächlichen Äußerung wurde zwar angehängt, der *Tagesspiegel* sei „objektiv" – was ich nie behauptet hatte –, aber schon dieser parteioffiziöse Gebrauch des Wortes „objektiv", als wäre Objektivität etwas von vornherein Verdächtiges, illustriert den ganzen Gegensatz, in den ich mit meinem Bemühen um Gerechtigkeit des zeitgeschichtlichen Urteils geraten war, als ich mich dahingehend in einer Atmosphäre marxistischer Klassenkampfparteilichkeit äußerte. Es sollte mir im Westen nicht bessergehen; das erwiesen die Jahre nach 1950, wovon bald die Rede sein wird.

Zunächst zeigte sich sehr bald, dass jener Zeitungsartikel der Auftakt zur Entlassung war. Die Kündigung erfolgte am 31. Mai 1949, ohne jedes disziplinarische Verfahren, mit Frist bis Ende Juli 1949. Zu dem zuständigen Minister wurde ich nicht vorgelassen. Wir gingen zu dritt vorzeitig nach Westberlin zurück, meine Frau empfand es als eine „Flucht bei Nacht und Nebel". Vielleicht stand eine Verhaftung nicht unmittelbar bevor, aber in Dresden hatten wir nichts mehr zu suchen. Mit Ausnahme von Trinks verhielten sich die Kollegen reserviert. Straub war inzwischen Rektor geworden und gänzlich von mir abgerückt. Nicht so die Studenten! Wie die SED das zu verschleiern suchte und wie es dennoch ans Licht kam, davon zeugen folgende Belege aus der Tagespresse: Zunächst eine Zuschrift der Abteilung Presse der SED-Betriebsgruppe der Technischen Hochschule zu dem am Mittwoch, dem 25. Mai 1949, erschienenen Artikel: „Historische Gerechtigkeit? – Anglo-amerikanische

Propaganda". Darin heißt es unter anderem: „Herr Professor Schottlaender hat durch seine Ansichten gezeigt, dass er nicht für die Einheit Deutschlands eintreten will. Ein Professor, der seine Kenntnis der historischen Entwicklung aus dem *Telegraf* schöpft, kann die Studenten nicht zu selbständig denkenden und verantwortungsbewusst handelnden Menschen erziehen, wie das die Demokratisierung der Schule fordert. Von einem Hochschullehrer, der die Verbindung zu den Werktätigen ablehnt, wird man das auch kaum erwarten können." Die in solcher Weise angegriffene Westberliner sozialdemokratische Tageszeitung *Telegraf* schreibt am 22. November 1949 in einem Artikel über den Dresdner Studentenratsvorsitzenden Fuchs: „Als Professor Schottlaender, Inhaber des Lehrstuhls für Philosophie an der Technischen Hochschule Dresden, vom sächsischen Volksbildungsminister Helmut Holtzhauer (SED) aus seinem Amt entlassen wurde, da er es abgelehnt hatte, an der Demonstration am 1. Mai teilzunehmen, forderte die Studentenschaft die Einberufung einer Versammlung, auf der gegen die Entlassung Schottlaenders Stellung genommen werden sollte. Fuchs versicherte dem Rektor der Technischen Hochschule, Straub, trotz besseren Wissens, dass die Studenten gar kein Interesse an dieser Sache hätten, und hintertrieb die Genehmigung dieser Versammlung." Von damaligen Studenten, die mir mit besonderer Entschiedenheit und Wärme persönlich ihre Sympathie zum Ausdruck brachten, ist mir Renate Zuchardt in Erinnerung geblieben. Als Tochter eines in der DDR bekannten Autors historischer Romane war sie für würdig befunden worden, mich zu bespitzeln. Diesen sie empörenden Auftrag hat sie nicht nur nicht ausgeführt, sondern in eine an mich gerichtete Warnung umgeformt.

Die Westberliner Presseäußerungen über mich, etwa unter der Überschrift „Professor zeigt Zivilcourage", waren für meine Frau, die unser zweites Kind erwartete, ein Trost und erweckten auch in mir Hoffnungen, die bald enttäuscht werden sollten. Von meinen Schwiegereltern, denen ich drei Jahre zuvor in ihrer Bedrängnis (wegen NS-Vergangenheit des Vaters) beigestanden hatte, wurden wir gastlich aufgenommen. Was wir nicht geahnt hatten, war, dass ich, eben noch Lehrstuhlinhaber, abrupt „stempeln“ gehen musste, ungeachtet des Lobes in der Presse. Zunächst wurde ich zwar von der Leitung des RIAS eingeladen, mich dort vorzustellen. Eine Stunde lang prüfte man mich auf Herz und Nieren, ob ich mich wohl dazu eignen würde, im Radio als Propagandist gegen den Osten eingesetzt zu werden. Ergebnis: Dafür sei ich nicht zu brauchen. Also – arbeitslos! Das dauerte drei Monate. Inzwischen stellte sich heraus, dass man im Schuldienst Altphilologen brauchte. Der Gymnasialdirektor Wüssing, der einen Lehrer für Latein und Griechisch suchte und mich seit unserer ersten Begegnung kurz nach Kriegsende kannte und schätzte, stellte mich ein. Mitte September, zur Geburt unseres Sohnes Rainer, brachte ich mein erstes Gehalt nach Hause. An der Georg-Herwegh-Schule in Berlin-Hermsdorf, in deren Nähe wir 1954 umzogen, habe ich sieben ruhige und glückliche Berufsjahre als Studienrat verbracht. Der „pädagogische Eros“ war mir von jeher eigen, und so vertrug ich mich mit den meinem Unterricht anvertrauten Jungen aufs Beste.

Ansätze zum Wiedereintritt ins Universitätsleben schlugen fehl, waren aber lehrreich und taten mir, den ja Ehrgeiz nicht plagte, nicht allzu weh. Politisch für die Propaganda uninteressant, aber noch nicht allgemein unbeliebt geworden, wandte ich mich zunächst an den Philosophiekollegen Leisegang. Er entdeckte, dass ich „für das Fach der Philosophie nicht habilitiert“ sei; und die Proben meines Könnens, die ich ihm aus meinem in Vorbereitung befindlichen Buch *Der philosophische Heilsbegriff* zu lesen gab, reichten nicht aus, um seine Skepsis gegenüber einem „Nichthabilitierten“ zu beschwichtigen. Er war eben ein stark in der Tradition verwurzelter Gelehrter.

Endgültig klar war mir nun geworden, wohin ich als politischer Mensch gehörte. Um diesen bis heute prinzipiell gleichgebliebenen Standpunkt zu erklären, muss ich weiter ausholen. Die Anfänge führen bis in meine Jugend zurück. Spinoza hatte erklärt: „Der Hass kann niemals gut sein." Goethe hatte gedichtet:

> Selig wer sich vor der Welt
> Ohne Hass verschließt.

So die Vorbilder aus meiner Jünglingslektüre. Wenn aber der Hass nie gut sein kann, was ist denn stattdessen gut? Und wie stellt man sich zur Welt, wenn man sich doch nicht dauernd vor ihr verschließen kann? Die positive Ergänzung ihrer Negationen des Hasses konnten Spinoza und Goethe kaum in der christlichen Nächstenliebe gefunden haben. Spinoza war nach seiner Trennung vom Judentum nicht Christ geworden; der christlich erzogene Goethe blieb kein guter Christ. Das Christentum predigt Liebe von, zu und zwischen Einzelmenschen als Kindern Gottes, des gemeinsamen Vaters, sagt aber nichts aus über das Verhältnis zwischen Völkern, zwischen Gruppen überhaupt und auch nichts über die Einstellung des Individuums zu einer fremden Nation oder Gruppe. Zumindest ist die christliche Theologie darin fortbildungsbedürftig. „Man muss das Evangelium weiterschreiben", hörte ich vor Kurzem jemanden sagen.

Meine Blicke richteten sich in die Antike, auf die großen Historiker, vor allem ihren größten: Thukydides. Er beschreibt Zeitgeschichte, die Epoche eines Krieges, den er miterlebt hat. Welch ein Wagnis! Sein Vorgänger Herodot, selber kein Athener, las den Athenern seine Schilderung einer Zeit vor, die eine Generation zurücklag, außerdem Reiseberichte aus fernen Ländern. Das moralische Risiko der Ungerechtigkeit des Urteils war bei Nachgeborenen wie Herodot längst nicht so hoch wie danach bei Thukydides, dem Athener, der von vornherein für seine Zeitgenossen und zugleich Landsleute schrieb. Nach seinem Muster hatten es seine griechischen und römischen Nachfolger leichter. Sie bemühten sich als Zeitgeschichtler um Gerechtigkeit des Urteils. Wenn man das „Neutralität" nennen will, so ist es die eines Mannes, der keineswegs die Entscheidung scheut, die auch eine Verurteilung sein kann. Ein solcher Zeitgeschichtler lässt beide Parteien voll zu Worte kommen, prüft sie möglichst unvoreingenommen nach ihren Handlungen und wägt erst hiernach ab, wie im Urteilsspruch Recht und Unrecht zu verteilen seien.

Das Bemühen also um Gerechtigkeit des zeitgeschichtlichen Urteils war es, was mich nach dem Vorbild des Thukydides in erster Linie leitete, wie unvollkommen meine Informationsmöglichkeiten auch sein mochten. Und die Analogie ging noch weiter: Der Krieg, der sogenannte Peloponnesische, hatte ja sein Land, Hellas, so schrecklich zerrissen wie der Zweite Weltkrieg das meinige, ein Deutschland, das ich zwar noch als mein Land, nicht mehr aber als „Vaterland" bezeichnen mochte, da ich Gefühle, die denen des Kindes zum Vater oder zu den Vätern glichen, nicht mehr haben konnte. In diesem Sinne hatte ich das von böswilligen Fürsprechern der marxistischen Parteilichkeit mir vorgeworfene Wort „historische Gerechtigkeit" gebraucht. Sehr bald musste ich erfahren, dass man damit in der westlich beeinflussten Bundesrepublik nebst Westberlin ebenso wenig anzufangen wusste, ja, gegen Ende die Verleumdung noch hinterhältiger betrieb, gerade weil man juristische Erschwerungen zu umgehen hatte.

Das erste Jahr in Westberlin, vom Ende der Blockade über die Gründung der beiden deutschen Staaten bis zum Austritt Heinemanns aus dem Kabinett Adenauer, brachte mir in politischer Hinsicht zunächst nur Vorahnungen, besonders auf dem „Kongress für die Freiheit der Kultur" in Westberlin, der im Juni 1950 stattfand und wo Arthur Koestler als

Wortführer des Kalten Krieges auftrat. In der Familie aber traf mich, während unser Rainer noch in der Wiege lag, das größte Unglück durch den Tod meines noch nicht achtzehnjährigen Sohnes Wolfgang. Er starb am 18. März 1950 an tuberkulöser Gehirnhautentzündung, wahrscheinlich einer Spätfolge schlechter Ernährung im Krieg, die seine zarte Konstitution nicht zu verwinden vermochte, während sein weit kräftigerer Bruder Stefan aus der Untertagearbeit bei der Bautruppe „Organisation Todt" (OT), für die auch „Halbjuden" als Zwangsarbeiter schuften mussten, gesund zurückgekommen war und längst seinem Mathematikstudium nachging. Wolfgang wirkte weder maskulin noch feminin, fast wie das Volk sich einen Engel vorstellt, aus dessen Mund nichts Grobes kommt. Seine ganze Begabung und Liebe gehörte der Musik, er hatte das „absolute Gehör" und wäre sicherlich Musiker geworden. Sein plastisches Porträt nach der Totenmaske hängt über meinem Flügel, bis heute und hoffentlich bis an mein Lebensende.

In politischer Hinsicht ergab sich in der zweiten Hälfte des Jahres 1950 die mir neue Situation, dass ich mich zum gedruckten öffentlichen Protest herausgefordert fühlte. Während der Jahre bis 1933 war ich auf unpolitische Interessen fixiert, die mich der Politik bloß als anteilnehmender Beobachter beiwohnen ließen. Dem folgte bis 1945 der Ausschluss aus dem öffentlichen Leben. Von 1945 bis Mitte 1948 war ich mit der Gesellschaft ausgesöhnt. Dann begannen die Störungen, aber zunächst in einer Umgebung, die keinen Einspruch an die volle Öffentlichkeit kommen ließ. Das wurde erst in Westberlin möglich. Hatte mich schon der „Kongress für die Freiheit der Kultur" tief beunruhigt, so kam der volle Ernst der Situation doch erst danach zutage, im August 1950, als Gustav Heinemann aus Adenauers Kabinett ausschied, mit der Begründung, er könne den Übergang zu einer Bundeswehr, die eine Deutschland und Europa zerreißende Hauptaufgabe hätte, nicht mitverantworten. Ich betätigte mich in der von Heinemann gegründeten „Notgemeinschaft für den Frieden Europas“. Dabei lernte ich ihn auch persönlich kennen. Er schien meine Mitarbeit zu begrüßen, blieb aber reserviert. In seine später gegründete „Gesamtdeutsche Volkspartei“ wurde ich nicht aufgenommen. Wie Ruth Achelis, die Frau des Rechtsanwalts Achelis, der sein Haus für Zusammenkünfte von Antimilitaristen öffnete, mich wissen ließ, war gegen mich intrigiert worden mit der Verdächtigung, ich müsse wohl als Jude, der in Deutschland überlebt hatte, in Diensten der Nazis gestanden haben. Mir kommen nicht leicht die Tränen, aber nach Empfang dieser Mitteilung kamen sie mir. Es war das Plötzliche und Erstmalige der Verleumdung, was mich so erschütterte. Spätere, ganz andersartige und viel folgenreichere Fehlbeschuldigungen haben mir ab und zu den Schlaf verkürzt, mich aber nicht mehr zum Weinen gebracht. Frau Achelis teilte meine Empörung; seitdem datiert unsere Freundschaft.

Ein ethisch begründeter Pazifismus und daneben das politische Streben nach Wiedervereinigung der Deutschen trafen damals zusammen und fanden in mir, der ich dem Völker- wie dem Klassenhass abgeschworen hatte, einen Fürsprecher. Allerdings bin ich niemals radikaler Pazifist gewesen, war ich doch durch die Schule der ebenso edlen wie realistischen Historiker der Antike gegangen und überdies dadurch belehrt, dass Hitlers Angriff nur auf dem militärischen Wege des Verteidigungskrieges daran gehindert werden konnte, sein verruchtes Ziel zu erreichen. Die Wiederbewaffnung Deutschlands aber, und das obendrein im Dienste der inzwischen verfeindeten Siegermächte hüben wie drüben, war eine Gefahr, die mich mit den Radikalpazifisten zusammenführte. An zwei Bekanntschaften, die ich damals schloss, erinnere ich mich besonders gern. Der eine dieser beiden war Heinz Kraschutzki, ein alter Seebär, dessen vorzeiten ans Kommandieren gewöhnte heisere Kapitänsstimme nun mit der gleichen Energie die Waffenlosigkeit forderte, wie sie einst

– darin Martin Niemöller vergleichbar, den ich nie kennengelernt habe – der Kriegsmarine gedient haben mochte. Um die Wende von 1950 zu 1951 bestärkte Kraschutzki mich in meiner Skepsis gegenüber der ungeheuren Begeisterung in Westberlin für die bis dahin dort gar nicht populäre UNO, weil in deren Auftrag amerikanische Truppen in Korea einmarschiert waren. Wie einseitig uns die Lage dargestellt wurde, hat Kraschutzki in der Broschüre *Die verborgene Geschichte des Koreakrieges* nachzuweisen versucht. Andererseits habe ich es dem US-Präsidenten Truman hoch angerechnet, dass er General MacArthur abberief, weil dieser Maos Chinesen mit Hilfe von Atomwaffen vertreiben wollte. So wenig mich die amerikanische Pose der Freiheitsverteidigung überzeugte, so sehr erleichterte es mich doch, dass der Frevel von Hiroshima und Nagasaki nicht noch gesteigert werden sollte, um den Kommunismus in China und in der Sowjetunion durch Atombomben zu beseitigen. Ich habe dies auch immer wieder geltend gemacht als Argument gegen die sowjetische These, dass das Gleichziehen mit der amerikanischen Nuklearbewaffnung notwendig gewesen sei, um den Sozialismus am Leben zu erhalten.

Die andere bedeutende Persönlichkeit unter den Pazifisten, die mir in bester Erinnerung geblieben ist, war der englische Quäker Corder Catchpool. Ihn und seine Frau Gwen, die ihm aktiv zur Seite stand, hatte ich in Berlin kennengelernt und bei meinem Besuch in London, wo ich im Hochsommer 1951 meine fast zweiundneunzigjährige Tante Hermine und deren Familie wiedersah, in seiner Wohnung aufgesucht. Bis dahin hatte ich über die Quäker nur einiges Wenige gelesen. Nun kreuzte einer von altem Schrot und Korn persönlich meinen Weg. Wie bei Kraschutzki imponierte mir das Kraftvolle, Charakterstarke und dabei Bescheidene, das ganz dem Bild widersprach, das über angebliche Weichlichkeit und lärmendes Gehabe der Pazifisten von rüstungsfreundlicher Seite in Umlauf gebracht wird.

Am 2. August 1951, dem Bank Holiday, besuchte ich Catchpool in London. Er flickte trotz des Feiertags seine Schuhe. Begründung: Sein Gewissen verbiete ihm, jemals müßig zu sitzen. Umso erstaunlicher, als er ein reicher Mann war! Ich wurde an die Erkenntnisse Max Webers erinnert, dessen Abhandlung *Die protestantische Ethik und der Geist des Kapitalismus* mir als jungem Studenten mehr als dreißig Jahre zuvor eine Quelle der Belehrung gewesen war. Hier saß ich solch einem Repräsentanten der „innerweltlichen Askese" gegenüber, der die Arbeit verstand als einen Gebrauch verliehener Kräfte, und nicht um des Genusses willen, den Geldbesitz aber als Frucht religiös gebotenen Dienstes an der Gesellschaft. Er schenkte mir am Besuchstag das Geld für die Reise nach einem Ort nördlich von Paris: der Abbaye von Royaumont, wo eine Tagung stattfand, zu der ich eingeladen war. Wie überrascht war ich dort, als mir ein französischer Patriot jüdischer Abkunft seinen Plan eröffnete, an die Stelle des Lateinischen das Französische als Weltsprache aller Gebildeten zu setzen. Es betrübte mich übrigens ein wenig, dass ich mit dem Tempo, in dem Franzosen miteinander sprachen, nicht immer mitkam.

Innerhalb der damaligen ersten deutschen Friedensbewegung ging ich sehr bald ohne Parteirückhalt vor. In einem Offenen Brief an den Bundespräsidenten Theodor Heuss, den die *Deutsche Universitätszeitung*, Göttingen, am 8. Juni 1951 veröffentlichte, legte ich dar, dass ich mein Wirken gegen den Kalten Krieg östlicher Prägung, das mich den Dresdner Lehrstuhl gekostet hatte, trotz aller Risiken ausdehnen müsse auf den Kalten Krieg westlicher Prägung, den ich, nach Westberlin zurückgekehrt, dort am Werke sähe. Ich suchte Heuss anzusprechen mit Worten wie folgenden: „... Es kann doch nicht nur mir, nein, es muss, wie ich zu vermuten wage, auch Ihnen beim Anblick des Potsdamer Platzes in Berlin schreckhaft deutlich geworden sein, dass die Mächte, die den Kampf – hier ‚für die Freiheit', dort ‚für den Frieden' – fordern, gleichsam je zur Hälfte das Erbe ihres überwundenen nationalsozialistischen Gegners angetreten haben, indem die Bürgerkriegsverherrlicher der östlichen Seite die Barbarei der Freiheitsberaubung, die Superwaffenbewunderer der westlichen Seite die Barbarei der Massenvernichtung als Mittel zum Zweck – hier ‚Freiheit', dort ‚Frieden' – heiligen. Und wiederum soll als Hoch-, ja, als Landesverräter gelten, wer dagegen den Mund auftut! ..."

Hierauf antwortete mir Heuss in einem längeren Privatbrief vom 18. Juni 1951 unter anderem: „... Nun glaube ich, die Motivation Ihres Schreibens durchaus würdigen zu können gerade aus der Berliner Situation heraus, die mir einigermaßen vertraut ist, und ich habe auch die Auffassung, dass jene Sentenz aus meiner Wiesbadener Rede, die Sie zitieren, völlig weiter Geltung hat ..." (ich hatte zitiert, dass Heuss sich gegen „globale Wertungen wie ‚Er ist ein Deutscher, also ... Er ist ein Jude, also ...' gewendet hatte, und bezog dies darauf, dass man nicht sagen dürfe, hier sei jemand Aufrüstungsgegner, *also* sei das ein Prokommunist).

Der zwar persönlich anerkennende, in der Sache aber enttäuschende Antwortbrief des Bundespräsidenten – mir öffentlich antworten, worum ich ihn gebeten hatte, wollte er nicht – veranlasste mich, für die von mir ausgesprochenen Sorgen und Gedanken eine breitere Publizität zu suchen. Zusammen mit dem der SPD angehörenden Journalisten Manfred Röhling gründete ich in Westberlin ein Wochenblatt, dem ich den Titel gab: *SOS. Zeitung für Kriegsgegnerschaft und weltweite Verständigung*. Die erste Nummer der von der britischen Militärregierung lizenzierten Zeitung – ich arbeitete nur ein halbes Jahr mit Röhling zusammen, dann schied ich seiner Eigenmächtigkeiten wegen aus – erschien im September 1951 mit einem Artikel von mir, mit dem ich die Richtung weisen wollte: „Weltneuordnung in Deutschland beginnen!" Noch nie hatte mir, der ich kein „Augenmensch" bin, die bildende Kunst eine solche Anregung gegeben wie damals Albrecht Dürers berühmter Kupferstich, der mich zu dem Vergleich inspirierte: „… Wir sind in der Lage des Dürerschen Ritters, der zwischen Tod und Teufel seinen Weg suchen muss. Er reitet geradeaus vorwärts, weil er die Gefahren kennt, die von beiden Seiten drohen. Lässt er sich nach der einen oder der anderen Seite ablenken, so muss er dem einen der beiden Ungeheuer verfallen; wollte er rückwärtsgewendet umkehren, so würden sie ihn beide zusammen vernichten. Ausgeklügelte Teufelei der östlichen Machthaber, todbringende Rücksichtslosigkeit der westlichen treiben mit uns ihr Spiel; und wenn wir, angewidert von beiden Seiten der verderblichen Unfreiheit, zurücklenken in gebahnte Denkgeleise, so begegnen uns gar Tod und Teufel vereint in Gestalt einer wiederauflebenden nationalsozialistischen Bestialität, über die aber zu jammern und zu schelten nicht diejenigen das Recht haben, die bereit sind, uns zu verkaufen." Aber die Erinnerung an Dürers Reitersmann war nur die eine Seite meines Anliegens. Ohne bildlichen Vergleich fuhr ich dann fort: „Die Notwendigkeit, nein zu sagen zu dem Ansinnen, das die Siegermächte hüben und drüben an uns stellen, ist zugleich die Vorbedingung einer neuen Ordnung der gesamtmenschlichen Angelegenheiten. An dem deutschen Beispiel muss es klar werden, dass die gegenwärtig größten Mächte, weil und solange sie miteinander verfeindet sind, auch die größten Feinde einer weltumspannenden Gerechtigkeitsfindung sein müssen. ‚Groß Macht und viel List Sein grausam Rüstung ist' – gegen die große Macht können die Besiegten nicht direkt angehen, aber die viele List können sie enthüllen, privat und öffentlich; in unermüdlicher geistiger Arbeit können sie den komplizierten Apparat der ‚ideologischen Heuchelei' immer von neuem in seiner ganzen Unwahrhaftigkeit und schönrednerischen Fadheit bloßstellen. Dann bleibt freilich die Macht noch stehen, aber nackt, in ihrer ganzen Hässlichkeit, die sie ja gerade durch die List verdecken wollte. Hier darf es keine Schonung geben – oder sollten wir lieber die schuldigen Schreier und Schreiber schonen als unsere unschuldigen Kinder, deren Glücksmöglichkeiten da zerschrien und zerschrieben werden??"

Dieser leidenschaftliche Protest könnte, isoliert genommen, in ein Umsichschlagen nach allen Seiten ausarten. Aber Nihilismus und Anarchismus haben mir immer ferngelegen, und so ist die Ablehnung jeder Remilitarisierung Deutschlands bloß die Kehrseite einer Art von Patriotismus, der mich damals beseelte, mir allerdings nach den seitdem gemachten Erfahrungen fremd geworden ist. Ich dichtete und vertonte – es war, soviel ich mich erinnere, Anfang 1952 – ein *Lied der Wiedervereinigung* in drei Strophen mit folgendem Text:

> Uns trennt nicht die Elbe, die Werra, der Main,
> Ein Wunsch nur verbindet uns alle:
> Wir wollen wieder Ein Deutschland sein,
> Und was uns noch scheidet, das falle!
> Wir hassen den schlimmsten, den Bürgerzwist:
> Er peitscht uns mit gellender Stimme.
> Was wild nur berauschte, verklungen ist:
> Ein rettendes Feuer erglimme!
> Eine Flamme der Sehnsucht, ein brennender Ruf,
> An dem sich die Herzen entzünden:
> Was Natur und Geschichte zusammenschuf,
> Das lasset auch wieder sich finden!

Dieses Lied habe ich sogar, sonst durchaus nicht zur Politisierung des Schulunterrichts geneigt, mit den fünfzehnjährigen Jungen, deren Klassenlehrer ich von 1950 bis 1956 war, einstudiert. Aus meinem damaligen friedenssehnsüchtigen Patriotismus heraus fand ich auch einen Weg nach rechts zu der Marburger Wochenzeitung *Der Freiheitsbote*, über deren altnationalistische Färbung ich hinwegsah, weil sie sich mir öffnete für sonst nicht unterzubringende Warnungen, beispielsweise unter dem Titel „Nationalbewusstsein und Atomsklaverei“.

Die Kennzeichnung meiner politischen Haltung in den Fünfzigerjahren (sowohl des Jahrhunderts als auch meines Lebens) wäre unvollständig, wenn ich ein drittes Merkmal ausließe, das mir paradoxerweise die größten Unannehmlichkeiten eingetragen, ja, zu einem zweiten Rufmord – nach dem ersten in Dresden – geführt hat, obwohl ich gerade in diesem Punkt am meisten recht behalten sollte, nämlich: mein Dringen auf politische Vermittlung zwischen den ideologischen Feindmächten. Wegen der Aufnahme von Gesprächen mit Johannes R. Becher angegriffen, habe ich mich in mehreren vielgelesenen Organen der westdeutschen Presse gerechtfertigt. Meine im „Demokratischen Forum“ des Westberliner *Tagesspiegels* vom 13. März 1955 veröffentlichte Zuschrift nimmt Bezug auf die Entschließung der Kultusminister vom 4. März 1955, in der es heißt: „Gegen die dirigierten Aktionen des Ostens ist jeder Deutsche aufgerufen, in persönlicher Verantwortung seine Entscheidung so zu treffen, dass jede bewusste oder fahrlässige Unterstützung des Regimes in der sowjetischen Besatzungszone vermieden und die Schärfe der Auseinandersetzung zwischen Kultur und Unfreiheit nicht verwischt wird.“ Hierzu mein Kommentar – prompt geschrieben und prompt erschienen: „Es glaubt wohl keiner von uns, Herrn Becher und seine Freunde ‚bekehren‘ zu können. Es gibt aber auch andere Arten der Einwirkung als diese, von denen die publizistische Schulweisheit sich nichts träumen lässt. Das Menschliche auch im Funktionär noch anzusprechen ist Talentsache; wer aber das Talent hat, der hat auch die Pflicht; und ich werde das Anrühren der Menschlichkeit im Kommunisten ebenso wie im Nationalsozialisten stets auf meine im Kultusministerbeschluss angesprochene ‚persönliche Verantwortung‘ nehmen.“

[Dieses ethisch-politische Dreierlei von Protest, Sehnsucht und Vermittlung hat mir nur in Punkt zwei, wo ich am meisten schwärmerisch und unrealistisch war, Freundschaften eingetragen, die wegen Punkt eins und Punkt drei dann aber nur vorübergehender Natur waren. Dreimal fanden ehemalige Nationalsozialisten den Weg zu mir, abgesehen davon, dass sich mir auch in der von Werner Rietz geleiteten „Stätte der Begegnung" – Rietz, selbst ein alter SS-Mann, wollte, reuig geworden, Altnazis mit Juden an einen Tisch bringen – Kontakte ergaben, an die ich mich nicht genau erinnern kann. Gut im Gedächtnis aber habe ich noch zwei Ältere und einen Jüngeren, die mir, unabhängig voneinander, nähertraten. Der eine der beiden Älteren war Hermann Noack (1895–1977). Er war in Freiburg 1921/22 ein Mitstudent gewesen, dessen Eintritt ins Studium sich dadurch verzögert hatte, dass er erst einige Zeit nach Kriegsende aus englischer Kriegsgefangenschaft freikam. Als ich ihm einmal bei einer plötzlichen Erkrankung Beistand leistete, wurde aus den philosophischen Gesprächen und gemeinsamen Mahlzeiten eine Freundschaft, die mich auch in sein Hamburger Elternhaus führte. Mich amüsierten Anklänge an die Mundart meiner Mutter, die ja aus Hamburg „s-tammte". Ein von Noack erzählter Scherz ist mir noch in Erinnerung: Ein zu Wagners *Tristan* in die Oper mitgenommenes Hausmädchen habe auf die Frage nach ihrem Eindruck geantwortet: „Och, goor nech so'n büschen was Muntres!" Das war nun dreißig Jahre her! In der Zwischenzeit, in der ich Hermann Noack nicht wiedergesehen hatte, war er als Schüler von Ernst Cassirer in die akademische Laufbahn eingetreten. Nach 1945 wurde ihm am meisten verübelt, dass er, der in Hamburg im Schatten eines so bedeutenden jüdischen Philosophen wie Cassirer Karriere gemacht hatte, während der Nazizeit im besetzten Holland getreulich die Weisungen seiner Vorgesetzten, darunter auch die antisemitischen, befolgt hatte. Nach dem Krieg rettete er sich in seine christliche Tradition, nahm eine Tätigkeit in der Evangelischen Akademie Hofgeismar auf und näherte sich reuig auch wieder mir. In

Sachen „Wiedervereinigung“ schien volles Einverständnis zu bestehen, bis er merkte, dass ich mir nicht die bundesrepublikanisch umgeformte Lesart zu eigen gemacht hatte. Daraufhin zog er sich zurück.

Mehr von der poetischen Seite kam mir Walter Axmann, ein jüngerer Kollege, ehemals Hitler ergeben, seitdem ernüchtert, aber stets der schwärmerischen Anhänglichkeit bedürftig, die er nun mir zuwandte. Der Weg dazu führte über den Unterricht, den er meinem Sohn Wolfgang erteilt hatte. Er liebte ihn wirklich, und das führte auch mich als Vater mit einem so verständnisvollen Kollegen zusammen. Gemeinsam betrauerten wir seinen Tod. Die Verehrung, die er mir zeigte, empfand ich gelegentlich als übermäßig. Wie aber mit der Zeit die dritte Komponente meines politischen Verhaltens, die vermittelnde, mir in Westberlin Verruf eintrug, wandte auch er sich von mir ab. Und ganz ähnlich war es bei einem mehrere Jahre älteren Kollegen, dem Kunstpädagogen Paul Sohst an der Georg-Herwegh-Schule in Hermsdorf. Der gleiche reuige Enthusiasmus für einen musischen Juden wie mich, der nicht nachtragend war und seine Freundschaft erwiderte, aber auch die gleiche Abkehr von ihm im Sog des allgemeinen Verrufs, ich sei ein „Trojanisches Pferd“, eine Art Doppelagent. Zur Ehre von Sohst muss ich allerdings sagen, dass er mir später, als ich längst an der Humboldt-Universität war, ausdrücklich bekannt hat, er sei einer Verleumdungskampagne zum Opfer gefallen.]

Seit 1950 waren in Westberlin die Verfahren zur Anerkennung als „Politisch-rassisch-Verfolgter“ (PrV) in Gang gekommen. Die für meinen Antrag zuständige Stelle, zu deren Beisitzern Heinz Galinski, der spätere Vorsitzende der Westberliner Jüdischen Gemeinde, gehörte, fragte mich mit deutlicher Skepsis aus, war ich doch weder Widerstandskämpfer noch Glaubensjude und hatte auch nicht im KZ gesessen. Schließlich gab für die Anerkennung den Ausschlag, dass ich meinen Patienten freiwillig ins Haigerlocher Getto begleitet hatte und vom dortigen Ortsgruppenleiter [dessen Name Josef Kronenbitter verifiziert werden konnte] gefährlich belästigt worden war. Die Entschädigung war in Anbetracht meines nur kleinen ehemaligen Vermögens gering. Es wurde alles mit 10 000 Mark „wiedergutgemacht", wofür ich mir einen schönen Teppich kaufte. Aber immerhin sollte es auch eine Art von gesellschaftlicher Ehrenerklärung sein, und das mag dazu beigetragen haben, dass ich 1953 als Studienrat und damit als Beamter akzeptiert wurde, obwohl mir als dem Gründer von *SOS* wohl schon damals ein schlechter Ruf vorausging. Den Beamteneid musste ich vor einem Mann schwören, der eigentlich nicht mein Vorgesetzter hätte sein dürfen.

So war ich denn regulärer Studienrat wie die Kollegen um mich herum. Ich hieß zwar seit Dresden „Professor", aber Ansätze zu einer Wiederberufung schlugen fehl. Einmal schien es in Hannover nahe daran. Ich hatte an der dortigen Technischen Universität auf Einladung von Professor Burckhardt schon einen Probevortrag gehalten, kam aber nicht als Nummer Eins auf die Berufungsliste. Als Pädagoge aus Neigung fühlte ich mich im Lehrerberuf wohl und behielt als Altphilologe, der auf die Korrektur von Arbeiten der Schüler nicht so viel Zeit zu verwenden brauchte wie etwa ein Deutschlehrer, genügend Muße, um zwei Bücher und einige wissenschaftliche Abhandlungen zu schreiben, welche meinen Namen in der akademischen Welt, die ja von mir kaum etwas wusste, ein wenig bekannt machten. Schon 1952 zeigte sich, dass der Grundsatz der SED, einen von ihr als Nichtmarxisten bloßgestellten Philosophen totzuschweigen, außerhalb der DDR nicht durchzusetzen war. Die Gelegenheit, mich zu bewähren und die fehlende Habilitation informell nachzuholen, ergab sich nach Gründung eines „Engeren Kreises" innerhalb der „Allgemeinen Gesellschaft für Philosophie in Deutschland". Die erste Tagung fand unter Leitung von Theodor Litt im Herbst 1952 in Marburg statt. Es konnte immerhin sein, dass ich ursprünglich ein bloßer politischer Günstling gewesen und nur dadurch zum Amt und Titel eines Philosophieprofessors gekommen war. Die Vertreibung allein konnte nicht als Habilitationsersatz angesehen werden. Das wurde nun in der Weise geprüft, dass ich zu meinem angekündigten Vortrag „Die Dämonie der Abstraktion" zugelassen und nachher wie bei einer Thesenverteidigung in die Zange genommen wurde. Nach Abschluss einer längeren geheimen Beratung kam Litt auf mich zu mit den Worten: „Sie gehören zu uns!" Als ich ihm von meiner Lehrertätigkeit erzählte, sagte er lachend, Gymnasiallehrer sei auch er einmal gewesen, vor vielen Jahrzehnten als junger Vater, der sein Kind aufs Töpfchen setzte. An den bis heute regelmäßigen Tagungen des „Engeren Kreises" habe ich seitdem oft genug teilgenommen und mich dort jedes Mal als Wissenschaftler sehr wohl gefühlt.

Einen besonders günstigen Aspekt des Deutschseins in der Bundesrepublik erwähne ich deswegen, weil zwei persönliche Bekanntschaften mir ihn nahegebracht haben: Ich meine die „Studienstiftung des deutschen Volkes", eine Einrichtung, die an Spitzenbegabungen Stipendien für die ganze Zeit des Studiums vergibt, ohne nach den finanziellen Verhältnissen des Stipendiaten zu fragen. Der erste Studienstiftler, den ich kennenlernte, war Hermann Schmitz aus Bonn, der damals, Anfang der Fünfzigerjahre, in Berlin studierte. Überragend war er in doppelter Hinsicht: durch körperlichen Wuchs und durch geistige Fähigkeiten. Seine Länge trug ihm, wie er mir einmal erzählte, die Spottfrage von Straßenjungen ein: „Frierst du denn nicht da oben?" Gedächtnis und Redegabe waren bei ihm dermaßen stark, dass ihm beim Sprechen der Stoff schier unhemmbar zuströmte. Im privaten Gespräch mit ihm konnte man sich, eventuell mit einem Scherz, Gehör verschaffen, in größerem Kreis aber fiel er meist unangenehm auf. Wenn jemand gehaltvolle, aber nicht enden wollende Ausführungen macht und obendrein erst die Mitte zwanzig erreicht hat, schafft er sich leicht einen Ruf, der nur die Minutenzahl, aber nicht die Substanz des Diskussionsbeitrags in Betracht zieht. Schmitz war unter den jungen Philosophen der originellste Kopf, den ich je kennengelernt habe. Ob man sich von den genialen Zügen seines Denkens mehr angezogen oder von den abstrusen mehr abgestoßen fühlt, darüber gibt es, soviel mir bekannt, keine feststellbare öffentliche Meinung. Er ist Philosophieprofessor in Kiel, aber von den zehn Bänden seines neophänomenologischen *Systems der Philosophie*, die zwischen 1964 und 1980 erschienen sind, hat die Philosophenzunft empörend wenig Kenntnis genommen.

Der andere Studienstiftler, an den ich denke, war ursprünglich mein Schüler in Hermsdorf, ehe er nach einem erstklassig bestandenen Abitur die Vergünstigungen erhielt, die ihm, der arm aus der DDR gekommen war, das Studium ermöglichten. Es ist Klaus Meschkat, als Schüler ein gediegener und selbstständiger, im Ganzen etwas spröde wirkender Jüngling. Die Erfahrungen in beiden deutschen Staaten haben ihn zu einer ebenso unabhängigen wie entschiedenen Stellungnahme motiviert, die schließlich in seinem öffentlichen Hervortreten auf der Seite der Studentenbewegung von 1968 gipfelte. Damals bin ich ihm zum letzten Mal begegnet. Als Spezialist für soziale Probleme südamerikanischer Staaten, besonders Chiles und Kolumbiens, die er aus eigener Anschauung kennt, hat er eine Professur in Hannover inne.

In meine Autobiografie scheinen mir vor allem die Zustände und Ereignisse in der Gesellschaft, die mich umgab, hineinzugehören. Der Lehrer hat ein Kollegium neben sich, einen Direktor über sich, die Schüler vor sich und zugleich unter sich. Ich hatte kein Staatsexamen als Lehrer abgelegt, wusste fast nichts von Beamtentradition. Wofür Laufbahnbewerber Assessorenjahre durchmachen mussten, dahinein war ich durch einen Sprung gekommen. Die Schüler waren trotzdem zufrieden mit mir, auf jeden Fall in Hermsdorf, nachdem ich bis 1947 in Tegel schon Unterrichtserfahrungen gesammelt hatte. Meine wissenschaftlichen Qualitäten wurden nicht angezweifelt, eher schon die disziplinarischen und didaktischen, aber wohl nur von einzelnen Kollegen, nicht vonseiten der Jungen und ihrer Eltern. So schätzten und schützten mich denn Direktor Wüssing und sein Nachfolger Manok. Dieser war durch sozialdemokratische Begünstigung Direktor geworden und benahm sich nicht ganz so „zünftig" wie die Oberlehrertypen, die er als Kollegen vorfand und zu denen ich sehr wenig passte. Es gab im Lehrerkollegium einen tonangebenden Kern konservativer Pädagogen: einen schon älteren, der von seiner disziplinierenden Autorität sagte, bei ihm säßen die Schüler „da wie die Puppen", daneben einen besonders formstrengen Mann in mittleren Jahren, der es einem von längerem Amerikaaufenthalt heimgekommenen Schüler schwer verargte, dass er ihn lässig gegrüßt habe, und schließlich einen jüngeren Mathematiker, der im Unterricht auf die Schwächeren keine Rücksicht nahm. Ich war ihnen gewiss schon immer ein Dorn im Auge, aber ich provozierte niemanden, und so war mir jahrelang nichts anzuhaben. Zum Wendepunkt wurde die Ungarntragödie im Herbst 1956. Damals, Anfang November, schien es ein paar Tage so, als könnte nach dem Sturz des verhassten Rákosi der vorübergehend installierte Imre Nagy Ungarn von der Sowjetunion lösen – eine Hoffnung, die bald zerstob, da János Kádár die Sowjetarmee herbeirief. Die Grausamkeiten beim Einmarsch in Budapest gaben allen denen willkommenen Stoff, die nun endlich in Europa, und insbesondere in Berlin, eine Wende zugunsten des Westens herbeiführen wollten. In die obersten Schulklassen kamen Propagandisten, um die Primaner paramilitärisch anzuwerben mit der Verheißung, mit Hilfe der Vereinten Nationen werde man nun das Brandenburger Tor durchschreiten. Meine Schüler erzählten mir davon. Die Ernsteren unter ihnen zeigten sich beeindruckt von dem völkerrechtlichen Argument, die UNO sei zum Einschreiten befugt. Hierzu konnte ich nun nicht länger schweigen. Ich warnte sie nicht nur vor dem Abenteuer, sondern riet ihnen vor allem deswegen ab, weil ich die Charta der Vereinten Nationen besser kannte und ihnen daher sagen konnte: Eine Regierung müsste die Truppen der UN ins Land rufen, es gibt aber nur die Regierung Kádár, und die wird es nicht tun. Nun war der Teufel los. Der Damm vor den gegen mich angestauten Antipathien brach. Kollegen und Schülereltern taten sich zusammen. Man brachte in Umlauf, ich hätte die Regierung Kádár für „rechtmäßig" erklärt und dadurch „Sand ins Getriebe des Westens gestreut". Meine Feindin unter den Eltern, deren älterer Sohn fünfeinhalb Jahre lang bis zum Abitur im April 1956 in ungetrübter Eintracht mein Schüler gewesen war, entpuppte sich nun als ehemalige Sekretärin von Goebbels. Es entstand eine Situation, die in mehrfacher Hinsicht an den Dresdner Rufmord erinnerte, nur dass es sich diesmal durch mehrere Stadien hindurch drei Jahr lang hinzog. Schauplatz der ersten Etappe war Hermsdorf. Meine Feindin, die kurz vorher sich noch zur Vorbereitung einer Romreise mit der Klasse, in der ihr jüngerer Sohn mein Schüler war, zum Zweck ihrer Teilnahme bei mir eingeschmeichelt hatte, offenbarte nun ihr wahres Gesicht. Über ihren jüngeren Sohn versuchte sie, die Schulklasse meiner Fünfzehnjährigen mir durch judenfeindliche Gerüchte zu entfremden. Durch die Mutter eines zu mir haltenden Schülers erfuhr ich, wie eine ehemalige Goebbelsdienerin so etwas anstellt. Es wurde ausgestreut, ich hätte gleich in meiner ersten Lateinstunde den Schülern erzählt, Herkules habe in einer einzigen Nacht hundert Söhne gezeugt. Daraufhin befragte die mir wohlgesonnene Mutter ihren Sohn, ob das stimme. Wenn ich wirklich solch ein „Lustmolch" wäre, würde sie mir nicht beistehen. Auf ihres Sohnes „Nein, niemals!" entschloss sie sich, ihren Sohn in seinem Eintreten für mich zu unterstützen. Bald stellte sich übrigens heraus, dass ein garantiert nichtjüdischer Kollege sich jenen unsauberen Scherz erlaubt hatte. Eine Schülerabordnung, unterstützt von der Mehrheit der Klasse, wollte beim Direktor vorsprechen, um sich im Namen der Mitschüler für mich einzusetzen. Der Direktor aber, durch Weisungen von oben plötzlich gegen mich eingenommen, ließ die Abordnung nicht vor. Daraufhin sagte ich zu den enttäuschten Schülern, der Direktor habe sich „undemokratisch" verhalten. Hiermit war das Stichwort gegeben, um die ohnehin verabredete Maßregelung, die mir bevorstand, zusätzlich auf angeblich unkollegiales Verhalten auszudehnen. Im Mittelpunkt des gegen mich eröffneten Disziplinarverfahrens aber stand die Beschuldigung, ich hätte die Regierung Kádár als „rechtmäßig" bezeichnet. Die Untersuchung führte ein Jurist, der mir gleich anfangs von sich aus sagte, er sei früher Mitglied der NSDAP gewesen. Aber auch er musste feststellen, dass niemand einen solchen Ausspruch von mir gehört hatte, denn tatsächlich hatte ich nur von einer „faktischen" Regierung Kádár gesprochen. Ja, einmal entfuhr dem Untersuchungsführer sogar, dass, selbst wenn ich das Wort „rechtmäßig" gebraucht hätte, dies ja noch keine moralische Anerkennung bedeute. Da trotz monatelanger Vernehmungen nichts Rechtes zu finden war, endete das Verfahren schließlich nicht mit einer Strafe, sondern mit einer Versetzung, die damit begründet wurde, dass dem Direktor nicht zuzumuten sei, weiter mit einem Kollegen zusammenzuarbeiten, der ihn als „undemokratisch" bezeichnet habe.

Ich kam also als Lateinlehrer nach Reinickendorf in die Bertha-von-Suttner-Schule. Was für ein Ruf mir vorausging, lässt sich denken. Direktor Lehmann verlangte sofort von mir, ich müsse auch in Erdkunde und Biologie einspringen. Ich tat es schlecht und recht, bis er, nach der Sommerpause, davon Abstand nahm. Mit den Schülern, diesmal Jungen und Mädchen zusammen, bin ich stets gut ausgekommen, was sich sogar noch Ende Mai 1982 bei einer Erinnerungsfeier ehemaliger Schüler, zu der auch ich eingeladen war, in einer mich erstaunenden und erfreuenden Weise zeigte. Im Kollegium aber kam ein kaum beschwichtigtes Misstrauen durch einen unglücklichen Vorfall erneut hoch. Die Sache ist charakteristisch genug, um festgehalten zu werden. In den ersten Jahren einer Linksdominanz auch in Westberlin waren Schulen nach Revolutionären wie auch nach Pazifisten umbenannt worden, ohne dass sich die Geistesverfassung der meisten dort tätigen Studienräte wesentlich geändert hätte. So war schon im Kollegium der Georg-Herwegh-Schule in Hermsdorf nur wenig vom Geist des Dichters der Achtundvierziger Revolution zu spüren gewesen, noch weniger aber etwas vom Geist der aufrechten Pazifistin Bertha von Suttner in dem nach ihr benannten Reinickendorfer Gymnasium. Ich war naiv genug, mich zu erkundigen, ob ein Buch der Bertha von Suttner, etwa deren bekanntestes Werk *Die Waffen nieder!*, in der Lehrerbibliothek vorhanden sei. Antwort: Nein. Das erzählte ich Ahnungsloser einem leider sehr geschwätzigen Journalisten und dieser brachte es, ohne mein Wissen, in ein sozialdemokratisches Parteiblatt, das zwar nicht sehr bekannt war, aber dem Direktor der Bertha-von-Suttner-Schule vor die Nase gehalten wurde. Nun galt ich bei den Kollegen als „Nestbeschmutzer" und konnte die Empörten nur unvollkommen beschwichtigen durch die Beteuerung, jene Mitteilung sei ohne mein Wissen und Wollen in die Öffentlichkeit gedrungen.

Meine eigentlichen Feinde im Westberliner Senat, die bis zum Berufsverbot vom Mai 1959 fortgesetzt am Werke waren, habe ich persönlich nie sprechen können. Ich hatte jeden dahin zielenden Versuch auch aufgegeben, nachdem ich eine tiefe Enttäuschung erlebt hatte. Zum Senatsdirektor beim Kultursenator, der insoweit auch für Verfahren gegen Studienräte zuständig war, wurde ich Anfang 1957 vorgelassen. Auch er zeigte sich unter vier Augen entsetzt über die

Hysterie derer, die im November 1956 als Befreier durchs Brandenburger Tor hatten marschieren wollen. Aber praktisch unternahm er nicht das Geringste zu meiner Entlastung. Zu stark wirkte offenbar auch bei ihm die sozialdemokratische Parteidisziplin.

Ja, selbst bei ausgesprochenen Gegnern der Atomrüstung traf ich eine seltsame Befangenheit an. Um das verständlich zu machen, muss ich erklären, welche Wandlung auch ich unter dem Eindruck politischer Fehlschläge gemacht hatte. Ich musste einsehen, warum aus der Wiedervereinigung Deutschlands nichts wurde, nämlich nicht nur durch Schuld einer Clique um Adenauer, sondern vor allem deswegen nicht, weil die westdeutsche Gesellschaft, die ihr „Wirtschaftswunder" der Marshallplanhilfe verdankte, das Ausscheren zugunsten einer Wiedervereinigung mit unabsehbaren wirtschaftlichen Erschwerungen hätte bezahlen müssen, die von amerikanischer Seite gegen die Undankbaren verhängt worden wären. Das wusste Adenauer, und das konnte er seiner Mehrheit plausibel machen. Insofern war er bei seiner Ablehnung einer neutralistischen Wiedervereinigung, wie Stalin sie 1952 vorgeschlagen hatte, demokratisch legitimiert. Dies war mir Mitte der Fünfzigerjahre so sehr klar geworden, dass ich von da an für Verhandlungen mit der DDR plädierte. Das aber schien damals in Westberlin vollends unannehmbar und hat einem Befürworter wie mir die schwersten Vorwürfe von allen Seiten, sogar von linkspazifistischen Mitstreitern, eingetragen.

Wohl das Unverzeihlichste schien, dass ich am 1. Dezember 1958 in Ostberlin an einer Tagung der „Nationalen Front" der DDR, bei der auch der SED-Chef Ulbricht und der Volkskammerpräsident Dieckmann anwesend waren, teilgenommen und mich an der Diskussion beteiligt hatte. Ich hatte dabei meinen bekannten Standpunkt vertreten: Es müsse auch ohne jede Zuneigung zur östlichen Seite dennoch mit ihr verhandelt werden, selbstständig und konstruktiv, ohne sich dem Druck einer der beiden Seiten zu beugen. Aber dergleichen Argumente kamen in Westberlin gar nicht in Betracht angesichts der bloßen Tatsache, dass ich der Einladung in die Aula der Humboldt-Universität, wo damals Robert Havemann den Vorsitz führte, gefolgt war. Sogar von zwei Vorkämpfern der studentischen Anti-Atombewegung bekam ich deswegen uneingeschränkte Schelte zu hören. Niemand wollte begreifen, was zehn Jahre später die Spatzen von den Dächern pfiffen: dass nämlich hinter dem Wettrüsten der Hass und das Misstrauen stecken, man also das Übel an der Wurzel packt, wenn man durch das Miteinanderreden der Verkrampfung entgegenwirkt. Wenn ich damit zu früh kam, beweist das zwar, dass mir zum Berufspolitiker das Gespür für den Zeitpunkt fehlte, nicht aber, dass ich, der ich nicht von Berufs wegen, sondern aus dem Bewusstsein der Mitverantwortung politisch aktiv wurde, auf dem falschen Wege war.

Zunächst wollte man mich in Reinickendorf loswerden. Man bewirkte das sehr schnell mit dem Vorwand, im Bezirk Kreuzberg werde ein Lateinlehrer gebraucht, dort solle ich hin. Es war so weit weg von meinem Wohnsitz in Hermsdorf, dass ich mir ein Zimmer in der Nähe der Schule mietete, deren Name ich, wohl weil der Aufenthalt dort sehr kurz war, vergessen habe. Noch nie war es vorgekommen, dass ein achtundfünfzigjähriger Familienvater, der als Beamter im Schuldienst stand, kurzerhand in eine Gegend fern vom Wohnsitz der Familie versetzt wurde. Das sollte wohl das letzte Einschüchterungsmittel sein. Als auch das nichts fruchtete und ich von einer gegen die Atomrüstung gerichteten Tagung unter Leitung von Professor Wolfgang Abendroth in Frankfurt am Main nach Hause gekommen war, griff man zum Hammer des Berufsverbots. Ich wurde mitten aus einer Unterrichtsstunde herausgeholt, so als ob ich ein Verbrecher wäre: Ich müsse sofort mit dem Unterricht aufhören! Die schriftliche Suspendierung erfolgte gleich danach, verbunden mit der Kürzung des Gehalts um vierzig Prozent und der Einleitung eines Disziplinarverfahrens. Der Untersuchungsführer erwies sich als anständig, und so fand er denn auch nichts, was mich echt hätte belasten können. Unbekümmert um den Ausgang des Verfahrens schritt nun aber der damalige Senator für Inneres, Joachim Lipschitz (SPD), gegen mich ein, indem er mit Bescheid vom 14. Juli 1959 mir die Eigenschaft als „politisch-rassisch Verfolgter" aberkannte. Dieses unerhörte Vorgehen war in meinen Augen der endgültige Beweis dafür, dass meine Existenz in Westberlin durch Rufmord ebenso vernichtet werden sollte wie zehn Jahre zuvor in Dresden. Beide Todfeinde im Kalten Krieg konnten jemanden, der ihrer Todfeindschaft entgegentrat, nicht ertragen. Die Erlebnisse in Westberlin trafen mich umso tiefer, als ich in der Welt, die sich die „freie" nennt, dergleichen denn doch nicht erwartet hätte. Da war ich schon manchmal der Verzweiflung nahe, fühlte mich auch zu Hause vereinsamt und hielt mich nur dadurch aufrecht, dass ich fest überzeugt war, eine gute Sache, die beste, die es geben kann, zu vertreten.

War ich nun eine „gescheiterte Existenz"? Beim Eintritt in mein sechzigstes Lebensjahr schien es so. Was für Karrieren hatten andere gemacht! Ich brauchte bloß an meinen Schulfreund Walter Strauß zu denken, der ebenso wie ich in Deutschland als Jude in „privilegierter Mischehe" überlebt hatte und nun in Bonn Staatssekretär im Bundesjustizministerium war. Oder an Gerhard Leibholz, gleichfalls einen Schulkameraden, der nicht nur zum Bundesverfassungsrichter aufgestiegen war, sondern auch als Theoretiker des bundesrepublikanischen Mehrparteienstaates größtes Ansehen genoss; auch er ein mit einer Nichtjüdin verheirateter Jude, der allerdings nach England gegangen und von dort zurückgekehrt war. Mit Strauß bin ich mehrmals, mit Leibholz nur einmal zusammengetroffen. Wie weit hatte ich mich doch von allen, die eindeutig in den Westen gehörten, entfernt!

Das ironische Wort vom „Wanderer zwischen zwei Welten“ oder vom „Sitzen zwischen zwei Stühlen“ bot sich an, um meinen Lebenslauf ins Lächerliche zu ziehen.

War es ein Trost, dass auch Sokrates vielen Zeitgenossen als komische Figur erschien? Man braucht ja nur an das Zerrbild zu denken, das Aristophanes in seiner Komödie *Die Wolken* von ihm entworfen hat! Aber wäre es nicht eine unverzeihliche Selbstüberschätzung, wollte ich mich mit Sokrates vergleichen? Eins ist immerhin ähnlich: Wie Sokrates mit den Athenern so war ich mit den Deutschen unzufrieden und habe das, als Philosoph wie als Staatsbürger, öffentlich bekundet. Ich denke schon, dass man als ein sehr viel Geringerer doch in der Nachfolge stehen kann, und das möchte ich für mich in Anspruch nehmen. Von der philosophischen Fundierung her gesehen ergibt sich ein Anknüpfungspunkt daraus, dass eine Analogie besteht zwischen dem sokratischen „Herabholen der Philosophie vom Himmel auf die Erde“ und meiner entschiedenen Abkehr von der kontemplativen „Wertschau“, wie deutsche Denker von der Bedeutung Max Schelers oder Nicolai Hartmanns sie zum maßgebenden Prinzip erhoben hatten, hin zu einer Aufgabenstellung, die ich andeutend zum Ausdruck bringe im Untertitel meines Buches von 1952 *Der philosophische Heilsbegriff*, nämlich *Ein Beitrag zur Überwindung der Krise der Ethik als Wissenschaft*. Die „Krise“ erblickte ich darin, dass die Phänomenologen sich auf Aussagen beschränkten, die dem in ethischen Fragen Ratsuchenden von vornherein die Prinzipien ethischen Rates schuldig bleiben. Auf eine wissenschaftliche Begründung ethischer Ratgebung aber hatte ein Sokrates, im Gegensatz zu allen seinen Vorgängern, es abgesehen und sich so im Einklang befunden mit dem ursprünglichen Sinn des Wortes „Weisheit“, der „sophia“, zu der die „philo-sophia“ ja den Zugang bahnen sollte. Auf dem engeren Gebiet der praktischen Philosophie kehrte nun das, was zu Lebzeiten des Sokrates die gesamte Philosophie betraf, insofern wieder, als innerhalb der Ethik wiederum eine Flucht in die bloße Kontemplation eingetreten war und der ganze Rest als unwissenschaftlich verworfen wurde. Dies war es, wogegen ich mich auflehnte.

Was diese Konzeption der Aufgabe einer wissenschaftlich-philosophischen Ethik hergab für die Anwendung auf die politische Praxis, das zu entwickeln ließ ich mir angelegen sein in meinem zweiten Buch: der *Theorie des Vertrauens*. Es ist im September 1957 im Westberliner wissenschaftlichen Verlag Walter de Gruyter & Co. erschienen, wozu Otto Friedrich Bollnow, der bekannte Tübinger Philosoph und Pädagoge, durch seine Empfehlung des Manuskripts mitgeholfen hatte. Die theoretische Grundlegung, aus der ich meine eigene politische Haltung ableitete, kommt am deutlichsten heraus im letzten Kapitel, das die Überschrift trägt: „Die Einigung zwischen den Gruppen". Darin untersuche ich das interkollektive Vertrauen, einen noch viel zu wenig ins Auge gefassten Gegenstand ethisch-politischer Theorie. Ausgehend vom Wirken des indischen Kaisers Ashoka, der um die Mitte des dritten vorchristlichen Jahrhunderts regiert hat und dessen „Säule" (mit den vier Löwen) seit 1947 Symbol der Indischen Union ist, ziehe ich die Linie bis zu Nehrus Politik der Nichtpaktgebundenheit („non-alignment", wörtlich „Nichteinreihung") und bekenne mich im Schlussabschnitt meines Buches zu einer Art von Neutralität, die ich so charakterisiere: „Sie geht aus von einem kräftigen, mitunter leidenschaftlichen Ja und Nein zu den Licht- und Schattenseiten der sich bekämpfenden anderen. Dadurch ist sie von jedem Indifferentismus unverwechselbar geschieden. Sie kennt aber auch kein absolutes Tabu, woran in der Erörterung nicht gerührt werden dürfe, ist daher bereit, auch militärische Gegebenheiten nicht einfach zu verneinen, sondern das Beste daraus zu machen. Insofern undoktrinär, legt sie von vornherein den größten Wert auf die Funktion des Vermittelns und Versöhnens, indem sie die schwierige

Kunst übt, auf beiden Seiten angenehm zu sein, ohne doch zu schmeicheln. Propagandistischen Erfolgen zuliebe lässt sie sich nicht im Werk behindern. Sie findet im Schlichtenkönnen ein ursprüngliches Genügen, das nicht unbedingt durch die Prämie für die eigenen Interessen gerechtfertigt zu werden braucht, wenngleich ein Zutrauen zu der letztendlich auch für sie lohnenden Rolle, die sie spielt, ihr immer wieder neuen Mut gibt. Die solcherart produktive Neutralität unterscheidet sich von allen anderen Formen dadurch, dass ihr das Zustandekommen eines möglichst allseitigen und unbegrenzten Vertrauens nicht bloß eine erwünschte Nebenwirkung oder zweckdienliche Erfolgsbedingung, sondern geradezu Selbstzweck und rechtfertigende Krönung aller Bemühungen ist."

Als eine beinahe tragische Paradoxie empfand ich es, dass ich zur Zeit des Erscheinens meiner *Theorie des Vertrauens* in meiner engeren beruflichen Umgebung von stärkstem Misstrauen umgeben war. Augenfällig zeigte sich das darin, dass an der Schule, wo ich unterrichtete, der mit der Prüfung von Anschaffungen für die Lehrerbibliothek beauftragte jüngere Kollege mir nach der Lektüre des Buches sagte, er selber würde es sich nicht kaufen und werde es daher auch nicht zur Anschaffung empfehlen. Derselbe Kollege rief mich übrigens ein paar Monate danach privatim an, um mich dafür zu beglückwünschen, dass Bollnow, den er offenbar sehr respektierte, sich anerkennend über mein Buch geäußert habe. Vor dem Kollegium aber mit einer Ankaufsempfehlung aus der Reihe zu tanzen, hatte er nicht gewagt!

Als Universitätsmann bin ich ein sonderbarer Vogel. Die normale Laufbahn habe ich nie durchgemacht. Was mir zuteilwurde, habe ich nicht durch Bewerbung erlangt. Der Ruf nach Dresden kam aus heiterem Himmel; nicht einmal Jaspers und Hoffmann, die beiden, die mich empfohlen hatten, ließen mir hierüber vorher eine Nachricht zukommen. Wo ich mich tatsächlich bewarb, dort scheiterte ich:

1928 bei der Anfrage an Heidegger wegen der Habilitation, 1949 bei der Fühlungnahme mit Leisegang, 1955 nach dem Probevortrag in Hannover. Ein Vertreter akademischer Traditionen, wenn er in herkömmlicher und liebloser Weise urteilte, könnte sagen, ich sei überhaupt bloß ein Schmalspurphilosoph und ein Schmalspurphilologe. Dem jahrhundertealten Brauch zufolge hätte ein *Philosophie*professor ein Collegium Logicum zur Unterweisung seiner Studenten abzuhalten und ein *Altphilologe* Texte nach Handschriften zu edieren imstande sein müssen. Die eine wie die andere Kompetenz ging mir ab. Zweierlei aber war mir eigen: das nicht bloß historisch referierende, sondern existenziell aktualisierende Eindringen in die antiken Texte und die philosophische Inspiration bei denjenigen philologischen Problemstellungen, die ich mir wählte. Beides traf zusammen in der ersten latinistischen Abhandlung meines Lebens, die ich, schon ein Mittfünfziger, verfasste und veröffentlichte. Der Obertitel klingt philologisch, der Untertitel philosophisch: *Epikureisches bei Seneca. Ein Ringen um den Sinn von Freude und Freundschaft*. Dieser Aufsatz erschien im *Philologus*, einer angesehenen wissenschaftlichen Zeitschrift, die damals, im Publikationsjahr 1955, noch sozusagen gesamtdeutsch war, nämlich mit paritätischer Redaktionsbesetzung und betreut von einer Arbeitsgemeinschaft zwischen je einem Verlag in der DDR und in der Bundesrepublik Deutschland. Ich ahnte nicht im Entferntesten, dass diese das geforderte internationale Niveau erreichende Leistung noch einmal dazu dienen sollte, mir aus der Not zu helfen. Es war zunächst eine Freizeitstudie, die wissenschaftlich durchzuführen mir des selbstgewählten Themas wegen ebenso Herzenssache war wie das Bestreben, die Ergebnisse mitzuteilen, gemäß Goethes Versen:

> Warum sucht' ich den Weg so sehnsuchtsvoll,
> Wenn ich ihn nicht den Brüdern zeigen soll?!

Die „Brüder“ – das sind alle, die wie ich „um den Sinn von Freude und Freundschaft ringen“, nur mit der Einschränkung, dass ich mir aus diesem unerschöpflichen Stoff einen Ausschnitt wählte, der die Glaubwürdigkeit und Anschaulichkeit meiner Forschungsergebnisse steigern sollte und daher kaum über den Kreis von einigermaßen wissenschaftlich Interessierten hinausdringen konnte. Immerhin hat sich dieser Kreis zwanzig Jahre später dadurch erweitert, dass mein Aufsatz in der bekannten Reihe *Wege der Forschung* innerhalb des Sammelbandes *Seneca als Philosoph* wiederabgedruckt wurde (Darmstadt 1975).

Durch die beiden damaligen Herausgeber des *Philologus*, Berthold Häsler (Halle) und Otto Luschnat (Westberlin), war ich zwar dem Akademie-Verlag der DDR nähergetreten, doch hätte ich nie für möglich gehalten, dass ich nach der Katastrophe meiner Dresdner Professur jemals wieder einen Platz an einer der von der SED kontrollierten Universitäten finden würde. Allenfalls schien mir ein befristeter Forschungsauftrag der Akademie denkbar, und so wurde ich denn im September 1959 mit dieser Absicht bei Georg Klaus, dem für die Philosophie zuständigen Akademiemitglied, vorstellig. Ehe sich das aber entschied, bahnte sich etwas viel Besseres an. Während der Heimfahrt von einer Ost-West-Begegnung in Leipzig (Mitte der Fünfzigerjahre) hatte ich im Zug den Medizinhistoriker Alexander Mette kennengelernt und zu ihm als einem besonders feinen Mann Vertrauen gefasst. Da mir in Westberlin alle beruflichen Aussichten versperrt waren, wandte ich mich, etwa im August 1959, in meiner Bedrängnis an ihn, selbstverständlich mit sehr bescheidenen Erwartungen. Als Mitglied der SED und zugleich der Humboldt-Universität setzte er sich in Verbindung mit seinen Parteifreunden Wilhelm Girnus, der damals Staatssekretär für das Hochschulwesen war, und Werner Hartke, der zugleich als Akademiepräsident und als Leiter des Instituts für Altertumskunde an der Humboldt-Universität fungierte. Diese beiden kamen nun auf einen Ausweg, der für mein Leben in den nächsten fünfundzwanzig Jahren und wohl bis an mein Ende entscheidende Bedeutung hatte.

Ich versuche, mir den Hergang, der zu meiner Berufung an die Humboldt-Universität führte, zu rekonstruieren. Es muss etwa so verlaufen sein – und hier knüpfe ich an die Rufmordüberschrift in der *Sächsischen Zeitung* vom 25. Mai 1949 an: Als Marxisten haben Girnus und Hartke sicherlich das gleiche Fragezeichen hinter das Wort „Historische Gerechtigkeit" gesetzt wie seinerzeit der Dresdner Artikelschreiber, aber ihre marxistische Parteilichkeit ging nicht so weit, dass sie die Fortsetzung „Anglo-amerikanische Propaganda!" zehn Jahre später noch als auf mich zutreffend angesehen hätten. Das war nun wahrhaftig hinreichend widerlegt durch die Ungunst, die ich mir in Westberlin zugezogen hatte. Dies schien eher einer Belohnung würdig. Andererseits konnte mein Verhalten nicht durch die abermalige Ernennung zum Philosophieprofessor honoriert werden, denn gerade auf solch einen Posten berief man nur noch die zuverlässigsten Marxisten, und einen solchen aus mir zu machen war hoffnungslos. Da bot sich nun mein Aufsatz im *Philologus* zur Rechtfertigung einer mittleren Lösung an: Man berief mich als „Professor mit vollem Lehrauftrag für römische Literatur" an die Berliner Humboldt-Universität. In einer Verhandlung im Staatssekretariat konnte ich den Zusatz durchsetzen: „unter besonderer Berücksichtigung der Beziehungen zum Griechentum", was ich dann ganz nach meinem Belieben, also auch ohne von vornherein Römisches einzubeziehen, auslegen durfte. Auf diesem Randgebiet schien ich tragbar, und tatsächlich hat mir zu keiner Zeit jemand dreingeredet. Bei der Annahme des Rufs hatte ich mir ausbedungen, in Westberlin wohnen bleiben zu können. Man bewilligte mir den dazu nötigen Umtausch von 60 Prozent meines Gehalts in die D-Mark-Währung, gab mir das aber nicht schriftlich, so dass die spätere Rücknahme dieser Vergünstigung keinen

Vertragsbruch darstellte. Bis zur Errichtung der Mauer, also dreieinhalb Semester lang, habe ich in Westberlin gewohnt und in Ostberlin doziert und mich als solch ein „Grenzgänger" in einer mir durchaus adäquaten Position zu befinden geglaubt.

In der DDR nur halb willkommen

Inzwischen hatte der Westberliner Senat es aufgeben müssen, mir irgendein sei's auch nur disziplinarisches Vergehen nachzuweisen. Man bot mir also einen für mich günstigen Vergleich an, dessen Hauptpunkt war, dass mir die einbehaltenen vierzig Prozent des Gehalts nachgezahlt wurden. Dieser Betrag in Höhe von 2 000 DM kam gerade rechtzeitig zur Deckung der Umzugskosten. Denn nach dem 13. August 1961 stellte sich heraus, dass ich auf eins von beiden verzichten musste: entweder auf meinen Wohnsitz im Westen oder auf meinen Beruf im Osten. Wir waren am Tag nach dem 13. August gerade von einem sehr schönen Aufenthalt im slowenischen Bled, der Sommerresidenz Titos, zurückgekommen. Als wir unsere Pässe gezeigt hatten, durften wir passieren, sahen uns aber, da wir ja von Osten her eingereist waren, auf westlicher Seite drohenden Fäusten und Zurufen gegenüber. Da wurde uns der ganze Ernst der Spannung anschaulich gegenwärtig. Wenige Tage später wurde mir in der Humboldt-Universität erklärt, es könne mir nicht länger ein Geldumtausch gewährt werden. Da wir im Westen weder Einkommen noch Vermögen hatten, hätte ich die Professur aufgeben und mir in Westberlin irgendetwas unterhalb meiner Ausbildung suchen müssen. Ich entschied mich für die Beibehaltung der mir liebgewordenen Tätigkeit und damit zur Übersiedlung in den Teil meiner Heimatstadt Berlin, der regierungsoffiziell „Hauptstadt" heißt, womit der Erwerb der Staatsangehörigkeit einherging. Damit wurden auch meine Ehefrau Edith und die beiden Kinder, unsere vierzehnjährige Tochter Irene und unser zwölfjähriger Sohn Rainer, zu Staatsbürgern der DDR.

Aber damit habe ich um mehr als anderthalb Jahre vorgegriffen. Bevor jene dramatische Wende eintrat, hatte sich in der Universitätstätigkeit alles so erfreulich entwickelt, dass der

Entschluss mir nicht schwerfiel. Am 7. Januar 1960 hatte ich meine erste Vorlesung gehalten. Werner Hartke, der Institutsleiter und marxistische Latinist, ließ mich stets gewähren, ohne mich, den Nichtmarxisten, irgendwie zu bevormunden. Mein grāzistischer Kollege, Johannes Irmscher, zwanzig Jahre jünger als ich, sah seine berufliche Wirkungsstätte mehr in dem Akademieinstitut, das er leitete, als an der Universität. Schon im Februar 1960 meldete ich mich, obwohl in der Fakultät erst frisch gebacken, mit einem Antrag zu Wort. Es kam mir zugute, dass jeder verstand, warum ich, als ein Kollege jüdischer Abstammung, besonders alarmiert war durch die antisemitischen Schmierereien an Synagogen, zum Beispiel in Köln. So wurde denn mein Antrag sofort in einen Auftrag umgewandelt: Man betraute mich mit der Aufgabe, ein *Gedenkwerk Verfolgte Berliner Wissenschaft* zu verfassen; ein kleiner Forschungszuschuss kam bald hinzu.

Ein hervorstechendes Merkmal meines Verhältnisses zu den Studenten war, dass ich eine Verbindung herstellte zwischen dem Dozieren antiker Literatur einerseits und deren Umsetzung in eigenes Theaterspielen andererseits. Katheder und Bühne einander so nahezubringen, war etwas Neues. Es bot sich eine wunderbare Gelegenheit dadurch, dass im Jahre 1957 ein Papyrusfund gemacht worden war, der überall in der Welt, wo es Griechenfreunde gab, größtes Aufsehen erregte. Aus dem ägyptischen Sand zutage gefördert wurde das erste vollständig erhaltene Stück des athenischen Komödiendichters Menander, von dem man bis dahin nur Bruchstücke kannte, die von wenigen Zeilen bis zu einem Zweidritteltorso reichten. Es war ein Frühwerk des zur Zeit der Uraufführung fünfundzwanzigjährigen Autors, zuerst gespielt im Januar 316 vor unserer Zeitrechnung in Athen. Der Titel *Dyskolos* (wörtlich: Der Übelgelaunte) kann auf verschiedene Weise zugkräftig wiedergegeben werden: Ich habe als Titel *Das Rauhbein* gewählt, andere sagten dafür *Der Menschenfeind* oder *Der Griesgram*, wie denn überhaupt die

Philologen und Übersetzer in verschiedenen Ländern sich eilig auf jene internationale Sensation stürzten. War ich insofern nur einer von vielen, so glaubte ich aber als Spezialität für mich zu haben, dass ich die Übersetzung sofort mit meinen Studenten einstudierte. Dadurch knüpfte sich sehr bald auch ein persönliches Band zwischen dem neuen Professor und seinen Hörern. Denn anfangs mögen die etwa dreißig Studierenden des Instituts, ziemlich unpolitisch und zum Teil konservativ verstockt wie sie waren, mich als „Überläufer" beargwöhnt haben. Dieser Verdacht, soweit vorhanden, schwand sehr schnell. Auch aus dem fachlich uns nächsten Institut für Klassische Archäologie erhielt ich Zuzug. Nicht nur, dass der dort leitende Kollege Ludger Alscher mich bei der Zusammenstellung der Illustrationen für die schon 1961 im Akademie-Verlag erschienene Buchausgabe (Band sechs der Reihe *Lebendiges Altertum*) beriet – auch sein kurz vor der Promotion stehender ältester Schüler war gleich mit Leib und Seele dabei. Damit war sein Chef, der Verzögerung der Dissertation wegen, zwar weniger zufrieden, er aber, Wolfgang Schindler, damals einunddreißig Jahre alt, ließ sich nicht davon abschrecken, die Rolle des „Rauhbeins", eines geizigen, mürrischen, ewig schuftenden Bauern zu übernehmen. Neben ihm tat sich als studentischer Amateurschauspieler der erst neunzehnjährige Detlev Lücke hervor, der für die Rolle des verliebten schönen Jünglings wie geschaffen war. Schindler ist seit September 1983 Inhaber des Lehrstuhls für Klassische Archäologie an der Humboldt-Universität. Lücke arbeitet innerhalb der Redaktion der Wochenschrift *Sonntag*. Beide haben auch später in römischen Komödien, die ich übersetzte und einstudierte, mitgespielt, und noch jetzt unterhalten wir freundschaftliche Beziehungen.

Überhaupt war das für mich eine Zeit der Anregungen zur Dramenproduktion, wobei ich nicht nur als Übersetzer und Regisseur, sondern auch als Verfasser mich hervorwagte. Noch in der zweiten Hälfte des Jahres 1959 in Westberlin, inmitten böswilliger gesellschaftlicher Isolierung, hatte ich unter dem Titel *Das Vaterbild* einen *Dreiakter aus dem Beginn des Atomzeitalters* in moderner Gesprächsprosa geschrieben. Meine Konzeption war es, zwei Bestandteile der Katastrophe von Hiroshima, die in der Realität getrennt vorkamen, dramaturgisch zu vereinigen. Ein Mann wie Robert Oppenheimer hatte zwar maßgeblich an der Entwicklung der Atombombe mitgewirkt und war mit ihrem Abwurf einverstanden, hatte sie aber nicht selber abgeworfen. Der Pilot wiederum, dem die Ausführung des Abwurfbefehls aufgetragen war, hatte keinen Anteil an den wissenschaftlichen Vorarbeiten; ja, Claude Eatherly, der später so tiefe Reue bekundete, hat überhaupt erst nachträglich erfahren, was er da, in die Sache gar nicht eingeweiht, also unwissentlich angerichtet hatte. Mein Freund Günther Anders hat mit Eatherly die bekannte Korrespondenz aufgenommen, die in der Rowohlt-Paperbackausgabe vom Oktober 1961 vorliegt. Ein Exemplar davon mit seiner Widmung „Herzlichst" besitze ich. Eine ergreifende Lektüre! Mein eigener Weg, mit dieser Problematik fertig zu werden, war ein anderer. Ich erfand einen Atomphysiker, den ich zugleich den Sohn eines von den Japanern getöteten amerikanischen Admirals sein ließ. Dessen Porträt: Das „Vaterbild" ruft ihn zur Rache auf, und so entschließt er sich, als Pilot die von ihm wissenschaftlich entwickelte Atombombe persönlich abzuwerfen. Daraus resultiert, nach anfänglichem Triumph, die Reue, die ihn schließlich in den Wahnsinn treibt. Das Stück wurde 1959 in Westberlin in Lesungen, 1960 in Ostberlin in einer Aufführung durch die Studentenbühne einem empfänglichen Publikum dargeboten. Meinen „Helden", den ich Henry Winster nannte, hatte ich umgeben mit Freunden: einem Arzt, einem zum Krüppel geschossenen patriotischen Regisseur und einem innerlich schwankenden Fliegerkameraden, vor allem aber mit seiner ihn anstachelnden Schwester und seiner ihn warnenden Frau. Noch heute scheint mir das Drama in Aufbau und Dialog aufführungswert. Es ist mein zweiter Versuch zu eigenem dramatischem Schaffen. Von dem ersten, den ich um 1955 herum unternommen hatte, kann ich das Manuskript nicht mehr auffinden. Es hieß *Die göttlichen Geschwister*; ich las es auch ein paarmal vor. Das zugrunde liegende Problem ist ein ethisches. Inzest zwischen Bruder und Schwester stand bei den alten Ägyptern für den Fall hoch in Ehren, dass dergleichen unter Göttern (Isis und Osiris) oder Königen (Arsinoë und Ptolemaios) stattfand. Pure „Blutschande" aber sollte es sein, wenn sich dergleichen in durchschnittlichen Familien ereignete. Ich wollte zeigen, dass in der Breite der Gesellschaft leicht Mord und Totschlag resultieren aus dem Sexualdelikt Inzest, das, vorgestellt in Form einer Ehe auf höchster Ebene, als Quelle des Segens verehrt werden kann. Den biologischen Aspekt einer Degeneration durch Inzucht ließ ich ganz beiseite und halte ihn nach wie vor nicht für das Hauptargument gegen den Inzest.

Eigene Stücke habe ich nach 1959 nicht mehr verfasst, umso mehr aber in der Übersetzung antiker Tragödien und Komödien mich betätigt. Dafür bestand im Verlagswesen der DDR eine große Aufgeschlossenheit, umso mehr, als man in der Lektüre guter Übersetzungen einen Ersatz für die immer mehr abhandenkommende, an den Schulen kaum noch gepflegte Kenntnis der antiken Originalsprachen sah.

Wie sich die Übersiedlung abspielte und was sich sonst bei dem Wechsel von West- nach Ostberlin zutrug, das war in mancher Hinsicht höchst seltsam. Vielleicht das Seltsamste ergab sich aus der Aberkennung der Eigenschaft als „Politisch-rassisch-Verfolgter". Ich prozessierte nämlich dagegen und gewann den Prozess, obwohl ich schon übergesiedelt war. Die Urteilsbegründung des Westberliner Landgerichts ist mir so kostbar, dass ich daraus zitieren möchte, zumal da aus den entscheidenden Passagen zugleich hervorgeht, wie wenig die Argumente der Rufmörder einer sachlich eingehenden Prüfung standhielten. Natürlich hat das Urteil seinen Weg nicht in die Tagespresse gefunden und konnte es daher an öffentlicher Wirkung nicht aufnehmen mit dem Jubelruf der Westberliner *BZ*, die meine Suspendierung unter der Überschrift „Endlich abberufen" verkündet hatte.

Die Entscheidung des Landgerichts Berlin (-West), Zivilkammer 196, die am 26. Oktober 1962 verkündet wurde, hebt den Aberkennungsbescheid des Innensenators vom 14. Juli 1959 auf. Darin hatte es geheißen, als Politisch-rassisch-Verfolgter könne niemand anerkannt werden, der, wie ich, „Anhänger eines totalitären Regimes" sei. Dafür, dass ich dies sei, hatte der Senator für Inneres eine lange Liste angeblicher Bestätigungen vorgelegt. Das Gericht hat jeden einzelnen dieser Vorwürfe nachgeprüft, allerdings nicht bloß mit Rücksicht darauf, wo ich etwas geschrieben oder vor wem ich gesprochen, sondern vor allem was ich denn vorgebracht hatte. Für diese Hauptsache interessierte sich der „Beklagte" – der Senator für Inneres – offenbar überhaupt nicht. Die Richter haben solche für politische Verleumdung überaus charakteristischen Versäumnisse nachgeholt und stellten bezüglich meiner Einstellung zur „freiheitlich-demokratischen Grundordnung" zusammenfassend fest: „Das Verhalten des Klägers ist unter Berücksichtigung seiner Motive dahin zu werten, dass er sich verpflichtet gefühlt hat, an der Überwindung des Kalten Krieges, der Atomrüstung und der Spaltung Deutschlands mitzuwirken. Er wollte einen Beitrag zur Beseitigung der politischen Spannungen aus eigener Initiative und auf sich allein gestellt leisten. Er glaubte, zu diesem Zweck seine Auffassungen öffentlich vertreten zu müssen, auch in Gesprächen mit Vertretern der DDR. Er wollte die Stellung eines Vermittlers zwischen Ost und West und eines Friedensstifters einnehmen. Zur Verwirklichung seiner Ziele hat er sich weder der einen noch der anderen Seite angeschlossen, auch nicht im Rahmen einer politischen Partei oder Organisation gehandelt, sondern eine dritte Position eingenommen, um von dort aus das politische Geschehen zu beeinflussen. Dabei hat er Kritik an Ost und West geübt. Unlautere Beweggründe oder Eigennutz sind bei ihm nicht erkennbar. Sein Verhalten in Dresden im Jahre 1949 beim ‚Aufruf zum 1. Mai' zeigt, dass er um seiner öffentlich bekundeten Überzeugung willen persönliche Nachteile auf sich genommen hat. Bei der Gesamtbeurteilung seines Verhaltens kann nicht festgestellt werden, dass er sich bewusst gegen die freiheitliche demokratische Grundordnung betätigt hat. Seine Handlungen waren nicht gegen diese gerichtet. Es besteht kein Anlass, dem Kläger die für seine rassische Verfolgung während der Nazizeit – insbesondere den freiwilligen Aufenthalt in gettoähnlichen Verhältnissen zur Pflege der kranken jüdischen Familie Schoemann im Jahre 1942 – erteilte Ehrenanerkennung nach dem PrV-Gesetz wegen seiner vorstehend aufgeführten Betätigung zu entziehen. Auch der Umzug des Klägers aus Westberlin nach Ostberlin, für den nach Lage der gegebenen Verhältnisse Existenzgründe nicht ausgeschlossen werden können, vermag die Rücknahme der Anerkennung nicht zu rechtfertigen." In meinen Augen haben die Richter: Sanner, Stargardt, Dr. Arndt, deren Unterschriften unter diesem Urteil stehen, die Ehre Westberlins, die der Senator für Inneres beschmutzt hatte, gerettet. Dank und Hochachtung gebühren ihnen dafür!

Inzwischen war ich in Ostberlin als „Verfolgter des Naziregimes" (VdN) anerkannt worden. Der Status des VdN unterscheidet sich von dem des PrV dadurch, dass keine Rückerstattung von Kapital gewährt wird, sondern eine Monatsrente, deren Höhe im Verhältnis zum Einkommen unterschiedlich ist, außerdem Gebührenfreiheit für öffentliche Verkehrsmittel und kostenloser Aufenthalt in bestimmten Kurheimen.

Beim Umzug am 18. Oktober 1961 blieben uns die Schwierigkeiten langer Wohnungssuche erspart. Wir wurden eingewiesen in das Einfamilienhaus eines aus der DDR Geflohenen, das wir uns in einer schönen Wohngegend hatten wählen können. Es liegt in Hirschgarten bei Köpenick, nahe Friedrichshagen, vor Straßenlärm geschützt, insbesondere auch dadurch, dass hinter dem Haus ein Landschaftsschutzgebiet sich fast bis zur Bahnlinie erstreckt, was bedeutet, dass dort keine Großbauten, sondern allenfalls Laubenwohnungen am Rande errichtet werden dürfen. Die Spree und der Müggelsee sind nicht weit entfernt. Als Gartenbesitzer haben wir uns zwar wenig von der Kunst der Gartenpflege angeeignet, aber immerhin die allzu dicht stehenden Pflaumenbäume, die der fleißige und auf zusätzlichen Erwerb erpichte Vorbesitzer angelegt hatte, bald durch einen Rasen ersetzt.

Am schwierigsten gestaltete sich die Umschulung der Kinder. Zwar konnte ich ihnen mit meinem bisschen Russisch den Übergang erleichtern, der dadurch erschwert war, dass die Sprache der Besatzungsmacht in der DDR Pflichtfach ist, während sie im Lehrplan der Westberliner Schulen nicht vorkam. Schwer erträglich aber war die aufdringliche Politisierung des Unterrichts. Nie zuvor hatte unsere vierzehnjährige Irene einen „Appell" erlebt. Noch abschreckender wirkte es, dass ihre damalige Schulleiterin eine Pflicht zum „Hass gegen den Klassenfeind" predigte. Die Schwierigkeiten mit unserem Sohn Rainer traten erst später hervor, dafür dann umso stärker. Die gleichen klassenkämpferischen Parolen, die ich schon in Dresden abgelehnt hatte, hinderten mich auch nun wieder daran, an Feiertagen die Fahne herauszuhängen. Im Übrigen aber bemühte ich mich, auch darin dem Vorbild Sokrates folgend, wie in Dresden und Westberlin so auch nun wieder, ein loyaler Staatsbürger zu sein. In den ersten Jahren meines Wirkens an der Humboldt-Universität habe ich wohl ein wenig aus den Augen verloren, dass ungeachtet der schonenden Behandlung, die mir und meiner Familie zuteilwurde, ringsumher die Ungerechtigkeit kommunistischer Parteilichkeit sich kaum verändert hatte. Zwar wurden unsere beiden Kinder, trotz der „bürgerlichen Herkunft" der Eltern, in die „Erweiterte Oberschule", die zum Abitur führte, aufgenommen – wie viele andere aber nicht! Ich war dermaßen durch die Ausarbeitung meiner gänzlich neu zu erstellenden Vorlesungen absorbiert, dass die Stimme meines politischen Gewissens schwächer wurde; nicht so schwach allerdings, dass ich, wie es mir nahegelegt wurde, dem von der SED gesteuerten „Friedensrat" beigetreten wäre. Bis zu diesem Grade habe ich, bei aller Loyalität, meine Unabhängigkeit nie preisgeben wollen.

Die Polarisierung durch den Kalten Krieg betraf mich auch in den Bereichen der Familie und der Freundschaft, teils im zerstörenden, teils im aufbauenden Sinne. Meine erste und meine zweite Frau hatten einander nicht gekannt und nie etwas voneinander wissen wollen. Seit Beginn der Ost-West-Spannung gehörte die erste ebenso entschieden in den Osten wie die zweite in den Westen. Das wirkte sich überwiegend negativ auf das Verhältnis der Kinder zu mir und erst recht auf das der Halbgeschwister zueinander aus. Der Tod meiner ersten Frau Hilde, der Mutter unserer Kinder Michael und Hannah, im September 1961, kurz vor meiner Übersiedlung nach Ostberlin, gibt mir Anlass zum Rückblick auf die nicht nur persönlichen, sondern mehr noch politischen Gründe einer so tiefen Entfremdung. Spätestens das Exil in New York hatte in der Bürgerstochter mit gemäßigt emanzipatorischen Linkstendenzen die radikale Wendung zu einem fanatischen Kommunismus bewirkt, die wohl schon vor der Auswanderung nach Amerika eingetreten war und dort endgültig wurde. Nicht gerade hungernd, aber doch in großer Armut lebend, fristete sie mit beiden Kindern eine Existenz am Rande der kapitalistischen Gesellschaft. Der Sohn Michael, im dreizehnten Lebensjahr eingewandert, wurde vollständig zum Amerikaner, zwar mit linken Sympathien, aber, besonders nach seiner Verheiratung mit einer amerikanischen Jüdin, ohne rebellische Neigungen. Die Mutter dagegen wurde an der Seite ihres späteren Mannes Hans Marchwitza, eines aus Oberschlesien stammenden Arbeiterschriftstellers, zur kampfentschlossenen „Aktivistin“. Nach ihr richtete sich die Tochter Hannah, die mit zwanzig Jahren den zwanzig Jahre älteren deutschen – nichtjüdischen – Emigranten Karl Obermann geheiratet hatte. Beide erblickten im deutschen Sowjetbereich ihre politische Heimat: Sie kamen Ende 1946 für immer nach Berlin und damit zunächst auch zu mir. Wir konnten beiden bei der Wohnungssuche behilflich sein. Die Wiederannäherung hielt aber nicht lange vor, sondern war jäh zu Ende, als Hilde im darauffolgenden Jahr mit ihrem neuen Mann ebenfalls nach Berlin zurückkehrte.

Die Geburt ihrer beiden Söhne Peter (geboren 1952) und Hans (geboren 1955) hat Hannah mir nicht mitgeteilt, und zwar, wie sie mir viel später einmal verriet, weil ihre Mutter ihr jeden Kontakt mit mir in der schroffsten Weise verboten hatte. Ich war eben ein „Bürgerlicher“, dessen Gutes sie aus dem Gedächtnis verdrängt hatte und von dem sie nur Schlechtes, sprich: durch Einbildungen Verzerrtes, zu sagen wusste, soweit sie es überhaupt, und das geschah wohl nur ganz selten, für angebracht hielt, von mir zu reden. Diese Nachwirkungen des Hasses der Mutter gegen den Vater sind unauslöschlich geblieben, auch wenn es nicht gerade Hass, sondern eher Teilnahms- und Verständnislosigkeit ist, was in den geringen Beziehungen des fernen amerikanischen Sohnes, aber auch in den etwas engeren der in ziemlicher Nähe wohnenden Tochter zu mir vorherrscht.

In der Freundschaft ging es mir in den Jahren der sonst zunehmenden Vereinsamung besser mit Leuten, die keine Reue nötig hatten, als vorher mit reuig gewordenen einstigen Nationalsozialisten. Ein linker Sozialdemokrat, Werner Jung, der das Vorgehen seiner Genossen im Senat gegen mich scharf ablehnte, stand uns zuredend und tröstend zur Seite, als meiner Frau vor der Übersiedlung nach Ostberlin bangte. Damals einundfünfzig Jahre alt, gehörte er zu den Leuten mit militärischer Vergangenheit, die den Krieg kennen und verabscheuen gelernt hatten. Selber Kriegsinvalide (ein Arm und ein Bein waren ihm amputiert worden), wusste er um die Bösartigkeit der gegeneinander gerichteten Feindbilder. Während meine Frau von ihren besten Freundinnen verlassen wurde, sprach er ihr Mut zu mit der Versicherung, dass sich auch drüben leben lasse.

Ein anderer neuer Freund aus einer ganz anderen Ecke Deutschlands war im Oldenburgischen beheimatet, Bauer und Musenfreund zugleich: der Diplom-Landwirt Hans Meiners. Er musste in seiner Familie den Nazifanatismus aus so großer Nähe mit ansehen, dass er für immer davon abgestoßen war. Insbesondere hatte er daheim beste Erfahrungen mit Juden gemacht und stellte Lokalforschungen an, um auch auf diese Weise antisemitische Vorurteile auszuräumen. In seiner Person vereinigten sich Heimatliebe und internationaler Umblick. Er war es, der mich zum Eintritt in die Goethe-Gesellschaft in Weimar bewog, wo wir uns öfters trafen, solange ich noch nicht aus der DDR ausreisen durfte, was mir erst 1965 nach Erreichung des Rentenalters möglich wurde. Wir haben damals viel korrespondiert; ein Brief ist mir besonders in Erinnerung geblieben, weil er mir half, Unwahrheit aufzudecken und Vertrauen bei meinen Studenten zu gewinnen. Als nämlich Anfang 1962 eine Flutkatastrophe die Nordseeküste heimsuchte, verbreitete ein auf Klassenkampf dressierter Journalist in einer Studentenversammlung das Gerücht, die kapitalistische Regierung habe die von der Überschwemmung Betroffenen gänzlich im Stich gelassen. Da zog ich einen Brief von Hans Meiners aus der Tasche und las daraus Sätze vor, die bezeugten, in wie hilfsbereiter Weise staatliche ebenso wie private Stellen alles Erdenkliche getan hatten, um die Schäden zu mindern. Vor dem authentischen Bericht musste jede Hetze verstummen, und die Studenten erlebten, dass man einer offiziellen Lesart gelegentlich auch widersprechen kann, was sie auf Grund nur allzu häufiger schlechter Erfahrungen schon fast für unmöglich gehalten hatten.

Insgesamt waren es sechs Jahre, in denen ich an der Humboldt-Universität aktiv sein konnte, denn der normale Emeritierungsstichtag war der 65. Geburtstag; darüber hinaus gab es nur befristete Lehraufträge, bei mir nur noch für ein Semester. In jener Zeit zwischen 1960 und 1966 habe ich in Lehre und Forschung wie auch in damit verbundener künstlerischer Betätigung denen, die mich berufen hatten, wenigstens als Altphilologe bestätigt, dass die Ernennung kein Fehlgriff war. Zwei Bücher, die in der DDR erschienen sind, beruhen auf Vorlesungen, die ich zuvor gehalten hatte. Das eine habe ich betitelt: *Früheste Grundsätze der Wissenschaft bei den Griechen*, das andere: *Römisches Gesellschaftsdenken – Die Zivilisierung einer Nation in der Sicht ihrer Schriftsteller*. Daneben war ich als Dramenübersetzer tätig, angeregt teils durch die Aussicht, meine Verdeutschungen durch Studenten auf der Bühne vorführen zu lassen, teils durch Aufträge seitens führender Verlage, vor allem des Aufbau-Verlags (der in Weimar den Volksverlag, meinen ursprünglichen Auftraggeber, übernommen hatte); in dessen Reihe *Bibliothek der Antike* ist meine Übertragung des gesamten Sophokles erschienen. Außerdem brachte der Verlag Reclam (Leipzig) römische Komödien von Plautus und Terenz in meiner Übersetzung heraus. Dies der äußere Rahmen meiner zweiten akademischen Existenz, die glücklicherweise nicht, wie die erste in Dresden, geradezu scheiterte, aber zunehmend problematischer wurde.

Obwohl ich, weil außerhalb des Marxismus stehend, nicht als Philosoph anerkannt wurde, hatte ich nicht darauf verzichtet, in meiner auf die klassische Philologie beschränkten Universitätstätigkeit philosophische Probleme im philosophie-historischen Gewand zur Sprache zu bringen. Einmal drang das sogar über meine Vorlesungen hinaus, indem ich ein Heraklit-Kolloquium veranstalten und leiten konnte, das am 11. März 1963 in der Humboldt-Universität stattfand; auch der bekannte Religionshistoriker Franz Altheim war dazu angereist. Die offiziellen Marxisten fanden keine Gründe zum

Einspruch und ließen mich schweigend gewähren. Meine eigene Uninteressiertheit an ihrem Betrieb ging solange an, bis Robert Havemann protestierend vor die große Öffentlichkeit trat, zuerst mit seiner Leipziger Rede vom September 1962, dann in seinen anschließenden Berliner Vorlesungen. Da ich nichts davon selber mit angehört hatte, nahm ich Einblick in Nachschriften und entschloss mich daraufhin, ihm zur Seite zu stehen. Bis dahin bestand zwischen uns noch kein persönlicher Kontakt. Seine Versuche, Engels und Lenin für sich in Anspruch zu nehmen, hätten mich ebenso wenig zu einem Eintreten für ihn bewogen wie seine sexualanarchischen Ausführungen über sozialistische Moral. Wohl aber sah ich eine wissenschaftsrettende Tat und zugleich einen Beweis persönlicher Tapferkeit darin, dass er das anmaßende Dreinreden marxistischer Dogmatiker in die Naturwissenschaft zurückwies und dabei insbesondere die sowjetischen und sowjethörigen Kathederphilosophen aufs Korn nahm. Verständlich genug, dass ihm diese in der DDR bis dahin nicht vernommene Sprache einen großen studentischen Zulauf eintrug, und erklärlich auch, dass gerade diese Beliebtheit den von ihm bloßgestellten Leuten zum Hauptgrund einer gegen ihn gerichteten Kampagne wurde – erklärlich, nicht entschuldbar! Man nahm ihm nicht nur den Lehrstuhl und verbot ihm das Betreten der Universität, sondern stieß ihn sogar aus der Akademie aus. All das zeigte mir in voller Deutlichkeit, dass der Ungeist, der mich fünfzehn Jahre zuvor aus Dresden vertrieben hatte, noch in voller Sumpfblüte stand und dass ich mir den Blick dafür leider wegen der mir seit Ende 1959 zuteilgewordenen Vorzugsbehandlung vorübergehend hatte trüben lassen. Die Ächtung Havemanns ging so weit, dass jüngeren Universitäts- und Akademieangehörigen streng verboten wurde, mit ihm zu verkehren. Das führte einmal zu einer höchst komischen Situation: Als nämlich ein solcher Kollege bei uns zu Besuch war und hörte, Havemann stehe vor unserer Haustür, entfloh er schnell durch die Hintertür.

Allerdings ist aus der kollegialen Solidarität, die ich Havemann bezeugte, keine eigentliche Freundschaft geworden. Warum nicht, das wurde mir umso klarer, je näher ich ihn kennenlernte. Bei privaten Zusammenkünften mit ihm und einem Kreis seiner Anhänger war immer sehr bald der Punkt erreicht, wo das Gespräch, obwohl ich gemäß den Regeln der Höflichkeit jedes Mal ausreden durfte, doch zu einer Abfolge von Monologen ausartete, da er unbequeme Argumente sowohl politischer als auch philosophischer Art einfach nicht aufnahm.

Für unsere Differenzen in Fragen der politischen Meinungsbildung bezeichnend ist ein Gespräch, das Havemann und ich im Herbst 1968 nach der sowjetischen Besetzung der Tschechoslowakei miteinander führten. Er behauptete, das Volk stehe so einmütig hinter Dubček, dass die Okkupanten niemanden finden würden, der in Prag in ihrem Sinne zu regieren imstande wäre. Ich bemerkte hierzu – ohne damals den Namen Husák schon zu kennen –, es sei nicht auszuschließen, dass ihnen das, ähnlich wie in Ungarn mit Kádár, gelingen könnte.

An diese Erinnerung knüpfte ich zehn Jahre später an, als ich öffentliche Kritik an Havemanns neuem Buch *Ein deutscher Kommunist* übte. Meine Stellungnahme (in den *Frankfurter Heften*, November 1978) schien mir deswegen nötig, weil Havemanns Prophezeiung eines baldigen Zusammenbruchs des SED-Regimes in gefährlicher Weise falsche Hoffnungen wecken konnte. Ich betitelte den Kurzartikel *Standhaftes Wunschdenken*. Havemann erwiderte darauf im *Spiegel* (Nr. 15/1979) in längeren Ausführungen, denen er selber die Überschrift *Die Verurteilung des Wunschdenkens* gab. Das strich der *Spiegel* und setzte stattdessen einen Hieb gegen mich in den Titel: *Vom Archipel Gulag redet man eben nicht*, was ich in einem Leserbrief (der dann auch erschien) richtigstellte, hatte doch gerade ich Solschenizyns Enthüllungen einst öffentlich als notwendig anerkannt und war doch mit Havemanns ursprünglichem Titel das, was uns trennte, sehr gut bezeichnet worden! Denn in der Tat: Er hatte offenbar nicht begriffen, dass „wishful thinking" eine uns allen, besonders aber ihm anhaftende menschliche Schwäche ist, sonst hätte er meine „Verurteilung des Wunschdenkens" nicht mit der an mich gerichteten rhetorischen Frage beantworten können: „Wie kann sich ein Historiker seines Kalibers derart über das Wunschdenken erregen, das doch die entscheidende, ständig wirkende Triebfeder aller Veränderungen im Leben der Menschen und der ganzen Menschheit ist?" Hierfür berief er sich auf Blochs *Prinzip Hoffnung* – als ob nicht gerade die Gefahr einer Überspannung dieses Prinzips darin läge, dass es eben nicht gegen bloßes „Wunschdenken" gefeit ist! Havemanns Wunsch war es, dass wir, wie er mir schrieb, unseren „freundschaftlichen Streit", wenn nicht im *Spiegel*, dann in der *Zeit* oder im *Stern* weiterführen sollten. Aber das Fehlen elementarer Gesprächsgrundlagen, wie es sich im Nichtbegreifen des „wishful thinking" gezeigt hatte, ließ mir eine Fortführung der öffentlichen Diskussion zwischen Havemann und mir als unfruchtbar erscheinen. Dass ich sein Wunschdenken als „standhaft" bezeichnet hatte, sollte eine hohe Anerkennung ausdrücken. Das hatte ich in meinem Artikel klar gesagt, und diesen Respekt bewahrte ich ihm über seinen Tod hinaus.

Außer im Fall kontra Havemann zeigte sich mir Mitte der Sechzigerjahre noch in anderer Hinsicht die Borniertheit von Leuten, die als Funktionäre im Namen des Staates einheitsparteiliche Verfügungsgewalt haben. Mein *Gedenkwerk Verfolgte Berliner Wissenschaft* wurde nämlich trotz der empfehlenden Gutachten zweier Kollegen nicht zum Druck zugelassen, mit der – mir nur mündlich und auf Umwegen mitgeteilten – Begründung: Die Zionisten könnten zu viel Kapital daraus schlagen.* Ich versuche immer noch, mir

* Auf Vermittlung von Götz Aly konnte das *Gedenkwerk Verfolgte Berliner Wissenschaft* wenige Monate nach Rudolf Schottlaenders Tod 1988 im Westberliner Verlag Hentrich & Hentrich erscheinen.

und anderen zu erklären, was hinter einer solchen Ablehnung stecken mag. Schon im kommunistisch verstandenen Begriff „Antifaschismus“ liegt es, dass die Judenverfolgung, die den deutschen Nationalsozialismus ja vom italienischen Faschismus unterschied, als eine Sache von untergeordneter Bedeutung angesehen werden sollte. Sie wurde von Fall zu Fall erwähnt, aber nicht gern als ein von der politisch motivierten Verfolgung abgesondertes Spezifikum behandelt. Nun werden zwar in meinem *Gedenkwerk* auch einige Fälle von Verfolgung nichtjüdischer Wissenschaftler dargestellt, aber weitaus überwiegend ist, den Tatsachen entsprechend, die Fülle der nur der jüdischen Abstammung wegen durchgeführten Vertreibungen. Das ist eben im Hochschulbereich anders gewesen als innerhalb der Arbeiterschaft oder unter den Widerstandskämpfern. Und daran stießen sich gewisse nicht primär am akademischen Bereich interessierte Patentdemokraten des „Arbeiter- und Bauernstaates“. Die von ihnen gewünschte Proportion schien verschoben oder, um mich in ihrem Jargon auszudrücken, „die Quantität war in die Qualität umgeschlagen“, das heißt: Gar zu viele Juden – das ist schon „prozionistisch“. Ein paar Juden – das wäre noch angegangen, und deren Fotos hängen tatsächlich in den Räumen der Staatsbibliothek Unter den Linden. Aber ein breites Publikum hätte „philosemitisch“, nach westlichem Muster, reagieren können, und womöglich würden sich die westlichen Massenmedien darauf gestürzt haben. Solche Bedenken, wie absurd sie auch angesichts des Unrechts, das in meiner Dokumentation aufgedeckt wird, scheinen mögen, waren offensichtlich ausschlaggebend dafür, dass mein *Gedenkwerk* nur maschinenschriftlich an ein paar akademische Leihbibliotheken der DDR gehen durfte.

Wenn wirklich, wie mir glaubwürdig berichtet wurde, die Druckgenehmigung der „Zionisten“ wegen nicht erteilt wurde, so wird das Nein nur umso grotesker. Der einzige Zionist unter den vielen jüdischen Wissenschaftlern in Berlin, die zu Objekten der Verfolgung wurden, war Albert Einstein. Aber gerade von ihm durfte das in der DDR nicht gesagt werden, und man wird in alledem, was dort 1979 zu Ehren seines hundertsten Geburtstages gedruckt wurde, vergeblich nach der leisesten Andeutung suchen, die es erklärlich machen könnte, dass Ben-Gurion nach Chaim Weizmanns Tod Einstein sogar das Angebot machte, Israels neuer Präsident zu werden, was Einstein nur deswegen ausschlug, weil er sich überfordert fühlte.

Als mir – irgendwann im Jahre 1964 – die Verweigerung der Publikation meines *Gedenkwerks* mitgeteilt wurde, ahnte ich noch nicht, was sich bald danach zusammenbrauen und anlässlich des Sechstagekrieges im Juni 1967 zum offenen Ausbruch kommen sollte. Zwischen Bolschewismus und Zionismus bestand von jeher ein prinzipieller und unversöhnlicher Gegensatz. Lenin und seinen Anhängern musste es als ein weltgeschichtlicher Irrweg erscheinen, einen neuen Nationalismus auf religiöser Grundlage zu züchten, statt vielmehr aus verschiedenen Nationalitäten und unter Zurückdrängung religiöser Trennungsfaktoren ein neues Volk, eben das Sowjetvolk, zu bilden. Trotzdem hatte die Sowjetunion im Mai 1948 den neu gegründeten Staat Israel anerkannt. In dem Krieg aber, den die arabischen Staaten sofort erklärten und der immer nur zeitweilig ruhte, schien die marxistische „Parteilichkeit“ es zu gebieten, sich für die sozial schwächeren Palästinenser und gegen die vom kapitalistischen Amerika unterstützten Israelis zu entscheiden. Die proarabische Einstellung wurde nach dem Sieg der israelischen Armee im gesamten Ostblock so dominant, dass über Israel außer Schlagzeilen zum Thema „Besatzerterror“ nichts mehr in die Presse drang. Zwar ist auch in meinen Augen die Politik, die in der Person Begins ihre jahrelang maßgebende Verkörperung fand, ein Gegenstand des Abscheus und des Kummers. Wie viel Großes und Bewundernswertes aber wurde und wird dennoch in Israel geleistet! Nur kann davon ein durchschnittlicher Bewohner der DDR kaum etwas ahnen. Diese absichtlich herbeigeführte Unwissenheit steht in grellstem Kontrast zu den philosemitischen Übertreibungen, die gleich nebenan, in Westberlin, zum „guten Ton“ gehören.

Als persönlich gegen mich gerichtet habe ich das Ungedrucktbleiben meines *Gedenkwerks* nicht empfunden. Bis zu meiner Emeritierung, die wie üblich nach meinem 65. Geburtstag erfolgte, überwogen die Anzeichen des Angenommenseins bei Weitem die des wohl schon keimenden Argwohns. Man begrüßte es, dass ich das Altertum in doppelter Weise verlebendigte, indem ich antike Theaterstücke zugleich übersetzte und als Regisseur mit meinen Studenten zur Aufführung brachte. Die wissenschaftliche Fundierung von alledem, die ich in meinen Vorlesungen an der Universität dargelegt hatte, wurde zwar nicht als maßgebend anerkannt, aber in Form von Einleitungen und Nachworten zugelassen. Dem Vorurteil, dass man griechische Tragödien und Komödien einem modernen Theaterpublikum nicht mehr in einer nach dem Original gefertigten Übersetzung, sondern nur noch in „Adaptationen“, d. h. freien Bearbeitungen, zumuten könne, war schon vor mir der Tübinger Gräzist Wolfgang Schadewaldt höchst aktiv entgegengetreten. In seinem Buch *Griechisches Theater* hat er Stücke von Aischylos, Sophokles, Aristophanes und Menander in eigener Verdeutschung vorgelegt. Einiges davon ist in seiner Übersetzung an deutschen Bühnen aufgeführt worden, und es hat sich damit ein Durchbruch zu der Auffassung vollzogen, dass die antiken Originalwerke, zumindest *neben* den vielen Adaptationen, den Zuschauer auch heute noch fesseln können. Im bescheideneren Rahmen der Studentenbühne schien mir die Möglichkeit solchen Gelingens seit der Aufführung von Menanders *Dyskolos* (Anfang 1962) erwiesen. Ich bin von Menander, mit dessen Komödie *Das Schiedsgericht* Schadewaldt abschließt, weitergegangen zu den römischen Nachfolgern jener „Neuen (d. h. im bürgerlichen Rahmen realistischen) Komödie“, in erster Linie zu dem direkt nach Menander gearbeiteten Stück *Die Brüder* von Terenz, danach zu einem Lustspiel seines Vorgängers Plautus: dem *Pseudolus*, einem Titel, den ich deutsch mit *Gaunerchen* wiedergab. Ich befolge in meinen Übersetzungen griechischer und römischer Theaterstücke das „Prinzip der Wirkungstreue", wie ich es nenne. Was das heißt, scheint mir der Erläuterung wert, auch im autobiografischen Zusammenhang mit dem „Deutschsein", werden sich doch so die Motive meiner Verdeutschungspraxis verständlicher machen lassen! Schadewaldts *Griechisches Theater* enthält im Nachwort die Grundsätze, die er in dem Begriff „dokumentarisches Übersetzen" zusammenfasst. Darunter versteht er vor allem die Nähe zum Griechischen in der Wort*wahl* und die Beibehaltung der griechischen Wort*stellung*.

Um mein „wirkungsgetreues" und sein „dokumentarisches" Übersetzen in einen Vergleich zu bringen, der klarmacht, warum ich mein Prinzip für das bessere halte, gestatte ich mir ein Minimum an Beispielen. Solche Beispiele sind immer dann fair und müssen erlaubt sein, wenn sie sich nicht an einzelne Treffer oder Nieten heften, sondern typische Konsequenzen eines Prinzips illustrieren. Wenn im Griechischen ein Wort steht, das dort ungekünstelt wirkt, uns aber als deutsches Äquivalent eine gekünstelte Neubildung angeboten wird, dann mag das „dokumentarisch" eine noch so genaue Entsprechung sein – es verstößt darum doch gegen die „Wirkungstreue", die verlangt, dass das deutsche Wort auf den heutigen deutschen Hörer (oder, beim Lesen, auf sein inneres Ohr) analog so wirkt wie einst bei der Uraufführung das griechische Wort auf die athenische Zuhörerschaft. Daher darf der griechische Ausdruck „asphalés", der den „sicheren Stand" mit einem durchaus gebräuchlichen Adjektiv bezeichnet, welches die Sicherheit durch die Verneinung der Unsicherheit kräftig hervorhebt, nicht durch den deutschen Neologismus „wankenlos" wiedergegeben werden. Das tut aber Schadewaldt an einer berühmten Stelle in der *Antigone* des Sophokles (Vers 454). Verloren geht damit zugleich der Gleichklang der Anfangssilbe „un-" mit der des vorhergehenden Verneinungswortes „ungeschrieben". Dagegen heißt bei mir das „Göttergesetz", um das es sich handelt, „ungeschriebenes, unumstößliches". So erst scheint es mir *wirkungsgetreu* wiedergegeben.

Bezüglich der „dokumentarisch genauen" Wörterabfolge hat schon der schweizerische Germanist Emil Staiger, gleichfalls ein Sophokles-Übersetzer, eingewandt: „Wir dürfen doch nicht erwarten, dass eine griechische Wortstellung im Deutschen dieselbe Wirkung habe, die ihr vermutlich im Griechischen eignet!" Das ist richtig, aber zu unbestimmt. Der Übersetzer hat die Wortstellung nicht bloß unanstößig zu verändern, er sollte vielmehr den gleichen Effekt, den die Wortstellung im Urtext hervorbringt, nachbildend zu erzielen suchen, auch wenn er dazu andere als syntaktische Mittel braucht. Wiederum wähle ich hierfür ein Beispiel aus Antigones heroischem Widerstand. Rein ästhetisch gesehen gäbe es ja unzählige Stellen, die ich heranziehen könnte. Aber gerade die ethische Seite der Sache: dass Sophokles uns an dieser Tragödiengestalt das erste und schönste Muster des *zivilen Ungehorsams gegen unmenschliche Gesetze* vorführt, macht deutlich, warum mir, heute und hier, soviel an der *Wirkungstreue* der Übersetzung liegt. Je eindrücklicher und nachdrücklicher das Ethos sprachlich herauskommt, umso besser! Auch das rechne ich zur Verantwortung des Übersetzers. So wähle ich denn mein zweites Beispiel aus der nächsten Umgebung des ersten. Das Wort „Gesetze", das der Despot pathetisch ans Ende einer Drohung gestellt hat, quittiert Antigone mit dem scheinbar nichtssagenden „dies"; das griechische Wörtchen bekommt aber durch die Stellung am Ende des Verses etwas Spitzes und Verachtungsvolles. Es ans Ende zu rücken, ist im Deutschen syntaktisch nicht möglich. Was tun? – ich helfe mir durch das gleichfalls spitz verächtliche „das da"!

Und noch ein Letztes! Schadewaldt nimmt es – ganz bewusst – um der „dokumentarischen" Genauigkeit willen mit dem Versmaß oft nicht so genau; Staiger ist da strenger, doch will er sich auf die in der deutschen Literatur eingeführten Versmaße beschränken. Ich bin in metrischer Hinsicht um der Wirkungstreue willen genauer als beide, bilde sogar Versmaße nach, die bisher kein deutscher Autor aus dem Griechischen übernommen hat. Von unvergleichlicher Wirkung ist beispielsweise ein Rhythmus (der Dochmius), der tiefste Trauer ebenso wie höchsten Jubel zum Ausdruck bringen kann. Kreon, der Despot, erlebt noch im gleichen Stück seinen Zusammenbruch. Sein Sohn und danach seine Frau haben sich das Leben genommen. Als er sieht, was er durch seine Unmenschlichkeit, mit der er nur Antigone zu vernichten glaubte, angerichtet hat, sehnt auch er sich nach dem Tode. Um diese wahrhaft tragische Verzweiflung auch durch den zugehörigen Versrhythmus einzuprägen, habe ich das Metrum so nachgebildet:

*Em*por steige, *Tod*
Ans Ziel bringe *mich,*
Mein Tod, Schönster *du,*
Mach heut, heut *ein End!*

Schadewaldt wusste von meiner Übersetzung der *Antigone*, hat aber an einer fachlichen Diskussion darüber, die in der DDR lief, nicht teilnehmen wollen: Er sei „aus dem ‚Meinungskarussell ausgestiegen'". So sagte er es mir wörtlich während einer Tagung der Goethe-Gesellschaft in Weimar, wo wir gemütlich als alte Berliner am Frühstückstisch im „Hotel Elefant" beisammensaßen. An den alljährlichen Tagungen der Goethe-Gesellschaft haben meine Frau und ich gern und oft teilgenommen, weil das in der DDR zu den wenigen erlaubten Gelegenheiten gehörte, wo man Gäste aus aller Herren Länder – Schadewaldt selbst war ein editorisch tätiger Goetheforscher – zwanglos hören und sprechen konnte.

Ich war kein Goethespezialist, bin aber einmal, wenn auch nicht als Referent während einer Tagung, so doch mit einem Aufsatz im Jahrbuch der Goethe-Gesellschaft zu Worte gekommen. Damit hatte es eine eigene Bewandtnis. Der Mann, der 1949 als Minister in Dresden meine Entlassung verfügte und sich nicht einmal zu einem Gespräch bereitgefunden hatte, Helmut Holtzhauer, war in den Fünfzigerjahren als Bildungsfunktionär nach Weimar versetzt und mit der Leitung der Goethe-Gesellschaft und des Jahrbuchs betraut worden. Dies hatte ich im Jahre 1955 durch Johannes R. Becher erfahren, der als DDR-Patriot in Westberlin Gesprächspartner suchte, unter denen einmal auch ich war. Damals sagte er zu mir: „Aber Sie gehören doch eigentlich zu uns." Ich verneinte das und erzählte ihm von meinen Dresdner Erfahrungen, auch denen mit Holtzhauer. Darauf er, etwas verlegen: „Der sitzt inzwischen in Weimar." Es vergingen mehr als fünfzehn Jahre, bis ich, fast ohne Hoffnung auf Annahme, meinen Aufsatz *Goethes Formen der Hindeutung auf das Schöpferische* beim Goethe-Jahrbuch einreichte. Und siehe da: Holtzhauer akzeptierte meinen durchaus nicht marxistischen Aufsatz sofort und ließ ihn ohne jeden Eingriff drucken. Sollte da Reue mit im Spiel gewesen sein? Ich konnte ihm diese Frage nicht mehr stellen, denn kurz danach erkrankte er an Krebs und starb noch im selben Jahr.

Diese wechselnde oder auch zwiespältige Einstellung von Repräsentanten der DDR zu mir entspricht dem, was ich mit der Feststellung sagen will, ich sei dort „nur halb willkommen". Willkommen war ich als Philologe und Übersetzer, unwillkommen als Philosoph und politischer Außenseiter. Diese ambivalente Beurteilung hat sich noch schärfer ausgeprägt seit dem Einschnitt, den der fünfundsechzigste Geburtstag markiert. In der DDR wird damit ein Mann zum „Rentner". In der Regel bedeutet dies zweierlei: Er verliert, wenn er staatlich angestellt ist, den Anspruch auf Weiterbeschäftigung und er erwirbt das Gewohnheitsrecht – nicht den Rechtsanspruch –, die DDR zu Verwandtenbesuchen zu verlassen. Faktisch wird nicht kontrolliert, was ein Rentner, abgesehen von solchen Besuchen, auf seinen Reisen sonst noch unternimmt. Besucht er beispielsweise einen Kongress im Westen, so hat er nach der Heimkehr kaum etwas zu befürchten, es sei denn, er hätte etwas gesagt, was die westlichen Massenmedien als Kritik an der sozialistischen Gesellschaftsordnung verbreiteten.

In disziplinarischer Hinsicht kann man als „Emeritus" von einer Grauzone sprechen. Zwar untersteht der Emeritierte formell immer noch dem Disziplinarrecht des ihm vorgesetzten Ministeriums, aber disziplinarische Maßnahmen wie gegen dienstlich Beschäftigte lassen sich nur schwer denken, da man Härten wie etwa Rentenkürzungen scheut. Das hindert freilich nicht, dass der Emeritierte ein Missfallen „oben", falls er es erregt hat, weiter „unten" zu hören oder zu spüren bekommt. Und doch ging es bei mir selber noch glimpflich ab, verglichen mit dem, was ich in meiner nächsten Nähe mit ansah; betrafen doch die Wirkungen überspannter Parteilichkeit mich nicht nur in eigener Person, sondern machten sich mehr noch durch Trennungen in der Familie bemerkbar. Mein jüngster Sohn Rainer (Jahrgang 1949) und mein Enkel Peter (Jahrgang 1952) sind mir durch ihre Auswanderung aus der DDR in weite Ferne gerückt. Rainer war zwölf Jahre alt, als wir nach Berlin-DDR übersiedelten. Bis zu seinem achtzehnten Lebensjahr ging in der Schule alles gut. Er war weder im Parteisinne politisiert noch einfach unpolitisch. Was ihm vorschwebte, war ein „Sozialismus mit menschlichem Gesicht" wie etwa der kurzdauernde des Prager Frühlings 1968. Das schien ihm zu erfordern, für ungerecht behandelte Kameraden einzutreten. Eine Mitschülerin hatte in einem Schulaufsatz kritische Bemerkungen über die Landwirtschaft gemacht. Nicht nur sie wurde deswegen von der Schule verwiesen, sondern auch Rainer, weil er sich durch eine Unterschriftensammlung für ihr Verbleiben eingesetzt hatte. Eine Abstimmung zu seinen Gunsten innerhalb seiner Schulklasse half ihm nichts. Ähnliches hatte ich selbst ja in Dresden erlebt, als die Studenten vergeblich gegen meine Entlassung protestierten, und später in Westberlin, als die Schüler meiner Klasse sich beim Direktor für mich einzusetzen versuchten. Die schnöde Missachtung der gesunden Vernunft und spontanen Solidarität junger Menschen – das ist den Unterdrückungsmechanismen hüben wie drüben gemeinsam; und Zielscheibe dafür zu sein, war bei uns eine Familienähnlichkeit zwischen Vater und Sohn. Rainer wurde „gefeuert", konnte allerdings auf dem „zweiten Bildungsweg" (tagsüber Job, abends Volkshochschule) binnen eines Jahres zum Abitur gelangen und wurde sogar, wobei ich durch meine „Beziehungen" half, immatrikuliert. Er hat eifrig theoretische Physik studiert, machte sich aber politisch missliebig und erhielt vom Parteisekretär der SED an der Universität, einem ehemaligen SS-Mann, die Auflage, zwei Jahre zur Bewährung in die Produktion zu gehen. In diesem Augenblick war, wie er mir Jahrzehnte später verriet, sein Entschluss besiegelt, die DDR zu verlassen, sobald er einige Prüfungen bestanden haben würde. Er wurde im Sommer 1971 bei einem Fluchtversuch gefasst, wegen „Republikflucht" zu zwei Jahren und acht Monaten Gefängnis verurteilt und im November 1972 durch eine Amnestie nach insgesamt anderthalb Jahren hinter Gittern aus dem Zuchthaus Cottbus nach Westdeutschland abgeschoben. Seitdem lebt er in München.

Ebenfalls Anfang der Siebzigerjahre hat mein Enkel Peter Ähnliches durchgemacht. Er hatte in seinem linientreu kommunistischen Elternhaus zunächst Ansichten kennengelernt, hinter die er, reifer geworden, Fragezeichen setzen musste. Das erste seiner Probleme, an das ich mich erinnere, erregte im Universitätsbetrieb solchen Anstoß, dass ihm von demselben Funktionär, der schon Rainer schikaniert hatte, nahegelegt wurde, er solle von sich aus seine Exmatrikulation beantragen. Sein Vater konnte das abwenden, aber der schlechte Ruf des Sohnes blieb. Als guter Mathematiker hatte Peter die Schule mit der Vorstellung verlassen, Wissenschaft müsse das Merkmal der Exaktheit tragen. So hat er denn in einem Anfängerkursus für politische Ideologie zu fragen gewagt, ob der dialektische Materialismus eine Wissenschaft sei. Auf die bloße Zweifelsfrage hin erfolgte statt einer Antwort ein Sturm pädagogischer Entrüstung. Das konnte ihn allenfalls zum Schweigen bringen, aber gewiss nicht überzeugen. Immerhin durfte er zu Ende studieren und hat als theoretischer Physiker mit dem bestmöglichen Prädikat „summa cum laude" promoviert. Trotz des hervorragenden Abschlusses wurde ihm die in Aussicht genommene Platzierung versagt, weil an der fachlich genau passenden Stelle ein Häuflein ideologisch unzuverlässiger Leute sich einzunisten schien. So wurde er in die Wissenschaftsgeschichte abgeschoben. Obwohl er sich mit Alexander von Humboldt zu befassen hatte, war nicht zu vermeiden, dass ihm 1979, im Jahr des Gedenkens an Albert Einsteins Geburt vor hundert Jahren, auch hierzu eigene Gedanken kamen. Inzwischen war er, im schärfsten Gegensatz zum parteiüblichen Atheismus seiner Eltern, orthodoxer Jude geworden. Das war ich ja nun ganz und gar nicht, aber mit mir konnte er sich von jeher über alles aussprechen. So verstand ich denn auch seine Empörung, als ihm von der Akademieleitung befohlen wurde, seinen schon angekündigten Vortrag über „Einstein als Jude" abzusagen. Ende 1980 ließ er sich – sehr zu meinem Befremden – von seiner nichtjüdischen Frau scheiden, um eine Jüdin* zu heiraten, deren Namen er annahm. Ein Jahr später erwirkte er die Auswanderung aus der DDR, die ihm aufgrund seiner religiösen Gebundenheit schnell gewährt wurde. Er lebt mit seiner Familie in Straß-

* Es handelt sich um die Schriftstellerin und Malerin Barbara Honigmann.

burg, weil dort besonders viele orthodoxe Juden dauernd oder vorübergehend wohnen und religiös „lernen".

Meine eigenen Aktivitäten nach der Emeritierung schienen mehrmals nur deswegen „problematisch", weil ich mich hinwegsetzte über die gegen Beschäftigte unnachsichtig gehandhabte disziplinarische Vorschrift, jede geplante Veröffentlichung im Westen von der vorher eingeholten Genehmigung der vorgesetzten Dienststelle abhängig zu machen. Solche Genehmigungen werden in der Regel dann, aber nur dann erteilt, wenn die Publikation den Interessen der DDR direkt oder, zur Erhöhung ihrer Reputation, indirekt zu dienen scheint. Für meine Veröffentlichungen hätte ich aller Wahrscheinlichkeit nach mit einer Versagung der Erlaubnis so oft rechnen müssen, dass ich es damit gar nicht erst versuchte. Wann solche disziplinarischen Verstöße, die keine Delikte im Sinne des Strafrechts waren, zu Vermerken in der „Kaderakte" geführt haben, weiß ich nicht. Wurde ein größeres Ärgernis daraus, dann kam es mir gegenüber auch zur akademischen Vorladung (selbst wenn sie „Einladung" hieß) oder zu sicherheitspolizeilichen Hausbesuchen.

Ich selbst verweile am liebsten beim Rückblick auf Gelegenheiten, die es mir erlaubten, sowohl im Westen als auch im Osten Gehör zu finden jeweils für ein bestimmtes Anliegen wissenschaftlicher oder politischer Art, das öffentlich vorzubringen mir wichtig schien. Hatte solch ein Anliegen allerdings politische Aspekte, dann gelang das in der DDR nur im Rahmen von Veranstaltungen, über die in der Tagespresse oder in Buchform nicht berichtet werden durfte, so auf Tagungen Evangelischer Akademien oder sonst wo im kirchlichen Bereich. Mitunter konnten dennoch Arbeiten von mir, die philosophischer Art oder doch philosophisch motiviert waren, auf beiden Seiten des „Eisernen Vorhangs" gedruckt werden, wenn auch in Abwandlungen der Thematik und ohne dass die akzeptierenden Herausgeber voneinander Notiz nahmen. So hat Herr Holtzhauer gewiss nichts davon gewusst, dass eine Verwandtschaft besteht zwischen meinem von ihm angenommenen Aufsatz über Goethes Hindeutungen auf das „Schöpferische" und meiner etwa gleichzeitig in Schischkoffs westdeutscher *Zeitschrift für philosophische Forschung* erschienenen Abhandlung *Paradoxien der Kreativität*. Ebenso wenig hat wohl Herr Schischkoff Kenntnis bekommen von meiner Abhandlung im Weimarer Goethe-Jahrbuch. Aber selbst wenn kaum ein Leser beides zu Gesicht bekam, hat die Parallelität doch in meiner Autobiografie einen hohen Stellenwert; bekundet sich darin doch mein unablässiges Suchen nach immer neuen Möglichkeiten, oberhalb des ideologischen Kalten Krieges zu Denkresultaten zu kommen, die der kollektiven Feindschaft Abbruch tun.

Pikant zu verfolgen, wie beim Thema „Schöpfertum" das Getrennte sich schließlich vereinigen ließ! Ein in der DDR bekannter Naturwissenschaftler hatte irgendwann von meinem in Westdeutschland erschienenen Kreativitätsaufsatz Kenntnis bekommen und lud mich, zehn Jahre danach, ein, über dieses Thema in seinem Institut vor einem interessierten Hörerkreis zu sprechen. Wie er mir kurz vor meinem Vortrag mitteilte, war er vor mir gewarnt worden, weil mir zuzutrauen sei, dass ich manches ideologisch Unerwünschte einfließen lasse. Er ließ sich aber nicht abschrecken, und so konnte ich die Gelegenheit benutzen, um Bestandteile beider Abhandlungen in meine Ausführungen einzuarbeiten. Meine Frage hinterher, ob ich das wohl in der DDR drucken lassen könnte, beantwortete der Kollege skeptisch. Ich ließ mich dadurch nicht entmutigen und erreichte am Ende, dass der Vortrag unter dem Titel *Wissenschaftliche und künstlerische Kreativität* in der vom Akademie-Verlag der DDR herausgegebenen Monatsschrift *Wissenschaft und Fortschritt* im April 1983 erschien. Die Redaktion berichtete mir über die Resonanz Günstiges, daneben aber auch, dass ein Akademiemitglied Einspruch erhoben habe – glücklicherweise nachträglich und daher vergeblich –, und zwar meiner Person wegen, die man besser ignoriere. Solche Ignorierung war auch der Grund dafür, dass meine Anmeldung zum 6. Philosophiekongress der DDR, der im Oktober 1984 in Berlin stattfand, zunächst „wegen Platzmangels“ abgewiesen wurde. Ein hochgestellter Kollege, dem ich dies mitteilte, war darüber empört und erwirkte die Einladung. Zu meinem Thema wurden mir zwar nur fünf Minuten in der Sektion „Schöpfertum“ eingeräumt, aber dieser so kurze Diskussionsbeitrag soll immerhin in den Kongressakten erscheinen. Inzwischen habe ich darüber an einer den Veranstaltern wohl kaum erwünschten Stelle kritisch berichtet, nämlich im Rahmen eines um gerechte Abwägung bemühten philosophischen Aufsatzes, der im Januar 1985 in der Monatsschrift *Neue Gesellschaft/Frankfurter Hefte* erschien. Unter dem Titel *Die Spannung zwischen philosophischer Anthropologie und marxistischem Humanismus* brachte ich im Mittelteil auch das unter, was ich sowohl zur westlichen Auffassung von „Kreativität“ als auch zur östlichen vom „Schöpfertum“ generell zu sagen habe. Auch solch ein sachlich entschiedener, ideologische Polemik aber fernhaltender Vergleich soll dazu dienen, die gegenseitige Fremdheit und Sprachlosigkeit, diesmal der Philosophen hüben und drüben gegeneinander, zu überwinden. Was mich an dieser Thematik besonders interessierte, waren die zu wenig erforschten Übereinstimmungen, die sich beim Vergleich zwischen der wissenschaftlichen und der künstlerischen Kreativität ergeben. So entdeckte ich, dass es zwischen der rationalistischen Vorstellung eines Schaffens nach Plan und der irrationalistischen einer unerklärlichen Eingebung ein Mittleres gibt: das *Richtungs*bewusstsein, das den kreativen Kopf immer erneut den Weg finden, ihn aber des Endes erst am Ziel innewerden lässt. Dieses Merkmal der Kreativität ist einem Einstein und einem Picasso gemein, wie aus den voneinander gänzlich unabhängigen Aussagen beider hervorgeht. Ebenfalls gemeinsam ist kreativen Wissenschaftlern und Künstlern jene Nichtanpassung an die öffentliche Meinung, die notwendig wird durch die Anpassung an die Dinge, die es zu erkennen oder zu künden gilt. Das sind Merkmale, die einem leicht entgehen, wenn man kreative Potenzen nur – wie in West und Ost üblich – zu ökonomischen, militärischen oder Unterhaltungszwecken mobilisieren will.

Zu Reibungen, bei denen für mich viel darauf ankam, die Fassung zu bewahren, führten meine Äußerungen besonders dann, wenn der „Große Bruder“ tangiert schien. So bestellte mich der Prorektor der Humboldt-Universität im Sommer 1974 zu sich, um mir Vorwürfe zu machen wegen meines Aufsatzes *Solschenizyns Tragik*, der im Mai 1974 in den *Frankfurter Heften* erschienen war. Nun weiß ich aus zuverlässiger Quelle, dass die Aufregung darüber erst entstand, als der *Spiegel* meinen Artikel lobte und dabei meine Zugehörigkeit zur Humboldt-Universität erwähnte. Das erst alarmierte die Kollegen, auch solche, die meine Ausführungen gar nicht gelesen hatten. Der Prorektor hatte einen Historiker zugezogen, um mich möglichst „fachmännisch“ zur Rede zu stellen. Erst im Laufe der Aussprache mit den beiden Herren wurde mir deutlich, warum ihnen schon die bloße Überschrift *Solschenizyns Tragik* unannehmbar schien. Tragik setzt ja eine Art von Mitgefühl voraus, und das durfte ein in der DDR beheimateter Professor einem „Verräter am Sowjetvolk“, wofür Solschenizyn ja offiziell zu gelten hatte, nicht entgegenbringen. Hinweggelesen wurde über meine mit der moralischen Anerkennung verbundene Kritik an Solschenizyn, mit der ich mich zugleich auch distanzierte von Bölls uneingeschränktem Eintreten für ihn. In dem Artikel spreche ich von einem „ins Maßlose gesteigerten Unternehmen anklägerischer Verdammung vonseiten eines von Haus aus edlen und in seinem ursprünglichen Anliegen sympathiewürdigen Menschen“. Zugleich vermittelt der Artikel eine Vorstellung von der Art, wie ich die griechische Tragödie nicht nur interpretiere, sondern auch aktualisiere. Das offenbart sich im ersten und im letzten Satz des Ganzen. Der erste lautet: „Das im altgriechischen Sinne Tragische ist gebunden an die gewaltige Fehlbarkeit eines sympathiewürdigen Menschen, zeige sie sich nun als Wirklichkeitsverkennung oder als Rechtsbruch.“ Und der Artikel schließt mit einem Satz, der erkennen lässt, dass ich vertieft und nicht bloß obenhin von „Tragik“ – ein abgegriffener Ausdruck, aber es gibt keinen besseren – in Bezug auf Solschenizyn rede: „Es ist eine jener Situationen, durch die uns die nie veraltende Lebenswahrheit der griechischen Tragödie wieder spürbar wird.“ Das war den ungnädigen Kollegen offensichtlich zu hoch. Aber geschehen ist mir über Vorwürfe hinaus eigentlich nichts. Ich war nur vorerst „Persona non grata“. Meine Beschäftigung mit der antiken Tragödie durfte eben keine ethischen oder gar politisch aktuellen Konsequenzen haben. Soweit sie sich in den Grenzen der Ästhetik hielt, konnte ich sogar wieder zur „Persona grata“ werden, die sich außerhalb der DDR präsentieren durfte, weil das deren kulturpolitisches Ansehen zu steigern schien. So geschah es mir mit meiner Übersetzung der sophokleischen *Elektra*. Friedo Solter, führender Regisseur am Deutschen Theater in Berlin-DDR, hatte die Absicht, dies Stück im Original auf die Bühne zu bringen, und wählte dafür aus einer Reihe von Übersetzungen die meinige aus. Er konnte nicht wissen, woher es kam, dass gerade die *Elektra* meiner selbstgestellten Forderung nach „wirkungsgetreuem Übersetzen“ um einige Grade besser entsprach als meine sonstigen Übertragungen. Für die Rolle der Elektra hatte ich nämlich in einer damaligen Studentin eine geeignete Sprecherin, und so veranstaltete ich eine „szenische Lesung“ des Stücks (also ohne Bühne und Kostüme). Die bei der Probenarbeit mir zugeflossenen Erfahrungen konnte ich im Text der noch nicht zum Druck eingereichten Übersetzung in künstlerische Verbesserungen umsetzen, und das ist dem Werk, wie es schließlich gedruckt vorlag, zugutegekommen. Solter griff 1979 auf diesen (schon 1966 in erster Auflage erschienenen) Text zurück. Sowohl in Bonn am dortigen

Theater als auch bald danach am Berliner Deutschen Theater brachte er die *Elektra* des Sophokles in meiner Übersetzung zur Aufführung. Mit offiziellem Segen durfte ich der Einladung nach Bonn zur Premiere im Januar 1980 folgen. Auf die Regie hatte ich keinen Einfluss, aber meine zum Teil von der Dramaturgie abweichende Auffassung konnte ich während einer Matinee vortragen. Die Differenz betrifft die in Ost und West gleichermaßen vorherrschende Neigung, antike Tragödien als bessere „Horror Stories" zu betrachten. Elektra wird ausschließlich als die große Hasserin dargestellt. Ja, das ist sie, aber es ist nur die eine Hälfte ihres Wesens. Gewiss ist es ein schrecklicher Gipfel der Rachsucht, dass sie ihrem Bruder Orestes, während er – hinter der Szene – die Mutter hinrichtet, die zur Mörderin am Vater beider Geschwister geworden war, gar noch zuruft: „Schlag, wenn die Kraft reicht, zweimal zu!" Aber die große Hasserin ist im Verhältnis zum Bruder auch die große Liebende, so in der wundervollen Wiedererkennungsszene mit dem Höhepunkt:

Elektra: Du Stimme wirklich da?
Orest: Kein Umweg mehr zu dir!
Elektra: In meinen Armen?
Orest: Ja, so bleib es immerdar!

Dieser Aspekt kam zu kurz in allen vier Inszenierungen, die ich gesehen habe: in Bonn und Darmstadt ebenso wie in Berlin-DDR und Altenburg.

Wiederum im Zusammenhang mit meiner Tätigkeit als Übersetzer und Deuter antiker Dramen ereignete sich bald nach meinem achtzigsten Geburtstag eine Episode, bei der ich im autobiografischen Kontext gern verweile, da in ihr die Wechselwirkung zwischen meiner gesellschaftlichen Umwelt und mir sich von einer neuen Seite zeigt. In den obersten Schulklassen der DDR wird als Lektüre für den Deutschunterricht wahlweise stets auch die *Antigone* des Sophokles in meiner Übersetzung angeboten und oft gewählt. Zu diesem Zweck hatte der Reclam-Verlag Leipzig vom Aufbau-Verlag Weimar die Lizenz für das Teilstück *Antigone* aus meiner Gesamtübersetzung des Sophokles erworben, wofür ich 1967 ein besonderes Nachwort verfasste. Nach mehr als zwölf Jahren und zehn Auflagen erhielt ich vom Reclam-Verlag die Mitteilung, das Nachwort habe zwar gute Dienste getan, solle aber nun dem eines Kollegen weichen, der mir als zuverlässiger Marxist bekannt war. Da dieses Vorgehen ein klarer Vertragsbruch war, suchte und fand ich Beistand beim „Büro für Urheberrechte“ in Berlin. Dem Verlag wurde klar, dass ich einen Prozess, wenn ich ihn führte, gewinnen und somit alles beim Alten bleiben würde. Ich wollte aber nicht nur mein Recht behaupten, sondern auch zeigen, dass ich, anders als die „Linientreuen“, gar nichts dagegen habe, wenn meine Sicht durch eine von der meinigen prinzipiell abweichende ergänzt wird. So riet ich denn, ganz aus freien Stücken, dem Verlag, meinen Übersetzungstext, der ja beibehalten werden sollte, umrahmen zu lassen von der neuen Einleitung des marxistischen Kollegen und meinem bisherigen Nachwort. Und so geschah's! Mein unerwartetes Entgegenkommen bewirkte beim Verlag den Umschlag vom gescheiterten Überrumpelungsversuch zur ausdrücklichen Entschuldigung und darüber hinaus zur Bitte um neue Projektvorschläge meinerseits. Daraufhin schlug ich etwas vor, was sofort angenommen und 1983 verwirklicht wurde, nämlich: die *Elektra* herauszubringen in der Gestaltung durch die vier Autoren Aischylos, Sophokles, Euripides und Hugo von Hofmannsthal. Dies ist ja das einzige und einzigartige Beispiel dafür, dass eine antike Tragödienfigur in drei vollständig erhaltenen Stücken, jedes Mal abgewandelt, vor uns steht und überdies ein kongenialer deutscher Dichter uns eine Bearbeitung der griechischen Vorlage geschenkt hat. Niemals hat mir eine philologische Arbeit so viel Freude gemacht wie die Einleitung von zweiunddreißig Druckseiten, die ich zu jenem Sammelband von zweihundertvierzig Seiten, unbehindert und unter meiner alleinigen Verantwortung, zu schreiben hatte, konnte ich doch so ganz verschiedene Meister in ihrer Arbeit am gleichen Stoff kommentierend begleiten und zugleich den Lesern durch die philosophischen und literaturwissenschaftlichen Reflexionen, die ich hineinverwob, Beistand leisten. Außer meiner eigenen Übersetzung des sophokleischen Textes habe ich für das Stück des Aischylos, den Mittelteil der *Orestie* (*Das Opfer am Grabe*), die ältere Übersetzung von Ulrich von Wilamowitz gründlich umgearbeitet und, was Euripides betrifft, die Übersetzung von Dietrich Ebener mit aufgenommen. Hofmannsthals Stück war seit 1903, lange bevor Richard Strauss es (1906 bis 1908) vertonte, im Berliner Deutschen Theater mehrmals mit Erfolg aufgeführt worden, lässt sich also auch unabhängig von der Musik, für die das Libretto nicht allzu sehr verändert wurde, zum vollen Eindruck bringen.

Was meine philosophischen Arbeiten anlangt, muss ich mir als Memoirenschreiber gut überlegen, was davon im biografischen Zusammenhang interessant sein könnte. Als Autor von mancherlei Beiträgen zur Philosophie möchte ich vorzugsweise eingehen auf diejenige Publikation, die mir, soweit ich es beurteilen kann, gleichmäßig in Ost und West die dankbarsten Leser verschafft hat. Es ist dies der Band Plutarch, *Lebensklugheit und Charakter. Aus den ‚Moralia‘*, erschienen 1979 in Leipzig als Band 380 der Sammlung Dieterich. Hier war schon der Start so glücklich wie nie zuvor; wurden doch die Anfänge betreut von dem langjährigen Herausgeber der Sammlung, Dr. Rudolf Marx, dem verständnisvollsten Verleger, dem ich je begegnet bin. Es handelte sich bei dem Projekt um einen im besten Sinne des Wortes „ungehobenen Schatz“. Plutarch ist als Biograf berühmt. Was man sich aber unter seinen *Moralia* vorzustellen hat, wusste außer Philologen und Philosophiehistorikern wohl kaum jemand. Es ist eine Masse kleinerer Schriften sehr verschiedenen Inhalts. Ich beschränkte mich bei der Auswahl auf solche, die den Obertitel *Moralia* am ehesten rechtfertigen. Meine Absicht war dabei von vornherein, ein Lesebuch herzustellen, und dazu musste ich neue Wege gehen. Ich entschloss mich zu der Methode, in jeder einzelnen der von mir ausgewählten Arbeiten öfters mehr oder weniger große Auslassungen vorzunehmen, aber so, dass stets ein fortlaufender Zusammenhang gewahrt bleibt und der Leser keine Lücken merkt. Von entscheidender Bedeutung für die Lesbarkeit waren auch die zahlreichen von mir stammenden Zwischenüberschriften, die ich, ohne dass sich etwas dergleichen bei Plutarch findet, für unentbehrlich hielt, um den Stoff zu gliedern und übersichtlich zu gestalten. In der Einleitung habe ich mich bemüht, Plutarch als einen durch weise Gesellschaftskenntnis ausgezeichneten Vorläufer der heute vielgenannten „praktischen Philosophie", als der er kaum bekannt ist, erkennen zu lassen. Der Band erschien 1983 in zweiter Auflage, außerdem in Lizenz vorerst in Wiesbaden, dann in Bremen. Aus meiner Abhandlung *Plutarch als praktischer Philosoph*, die die *Allgemeine Zeitschrift für Philosophie* (Stuttgart 1979, S. 40–55) veröffentlichte, möchte ich zwei Sätze zitieren, die andeuten, was an Plutarch vorbildlich und für meine eigene Auffassung von praktischer Philosophie maßgebend ist: „Unermüdlich und immer wieder überraschend wendet er als souveräner Psychologe eine Methode an, die ihn befähigt, die allbekannten Erfindungen und Formulierungen von *Dichtern*, die glaubwürdig überlieferten Aussprüche von Personen der *Geschichte* und die *von ihm selber* gemachten Beobachtungen, also *drei* durchaus verschiedene, aber prinzipiell gleichwertige Quellen der Seelenkunde miteinander zu verbinden und von dieser *empirischen* Grundlage aus zu *ethischen* Aussagen aufzusteigen. Erst daraus resultiert ja ‚Weisheit' im besten Sinne des vielmissbrauchten Wortes."

Von den Anfängen reifenden Urteils in der Pubertät bis zu dieser Niederschrift sind sieben Jahrzehnte vergangen. Wenn ich rückblickend zusammenfasse, was ich als ein Deutscher, der das Deutschsein fünfmal anders erlebt hat, für mein wichtigstes Anliegen halte, so ergeben sich mir zwei Hauptgesichtspunkte: Der eine betrifft das Christentum, der andere die Parteilichkeit.

Es bleibt noch zu leisten, was die christliche Feindesliebe in Bezug auf den Großgruppenhass nicht geleistet hat. Großgruppen sind Kirchen, Völker, Rassen, Klassen, Parteianhängerschaften. Der Kirchenhass zwischen Protestanten und Katholiken hat in Deutschland rund hundert Jahre gewütet, bis er im Dreißigjährigen Krieg das ganze Deutsche Reich verwüstete. Danach hat diese Art von Großgruppenhass noch rund vier Jahrhunderte gebraucht, ehe daraus endlich ein für die deutsche Geschichte bedeutungsloses Phänomen geworden war. In meine Jugend hat der Kirchenhass nicht mehr hineingewirkt, sein Abklingen gilt mir aber als ein kostbarer Beweis dafür, dass selbst solch ein Großgruppenhass im Laufe der Zeit entgiftet, sein Herabsinken zur Bedeutungslosigkeit also nicht als „utopische Träumerei" abgetan werden kann.

Es ist aber im Wesen des Christentums begründet, dass die Nächstenliebe des Evangeliums dem Großgruppenhass gegenüber versagt. Der Nächste ist der Einzelmensch. Alle Menschen werden zwar als Kinder Gottes und insofern als Brüder aufgefasst, aber Individuen bleiben sie darum doch, und die Liebe, die sie untereinander verbinden soll, ist eine interindividuelle. Das gilt auch für die besondere Spielart der Feindesliebe. Der Feind – das ist der individuelle Nächste, den ich lieben soll. Auch wenn sich das Liebesangebot auf eine Vielzahl von Feinden erstreckt, sind es doch immer nur viele Einzelne, denen die „Caritas" gilt. Sie wäre sonst auch gar nicht realisierbar, denn wenn es schon schwer genug fällt, dass jemand seinen Nächsten liebt wie sich selbst, so ist es vollends unmöglich, dass er, vorausgesetzt er liebt sein eigenes Volk, jedes andere Volk ebenso lieben sollte. Insofern also die christliche Nächstenliebe den Hass überwindet, ist immer nur der hassende und gehasste Einzelne und allenfalls eine so kleine, überschaubare Gruppe von Einzelnen wie die der Familienangehörigen gemeint, nicht aber die Großgruppen in ihrem Hass und Gegenhass.

So war denn das Christentum rat- und machtlos auch angesichts der Arten von Großgruppenhass, mit denen ich durch rund siebzig Jahre hindurch konfrontiert wurde. Da war zunächst der Völkerhass, der mich als kriegerischer deutscher Nationalismus in den Jahren meines Mündigwerdens herausforderte. Die wachsende Polarisierung, die sich während der anschließenden rund fünfzehn Jahre in Deutschland vollzog, machte mich als einen Deutschen aus bürgerlichem Haus zum Angehörigen einer Großgruppe, die der kommunistische Klassenkampf voller Hass bekämpfte, während ich als ein Deutscher jüdischen Stammes mit zunehmender und, in den darauffolgenden zwölf Jahren, gesellschaftlich erdrückender Stärke einbezogen wurde in den Großgruppenhass, der sich gegen die Rasse, insbesondere die jüdische, richtete. Aber damit nicht genug! Nach 1945 rückte mir der Klassenhass, den ich in den Zwanzigerjahren zuvor mehr als eine gesellschaftliche Randerscheinung sich hatte äußern hören, in der Form persönlicher Bedrängnis auf den Leib, indem er mich aus meiner ersten Professur vertrieb. Der Kalte Krieg aber zeigte mir auch auf der westlichen Seite den Großgruppenhass, denn jede der regierenden Einheitspartei ergebene Massenanhängerschaft in und außerhalb der Sowjetunion ist ja nichts anderes als eine Großgruppe, diejenige, gegen die sich der Antikommunismus mit seinem Hass richtet.

Worin aber besteht nun die positive Alternative zum Großgruppenhass, wenn es doch die Nächstenliebe nicht sein kann? Damit komme ich auf den zweiten Punkt zu sprechen, nämlich darauf, dass die Parteilichkeit, sei's die „proletarische“ Einparteilichkeit oder die „pluralistische“ Mehrparteilichkeit, zwar das erste, nicht aber das letzte Wort haben darf, dieses vielmehr der menschenmöglich gerechtesten Beurteilung gebührt. Dahin habe ich mich vor jenem Hass immer zu retten versucht. Vermochte ich dies einst nur als einer, der „in dunklem Drange sich des rechten Weges wohl bewusst ist“, so schreibe ich nun nieder, was ich immer klarer und klarer sehen und ausdrücken gelernt habe, damit auch andere sich um solche Selbstrettung bemühen und mit mir am gleichen Strang ziehen. Ein derartiges gemeinschaftliches Werk ist umso nötiger, als aus dem Großgruppenhass ja jederzeit ein Krieg hervorgehen kann, dessen Zerstörungen irreparabel sein könnten. Was ich an die Stelle der Liebe setze, nämlich die menschenmöglich gerechteste Beurteilung, ist ein Heilmittel, das, je nach Zeit und Ort, dem Unheil entgegenzuwirken geeignet ist. Denn die bloße Negativität des Freiseins von Hass genügt dazu nicht; sie könnte ja Neutralität im Sinne von Indifferenz sein, während mein außerparteilicher Neutralismus, wenn man mein Gegenmuster zur Parteilichkeit so nennen will, entscheidungsbereit und handlungsfundierend sein soll. Um es nicht bei dieser abstrakten Norm zu belassen, beziehe ich mich auf eine Probe der Normbefolgung, die ich mit meinem in den *Frankfurter Heften* (März 1978) erschienenen Artikel *Die neue sowjetische Verfassung* geliefert habe. Zwar gibt es genug Staatsrechtler oder auch Reporter, die zur Sache Genaueres beibringen können. Aber ich habe in dem kurzen Aufsatz auch Dinge sagen wollen, die jenseits von deren Zuständigkeit liegen. Dazu rechne ich vor allem meine Distanzierung von Sartres feindseliger Behauptung, in der Sowjetunion seien alle wirklich freien Menschen eingesperrt. Hierzu bemerke ich: „Es gibt viele Grade der Freiheit, und wem eine Lehre, sei sie religiöser oder politischer Natur, von Kindesbeinen an in Fleisch und Blut übergegangen ist, der empfindet sie als etwas ihm Eigenes und muss daher nicht so unfrei sein wie andere, denen sie als ein äußerer Zwang entgegentritt.“ Von dieser Grundlage aus versuche ich, den Sowjetpatriotismus zu verstehen, so fremd er uns auch sein mag und wie viel Fanatisches oder Überschwängliches ihm oft auch anhaftet. Den echten Kern, den die nicht selten abstoßende Hülle so leicht verbirgt, hat das deutsche Volk in seiner Mehrheit zum eigenen Schaden so arg unterschätzt, dass eine möglichst gerechte Beurteilung für uns lebenswichtig wird, umso mehr, als die in der DDR offiziell proklamierte bedingungslose Verehrung zum krassen Gegenteil herausfordern kann. So prüfe ich denn Lenins Prinzipien des „demokratischen Zentralismus" und der in die „Nationalitäten" aufgegliederten Volkseinheit als staatsmännische Leitgedanken, die trotz aller damit verbundenen Spannungen und Verfälschungen nicht etwa bloß auf dem geduldigen Papier der gedruckten Verfassung stehen, sondern ernst zu nehmende Faktoren sind, über die sich kein Demokrat westlicher Prägung mit der sattsam bekannten ideologischen Selbstsicherheit hinwegsetzen sollte. Kurzum: es darf nicht wieder wie beim Hass der deutschen religiösen Glaubensgemeinschaften gegeneinander vierhundert Jahre dauern, bis der Großgruppenhass abgebaut ist, vielmehr hat es nicht nur für die Deutschen, sondern auch für Europa, ja, für die ganze Menschheit größte Bedeutung, dass der Prozess, der den Hass gegen Völker, Rassen, Klassen, Parteianhängerschaften entgiftet, nicht so lange Zeit in Anspruch nimmt. An der Beschleunigung mitzuwirken, fühle auch ich mich aufgerufen.

Ein Wort noch zum „Deutschsein"! Unter den gegenwärtigen Umständen, die wohl noch lange andauern werden, muss man, um klarer zu sehen, „Nation" und „Nationalität" deutlich voneinander unterscheiden und den Begriff „Staatsvolk" hinnehmen. Es ist umgekehrt wie in der Sowjetunion: Dort gibt es die sowjetinternen Nationalitäten in Mehrzahl und das sowjetische Staatsvolk in Einzahl, bei uns die zwei deutschen Staatsvölker und die *eine* gesamtdeutsche Nationalität. „Nation" ist, wenn mit diesem Wort der einheitlichen Nationalität der einheitliche Gesamtstaat zugeordnet werden soll, hier wie dort verschwunden. Nationalität aber, die ja Gemeinsamkeit in Sprache, Sitte und Geschichte bedeutet, verbindet die Deutschen immer noch. Einverstanden, dass ich zum *Staatsvolk* der DDR und nicht zu dem der Bundesrepublik gehöre; ich widersetze mich aber dem Ansinnen, als Angehöriger einer „sozialistischen deutschen *Nation*" betrachtet zu werden, bestehe vielmehr darauf, dass ich mitsamt meiner jüdischen Abstammung wie eh und je in die gesamtdeutsche *Nationalität* integriert bin.

Aus meiner Akzeptanz der völkerrechtlich normalen Eigenstaatlichkeit der DDR einschließlich ihres Staatsvolks erklärt sich auch, warum ich mich in meinem Fernsehinterview in der ARD mit Lutz Lehmann (24. Januar 1979) in einer Weise geäußert habe, die mir selber ebenso einfach vorkommt, wie sie von beiden streitenden Lagern, allerdings aus genau entgegengesetzten Gründen, angefochten wird. Ich habe nämlich, nach der Berliner „Mauer" befragt, geantwortet, sie sei zu erklären aus dem Selbsterhaltungstrieb eines Staates, der trotz der durch eigene Misswirtschaft verschuldeten Ausblutungsgefahr, wohin die Auswanderungswoge zu führen drohte, nicht Selbstmord verüben wollte, was man ihm schließlich auch nicht zumuten könne. Hierfür bekam ich heftige Vorwürfe von der SED-Seite zu hören, die ja von selbstverschuldeten Misswirtschaftsfolgen nichts hören will, sondern immer nur von „antifaschistischem Schutzwall" redet. Es kann aber auch manchem westlichen Fernsehzuschauer kaum gefallen haben, dass ich nicht einfach der den Niederriss fordernden Freiheitsparole zustimmte. Dass ich damals eine Amnestie für Bahro und Hübner verlangte, zu der es neun Monate später tatsächlich kam, gehörte zu den gemäß kommunistischer „Parteilichkeit" absolut unzulässigen öffentlichen Vorgriffen, die bei einem SED-Mitglied mindestens zu einem Ausschluss aus der Partei geführt hätten. Aber auch mir, dem Parteilosen, wurde das Vorpreschen schwer verdacht.

Ich möchte diesen Rückblick auf mein Leben nicht schließen, ohne einen Begriff zu erläutern, der es mir ermöglicht, die Summe aus meinem Nachdenken über ethische Probleme zu ziehen. Man soll mit Wortneubildungen sparsam sein, aber ich wusste mir nur den Rat, den Ausdruck „Tugendpragmatik" zu bilden und – seit 1983 – in die öffentliche philosophische Debatte zu werfen. Was ich damit meine, mag am ehesten verständlich werden durch die Anknüpfung an den Bibelspruch „Seid klug wie die Schlangen und ohne Falsch wie die Tauben!" Als Philosoph sage ich: Es darf bei dem bloßen „und" nicht bleiben; die beiden Vorschriften müssen in eine eindeutige Beziehung zueinander gesetzt werden. Der Ursprung der moralisch positiven Handlung oder Unterlassung liegt unbedingt in einer Charaktertugend wie der: ohne Falsch zu sein; zur Vollendung freilich, auch ethisch gesehen, kommt das Tun und Lassen erst durch eine Verstandestüchtigkeit wie die: klug zu sein. Unvollkommenheit bis hin zur Tragik haftet daran, dass ein Mensch edel, aus Tugend, aber unklug handelt; aber die Klugheit hat nur dann vollen Wert, wenn sie der Tugend dient, sonst führt sie bloß zur Pragmatik. So gibt es denn Zeit und Unzeit der Tugendbetätigung, Unzeit aber nur in dem Sinne, dass statt einer bestimmten Tugend, beispielsweise der Wahrhaftigkeit, eine andere Tugend, beispielsweise die Hilfsbereitschaft, an der Zeit ist, etwa wenn ich einen unschuldig Verfolgten, den ich verborgen habe, vor der Polizei verleugne. Die Tugenden müssen allesamt eingeübt werden, doch keine von ihnen auf Kosten einer anderen. Zugleich aber können die intellektuellen Fähigkeiten gar nicht genug gepflegt werden unter der Bedingung, dass sie den rechten Zeitpunkt zur Betätigung einer bestimmten Tugend finden helfen.

Rudolf Schottlaender um 1926

Rudolf Schottlaender als frisch berufener Professor an der Humboldt-Universität zu Berlin, um 1960

Edith und Rudolf Schottlaender mit Karl Trinks, dem ehemaligen Direktor des Instituts für Theoretische und Historische Pädagogik an der Technischen Hochschule Dresden, im Sommer 1962 in Wolkenstein im Erzgebirge

Wolfgang Schindler (links) und Detlef Lücke in Rudolf Schottlaenders Inszenierung der von ihm übersetzten Plautus-Komödie *Gaunerchen* um 1964 in Ostberlin

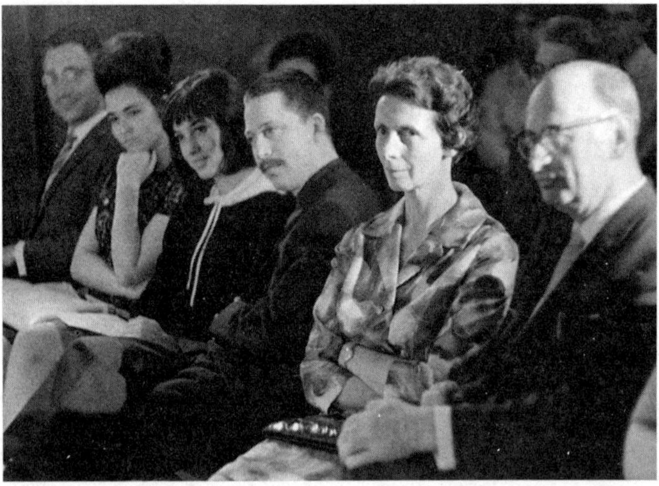

Rudolf und Edith Schottlaender im Publikum bei der szenischen Lesung der von R. S. neu übersetzten Sophokles-Tragödie *Elektra* im Januar 1966 in Ostberlin; Dritter von rechts: Wolf Biermann

Das Ehepaar Schottlaender mit Tochter Irene, Manfred Selle (Bruder des späteren Ehemanns von Irene) und Sohn Rainer (v. l. n. r.) vor dem Haus in Berlin-Hirschgarten, um 1967

Rudolf Schottlaender Mitte der 1980er-Jahre

Brief des sechzehnjährigen Rudolf Schottlaender an seinen Vater Leopold[1]

Weimar, d. 3. August 1917

Lieber Vater,
wenn ich dir zu meinem siebzehnten Geburtstage einen Brief schreibe, so geschieht das aus dem Bedürfnis heraus, Dinge, die mich schwer bedrücken und die gerade im letzten Jahre mich besonders viel beschäftigt haben, einmal klar und unumwunden auszusprechen und womöglich Gewissheit zu erlangen; und dazu scheint mir ein Brief besonders geeignet zu sein.

Wenn ich auch nie vergesse, wie rein, liebevoll und uneigennützig die Motive zu allen Ratschlägen sind, die du mir gibst, wieviel Gutes du mir tust, so hat doch das, was recht eigentlich unser Verhältnis trübt, mit Sachen der Dankbarkeit nichts zu tun. Denn es bezieht sich auf Dinge, die für mein ganzes Leben und Glück entscheidend sind.

Ich denke hierbei nicht in erster Linie daran, dass du mich so oft und m. E. zu Unrecht als Kind behandelst; denn so bitter mich dies auch im Augenblick kränkt, so bleibe ich mir doch stets bewusst, dass dieser Gegensatz mit den Jahren verschwinden wird. Ich denke vielmehr an Wichtigeres: an die Berufsfrage.

Es hat sich gerade in den letzten Jahren ganz deutlich gezeigt, dass zwischen der Gedankenwelt, in der du dein ganzes hartes, arbeitsames und erfolgreiches Leben hindurch dich bewegt hast, und der Welt, in der meine Interessen liegen, keine Brücke besteht. Infolgedessen stehst du den Dingen,

1 Staatsbibliothek zu Berlin. Preußischer Kulturbesitz, Handschriftenabteilung, Nachlass 359 (Rudolf Schottlaender), Mappe 1404 (an Schottlaender, Leopold).

die mich erfüllen, nämlich der Philosophie und der Kunst, völlig interesselos gegenüber; und dass das eine Entfremdung hervorrufen muss, ist klar. Und es wäre ganz nutzlos, über Sinn und Berechtigung der philosophischen Denkart etwas zu sagen, denn ein Gebiet, das dir so weltenfern liegt, vermöchten dir auch viel bessere Begründungen, als ich vorbringen könnte, nicht nahezubringen. Aber das eine solltest du meinem Charakter zutrauen, dass diese Beschäftigung mit der Philosophie mir mehr als schöngeistige Spielerei ist, dass sie mir ebensolche Ziele der Arbeit bietet, wie dem angehenden Kaufmann sein Beruf. Und warum sollte denn meine Absicht durchaus eine kindliche Marotte sein, von der ich über kurz oder lang doch wieder ablassen werde? Ist sie denn so exzentrisch und ausgefallen, und gibt es nicht Tausende, die den Beruf, der mir vorschwebt, ergriffen haben und dabei glücklich geworden sind?

In dieser Frage, welcher Beruf für mich persönlich geeigneter sei, der kaufmännisch-praktische oder der akademisch-philosophische, werden wir uns allerdings nicht einigen, und ich werde mit der von dir ererbten Eigenwilligkeit auf meinem Standpunkt beharren. Aber dieser theoretische Gegensatz zwischen uns führt dann zu einer Katastrophe, wenn er ins praktische Gebiet hinübergreift, d. h. wenn er auf die Berufswahl Einfluss gewinnt. Denn, lieber Vater, ich behaupte – und ich weiß, dass viele mir recht geben –: diese Entscheidung, die ja meine Person und mein Heil betrifft, muss letzten Endes bei mir liegen. Nun drohst du aber, mir die Mittel zu dem von mir erwählten Studium zu entziehen; und da nicht unsere pekuniären Verhältnisse hierfür maßgebend sind, so bedeutete das einen von dir gewollten Zwang. Was würde aus einem solchen widernatürlichen Vorgehen entstehen? Zunächst würdest du in dem Moment, wo Du Zwang anwendest, mein Herz unheilbar von dir trennen, und ich weiß, dass dir das nicht gleichgültig ist. Vor allem aber würdest du deinen Zweck, mich glücklich zu machen oder auch nur wirklich tüchtig zu machen, gar nicht erreichen, denn wenn ich auch äußerlich nachgeben würde, da ich ohne deine pekuniäre Unterstützung wohl nicht auskommen könnte, so würde ich dennoch in einem aufgezwungenen Berufe nie und nimmer etwas leisten und mich wohlfühlen. Vermutlich würde ich ja so bald wie möglich umsatteln und hätte nur viele schöne Jahre verloren. Denn darauf zu bauen, dass ich meine Ansicht ändern werde, ist, wie gesagt, zu riskant.

Ich bitte dich nun nach all' dem inständigst: lass' bei der Entscheidung über meinen Beruf von jeglichem Zwang ab und billige mir hierin die Mündigkeit zu!!

Die Beantwortung dieser prinzipiellen Frage hängt ja nicht davon ab, ob sie schon akut ist oder noch nicht, deshalb antwortest du mir hoffentlich recht bald und recht klar. Und wenn der Bescheid auf diesen Brief, mit dem ich endlich einmal meinem Herzen Luft gemacht habe, so lautet, wie ich es mir ersehne, dann wäre das das schönste Geburtstagsgeschenk, das du mir je machen könntest. Einstweilen nimm' viele gute Grüße und Küsse

von deinem

Rudolf

Lutz Lehmann

Wunschdenken und Wirklichkeit im realen Sozialismus

Interview mit Rudolf Schottlaender, ausgestrahlt im Ersten Deutschen Fernsehen am 24. Januar 1979, Länge: ca. 45 Minuten[1]

Kritische Stimmen aus der DDR sind in letzter Zeit mehrfach veröffentlicht worden. Am spektakulärsten war wohl jenes vom *Spiegel* als „Manifest" einer innerparteilichen Opposition im Dezember 1977 gedruckte Papier – ein Vorgang, auf den die DDR mit der Schließung des Korrespondentenbüros reagierte. Herkunft und Hintergrund dieses Manuskripts sind bis heute umstritten. Ganz offen dagegen deklariert sich Robert Havemann als Autor kritischer Texte. Immer wieder durchbricht der Naturwissenschaftler und politische Philosoph so die Isolierung, in die ihn das Urteil eines DDR-Gerichts seit über zwei Jahren an seinem Wohnort Grünheide bei Berlin verbannt hat.

Wie *Die Alternative* von Rudolf Bahro, den ein DDR-Gericht im August 1978 mit der diskriminierenden Beschuldigung nachrichtendienstlicher Tätigkeit zu acht Jahren Haft verurteilte, artikulieren all diese Texte eine marxistische Kritik am Partei- und Staatsapparat der DDR und dem von ihm zu verantwortenden real existierenden Sozialismus.

Ganz ähnlich ist der politische Standort einer Reihe von Schriftstellern, die seit der Ausbürgerung Wolf Biermanns im Dezember 1976 in wachsender Zahl und in zunehmender Schärfe mit der Staatspartei, den Behörden und Institutionen der DDR in Konflikt geraten.

1 Für den Druck leicht überarbeitete Fassung des Sendemanuskripts. Das Interview wurde am 10. Januar 1979 in Ostberlin aufgezeichnet. Abdruck mit freundlicher Genehmigung des Norddeutschen Rundfunks, © NDR.

Eine kritische Haltung dagegen, wie sie der in Ostberlin lebende Philosoph Rudolf Schottlaender einnimmt: humanistisch, staatsloyal aber nicht marxistisch, ist bisher so gut wie unbekannt geblieben. Wie die anderen kritischen Denker veröffentlicht Schottlaender seine Schriften im Westen, vor allem in der Monatsschrift *Frankfurter Hefte*. Seine Themen: „Solschenizyns Tragödie", Havemanns „Standhaftes Wunschdenken", „Anpassung und Widerstand" in der DDR. Der 78-jährige emeritierte Hochschullehrer der römischen und griechischen Literaturgeschichte hat seinen von der Ethik bestimmten Standort auch in einer Reihe wissenschaftlicher Veröffentlichungen definiert: *Der philosophische Heilsbegriff*, 1952, und 1957 *Theorie des Vertrauens*, beide Bücher im Westen erschienen. Seine *Frühesten Grundsätze der Wissenschaft bei den Griechen* sind 1964 in der DDR gedruckt worden, ebenso wie 1969 die Arbeit über *Römisches Gesellschaftsdenken*. Professor Schottlaender ist Jude. Er überlebte die Nazizeit im Westen Berlins, folgte 1947 einem Ruf an die Technische Hochschule in Dresden, ging zwei Jahre später fluchtartig zurück nach Westberlin. Aber 1961, nach dem Bau der Mauer, ist er nach Ostberlin übergesiedelt, als Professor für römische Literatur an der Humboldt-Universität – damals mit lobenden Schlagzeilen begrüßt.

Lehmann: Wie kommt denn dieser merkwürdige Lebensweg in diesem Nachkriegsdeutschland, der sich ja als Frontenwechsel darstellt, zustande? Haben Sie denn da beständig Ihre politische Haltung gewechselt?

Schottlaender: Nein. So wie ich es sehe, bin ich mir in einer ganz einfachen Weise treu geblieben. Ich war immer gegen den Kalten Krieg auf beiden Seiten, sowohl den Kalten Krieg des Ostens gegen den Westen als auch gegen den Kalten Krieg des Westens gegen den Osten. Das ist ja nur negativ formuliert. Positiv formuliert bedeutet das, dass ich für eine tiefgreifende Verständigung der streitenden Seiten eingetreten bin.

Lehmann: Das hat Sie aber offenbar an den Orten, an denen Sie tätig gewesen sind, immer wieder in tiefe Konflikte gebracht. Wie war das denn, als Sie kurz nach dem Krieg in die damals noch Sowjetische Besatzungszone gingen?

Schottlaender: Nun, es hat keine ganze zwei Jahre gedauert, dass ich Professor für Philosophie an der Technischen Hochschule Dresden sein konnte, 1947 bis 1949. Und dann war es eines Tages so weit, dass gegen mich ein Artikel in der *Dresdner Tageszeitung* erschien, der sozusagen der Anfang vom Ende war. Er war überschrieben: *Historische Gerechtigkeit? Anglo-amerikanische Propaganda!* Ich galt also als einer, der zwar solche Redensarten wie „historische Gerechtigkeit" im Munde führt, in Wahrheit aber ein Agent der feindlichen westlichen Gegenseite sein sollte.

Lehmann: Woraus hat man denn das geschlossen?

Schottlaender: Man hat offenbar Äußerungen von mir, die aber nicht im Kolleg gefallen sind, sondern bei Gelegenheiten außerhalb der Universität, gesammelt, und ich erinnere mich an eine, die mir besonders verübelt wurde. Ich hatte nämlich da mal gesagt: Man muss auch solche Zeitungen wie den Westberliner *Tagesspiegel* lesen können, denn brauchbare Informationen sind da auch zu finden. Und damit war also die Toleranzgrenze derer, die meine Vorgesetzten waren, überschritten.

Lehmann: Das heißt, Sie kamen in eine Situation, die Sie gar nicht mehr durchhalten konnten. Sie sind dann nach Westberlin gegangen.

Schottlaender: Ja, ich wurde gekündigt und bin gegangen.

Lehmann: Und in Westberlin wurden Sie mit offenen Armen empfangen?

Schottlaender: Nein, das kann man auch nicht sagen. In der Presse wurde mein Verhalten zunächst als Zivilcourage gerühmt. Aber dann wurde ich gebeten, mich im RIAS vorzustellen. Und da haben die dortigen Herren geprüft, ob man mich vielleicht für den Kalten Krieg gegen den Osten gebrauchen könnte. Man hat sehr bald gefunden, dass das nicht der Fall war, und mich höflich verabschiedet. Da habe ich also erst mal drei Monate stempeln gehen müssen. Aber dann wurde ich Lateinlehrer. Und da ich nicht sehr ehrgeizig bin, hat mich der Verlust der Professur gar nicht so geschmerzt. Ich bin das ganz gern gewesen.

Lehmann: Sie haben sich dann aber in Westberlin auch wieder politisch betätigt, das heißt, Sie haben sich vor allem mit konkreter innerdeutscher Politik auseinandergesetzt. Warum eigentlich?

Schottlaender: Ja. Der Grund war der: Der Kalte Krieg beider Seiten gegeneinander schien ja die Wiedervereinigung Deutschlands in unabsehbare Ferne zu rücken, und ich hatte mich nicht damit abgefunden, dass sie so bald nicht sein könnte. Ich hatte mich damals auch Gustav Heinemann angeschlossen, in seiner „Notgemeinschaft", wie es zunächst hieß, und habe da auch einiges gesprochen und publiziert. Das wurde mir zunächst nicht verdacht – ich habe mich auch sorgfältig gehütet, im Unterricht etwas den Schülern davon zu sagen, bis im Anfang November 1956 eine kritische Situation eintrat: Damals, es war die Woche der Ungarn-Tragödie, kamen Werber in die Schule, an der ich unterrichtete, und haben unter den sechzehn- bis achtzehnjährigen jungen Männern Freiwillige gesucht, um das Brandenburger Tor zu stürmen. Und da habe ich dann doch einmal auch meinen Schülern eine politische Belehrung geben zu müssen geglaubt, und zwar dahingehend, dass es keine Exilregierung für Ungarn gibt und dass die UNO – das war immer das Argument – ihrer Charta gemäß keine Truppen marschieren lassen kann, die nicht von einer Regierung des betreffenden Landes angefordert werden. Und diese Äußerungen von mir haben ein regelrechtes Kesseltreiben unter den Kollegen und darüber hinaus auch in der Elternschaft ausgelöst.

Lehmann: Sie haben ja darüber hinaus sich auch eingesetzt für eine Anerkennung der DDR oder jedenfalls für Verhandlungen mit der DDR, obgleich Sie doch selber so schlechte Erfahrungen im Osten gemacht hatten.

Schottlaender: Ja, das ist durchaus auch aus meiner ursprünglichen Haltung zu verstehen. Ich war – ohne eigentlich radikaler Pazifist zu sein, dazu bin ich viel zu sehr Historiker, um das sein zu können – doch gegen die Atomrüstung mit ihrer Ausdehnung auf die Bundesrepublik. Und das ging noch hin; der linke Flügel der Sozialdemokratie hat das ja auch gutgeheißen. Aber all die Bekannten und Kollegen, die mit mir zusammen auf diesen Atomrüstungstagungen waren, haben nicht gewagt, den Schritt zu tun, den ich getan habe, nämlich zu sagen: Wir müssen gründlicher die Entspannung betreiben. Es ist nicht nur eine rein militärische Frage, dazu sind Verhandlungen mit dem Osten nötig. Von Anerkennung war gar nicht die Rede, sondern nur, dass man sprechen muss. Weiter nichts. Was ja dann, zehn Jahre später, die Spatzen von den Dächern gepfiffen haben. Damals aber schien das unerträglich.

Der Senat hat dann eingegriffen, damals war es der inzwischen verstorbene Senator [Joachim] Lipschitz, der hat mich dann – ich kann nur sagen wie einen Sittlichkeitsverbrecher – mitten aus der Unterrichtsstunde rausholen lassen, und ich bekam Berufsverbot, vierzigprozentige Gehaltskürzung. Nachher ist in dem Disziplinarverfahren überhaupt nichts rausgekommen. Aber mein Ruf war erst mal ruiniert und meine Stellung … ich stand also wirklich vor dem Ruin.

Lehmann: Und dies aus politischen Gründen. Hat nun Ihre Haltung, Ihre politische Haltung und Ihr Eintreten für das, was Sie für richtig halten, hat das etwas zu tun – nicht nur mit Ihrer wissenschaftlichen Kenntnis der Abläufe von Politik als Historiker – hat das auch etwas zu tun mit Ihrem persönlichen Schicksal? Sie sind Jude, Sie wurden verfolgt während der Nazizeit und konnten nur überleben, weil Sie eine Frau hatten, die Nichtjüdin war. Hat es auch damit was zu tun?

Schottlaender: Ja, wenn Sie mich das fragen, diese Frage geht sogar sehr weit zurück, nämlich auf den Ersten Weltkrieg. Ich war ja knapp vierzehn Jahre, als der Erste Weltkrieg ausbrach, und habe sehr bald – anfangs mag ich ja auch noch einen Hassgesang auf England mitgesungen haben, ein, zwei Monate, aber ich bin viel früher aufgewacht als andere – gesehen, dass dieser Völkerhass der Vater des Wahns und der Lüge ist. Ich habe das tief in mich aufgenommen und damals den Weg zu Goethe und Spinoza gefunden, die ja auch frei von solchem Völkerhass waren.

Und in der Nazizeit, wo ich zwölf Jahre lang ja keinen Widerstandskampf machen konnte, habe ich eine Haltung eingenommen, die etwa so zu erklären ist: Der Hass kann notwendig sein. Ich bin da nicht der Meinung von Kołakowski, dass er immer schlecht sein muss; aber da muss man auch kämpfen können, da ist der Hass sozusagen ein emotionales Instrument. Wenn man nicht kämpfen kann und im Lande geblieben ist, wie das ja bei mir war wegen der sogenannten arischen Mischehe, wenn man das nicht kann, sich dann in ohnmächtiger Angst und ohnmächtigem Hass – beides: Angst und Hass muss man ja da zusammen nennen – zu verzehren, dabei verliert man seine Persönlichkeit. Und ich war Philosoph genug, um mir vorzunehmen, wenigstens immer um die Gerechtigkeit des ethischen Urteils bemüht zu sein. Wobei Gerechtigkeit ja natürlich nicht Verzeihung heißt unter allen Umständen, denn Gerechtigkeit kann auch zu einer Verurteilung führen, aber eben nicht aufgrund von Angst und Hass.

Lehmann: Während der Nazizeit waren Sie dann Opfer von Hass, Nationalismus, Rassismus. Und im Westberlin der Fünfzigerjahre wurde an Ihnen exekutiert, dass man den Nonkonformisten im Kalten Krieg nicht ertragen konnte. Sie sind dann aber nach Ostberlin gegangen, obwohl Sie im Osten ja ungute Erfahrungen gemacht hatten. Konnten Sie denn das mit Ihrem politischen Selbstverständnis vereinbaren?

Schottlaender: Ich hätte es vielleicht abgelehnt in Erinnerung an die Erfahrungen in Dresden, wenn ich in Westberlin mich politisch hätte entfalten können. Da das aber nicht möglich war, habe ich die Schweigepflichten, die man als amtierender Professor in der DDR auf sich nimmt, eben als auch nicht schlimmer empfunden – und als entscheidendes Gewicht in die Waagschale geworfen, dass ich nun immerhin wissenschaftlich mich entfalten konnte. Und so war es. Ich bin in diesen sechs bis sieben Jahren bis zu meiner Emeritierung als Universitätslehrer überhaupt nicht behindert worden …

Lehmann: … obwohl Sie kein Marxist sind?

Schottlaender: Obwohl ich kein Marxist bin. Allerdings: Man hat mir nun nicht mehr Philosophie anvertraut wie in Dresden. Man hat also wohl verstanden, dass man mich zu Unrecht damals als anglo-amerikanischen Agenten verdächtigt hat – aber Philosophie hat man mir nun doch nicht noch einmal anvertraut.

Lehmann: Hat man Sie vielleicht deshalb mit offenen Armen aufgenommen, weil Sie ja in Westberlin zu einer Zeit, als das ganz ungewöhnlich war, für Verhandlungen zwischen Ost und West eingetreten sind, insbesondere auch Verhandlungen zwischen der Bundesrepublik und der DDR?

Schottlaender: Ganz sicher, das hat man ja gewusst, das ist ja publik geworden. Und es ist ein ganz legitimes Motiv, dass man das zu meinen Gunsten hat sprechen lassen. Und es belastet mein Gewissen in keiner Weise, dass mir dieser politische Grund meiner nochmaligen Berufung auch bewusst war; denn das lag ja in der Linie bis heute, liegt in der Linie meiner politischen Gesinnung.

Lehmann: Es wird sicherlich Leute geben, die Ihr Verhalten als Opportunismus betrachten?

Schottlaender: Ja, das sind meistens Leute, die meine grundsätzliche Einstellung gegen den Kalten Krieg und für die Verständigung der feindlichen Lager nicht begriffen haben und die auch nicht wissen, was man mir in Westberlin angetan hat. Wenn man das nicht weiß, kann man allerdings meinen Entschluss, den Ruf an die Humboldt-Universität anzunehmen, nicht verstehen.

Lehmann: Es erscheint nun allerdings logisch und konsequent, dass Sie auch hier, nun wieder in der DDR, also in Ostberlin, dass Sie auch hier in Schwierigkeiten hätten geraten müssen.

Schottlaender: In den ersten sechs bis sieben Jahren musste ich mich sehr stark auf meine Kollegs, auf die Vorbereitung meiner Kollegs, konzentrieren; ich war ja immerhin schon über sechzig Jahre alt und habe das gründlich gemacht. Zwei Bücher, die erschienen sind, legen ja davon Zeugnis ab, die fassen ja meine Vorlesungen im Wesentlichen zusammen. Da hatte ich wirklich alle meine geistigen und physischen Kräfte nötig, um diesen Pflichten gerecht zu werden.

Nach meiner Emeritierung, das war also im Alter von fünfundsechzig Jahren, das ist ja normal in der DDR, das ist jetzt also dreizehn Jahre her, danach habe ich mich dann doch wieder mehr in der politischen Wirklichkeit umgetan. Und danach erst begannen Schwierigkeiten. Ich könnte eine Reihe von denen aufzählen, eine interessiert vielleicht ein größeres Publikum am meisten, und das war im Frühjahr 1974 bei Solschenizyns Verfolgung und Vertreibung. Bei dieser Gelegenheit habe ich einen Artikel geschrieben.

Lehmann: Wie betrachten Sie denn Personen wie Solschenizyn etwa, der ja in ganz ähnlicher Weise wie Sie sich unorthodox in seiner Umgebung beträgt und äußert?

Schottlaender: Ja, das habe ich in einem Aufsatz zusammengefasst, der in den *Frankfurter Heften* im Mai 1974 erschienen ist und den Titel trägt *Solschenizyns Tragik*. Um den Titel zu verstehen – wenn Sie mir gestatten, dass ich das ein wenig erläutere –, muss man allerdings wissen, was hier unter Tragik zu verstehen sein soll.

Tragik nach meinem Verständnis, und das geht auf meine ältesten Erinnerungen zurück – mit Shakespeare und der antiken Tragödie hat es in meiner Schulzeit begonnen, und ich habe den ganzen Sophokles in der DDR in den Sechzigerjahren übersetzen können –, Tragik setzt so gut wie immer Verfehlungen oder Fehlbarkeit gewaltigen Ausmaßes voraus, aber aus einer edlen und sympathiewürdigen Gesinnung. Und mein Aufsatz – ich schreibe nur, wenn ich das Gefühl habe, ein anderer sagt es nicht oder schlechter –, mein kurzer Aufsatz *Solschenizyns Tragik* geht davon aus, dass Solschenizyns Motive durchaus edel und auch seine Enthüllungen durchaus notwendig waren, dass er aber eben doch, wie ich das nenne, von einer moralisierenden Staatsblindheit getragen ist. Ich fasse das an einer Stelle des Aufsatzes zusammen in die kurze Formel „leidenschaftliche Menschenbrüderlichkeit bei moralisierender Staatsblindheit". Und das wollte man eben auf beiden Seiten des sogenannten Eisernen Vorhanges nicht sehen. Auf der westlichen Seite musste natürlich so ziemlich alles stimmen, was er gesagt hat: Also „moralisierende Staatsblindheit" haben sie mir nicht abgenommen. Und „leidenschaftliche Brüderlichkeit", die Tragik darin, das auch als ein Element der Tragik zu sehen, das hat man mir natürlich im Osten nicht abgenommen. Und da wurde ich dann hier, aber nur innerhalb der Universität, zu einer Unterredung gebeten. Es ist nichts Schlimmes danach geschehen. Ich wurde gebeten, mich deswegen zu verantworten. Es hat aber keine nachteiligen Folgen für mich gehabt. Obwohl es nicht gerade angenehm war, da Rechenschaft ablegen zu sollen. Ich habe das in aller Ruhe getan, und es ist zu keinem dauernden Zerwürfnis mit der Humboldt-Universität gekommen.

Lehmann: In Ihrer Auseinandersetzung mit konkreter Politik nehmen Sie ja einen Standpunkt der Ethik ein, und wenn

Sie dies tun und sich mit konkreter Politik in der DDR auseinandersetzen, kommen Sie natürlich nicht herum um Personen wie Robert Havemann und Rudolf Bahro. Wie sehen Sie denn Havemanns Situation heute in der DDR?

Schottlaender: Ja, ich hab das in einem Aufsatz in den *Frankfurter Heften* vor Kurzem, es ist im November '78 gewesen, in der Formel zusammengefasst: „Standhaftes Wunschdenken". Die Standhaftigkeit bewundere ich. Das Wunschdenken muss ich ablehnen. So bin ich also genötigt, aufgrund meiner realistischen Geschichts- und gerade Zeitgeschichtsbetrachtung, die mit den ethischen Forderungen aufs Engste verbunden ist, diese, wenn Sie wollen, zwiespältige Haltung Havemann gegenüber einzunehmen.

Lehmann: Wunschdenken – vielleicht sollte man das konkretisieren. Ich glaube, Sie haben Bezug genommen oder nehmen dabei Bezug auf seine Formulierung, das ganze Politbüro oder ZK würde zum Teufel gejagt beim nächstbesten Anlass. Sie sehen die Situation, die konkrete politische Situation in der DDR, offensichtlich ganz anders.

Schottlaender: Ja, das allerdings. Ich kann nicht annehmen, dass eine solche große Volksbewegung, die zu solch einer enormen Konsequenz führen könnte, irgendwo in der DDR auch nur anfängt, sich zu entfalten. Da sehe ich allerdings ein durchaus illusionäres Wunschdenken, und ich halte es sogar für gefährlich, wenn solche Auffassungen sich in den von der westlichen Presse gelenkten Meinungszentren breitmachen; weil ja daraus auch nur eine falsche Politik oder mindestens eine Beeinflussung der demokratischen Wählerschaft im falschen Sinne erfolgen kann.

Lehmann: Wenn ich Sie richtig verstehe, ist diese Vereinnahmung von politischen oppositionellen Äußerungen – etwa speziell in der DDR – durch eine westliche Presse, also durch die Massenmedien, und das Sich-Auswirken solcher politischer Fehleinschätzungen dann in die Politik hinein eine Gefahr, der Sie insbesondere entgegenwirken wollen.

Ist dies für Sie sozusagen der Tenor, der Anlass, das Motiv Ihres politischen Handelns und Denkens?

Schottlaender: Ja – nur erschöpft es nicht alles, was ich veröffentlicht habe. Die Gefahr ist zweifellos das am meisten drängende Motiv. Es sind aber auch andere Gründe, die mich zum Schreiben, also zum Publizierenlassen im Westen treiben. Einmal: Philosophische Abhandlungen kann ich ja hier kaum unterbringen, philologische durchaus, aber philosophische – da bin ich schon auf westliche Organe angewiesen. Und da überschneidet sich manchmal das Wissenschaftliche mit dem Politischen. Wenn ich an einen Titel denke wie *Ethische Urteilskraft als Überlebensbedingung* – Titel einer Abhandlung von mir –, sehen Sie ja schon, wie sich das durchkreuzen kann. Es sind manchmal auch Begriffsklärungen, die ich für dringend notwendig halte. So habe ich vor fast neun Jahren über die Begriffe Nation und Nationalität eine Abhandlung geschrieben, und zwar ausdrücklich mit dem Untertitel *Zu dem Verhältnis zwischen BRD und DDR*. Da habe ich den Begriff der Nationalität klären wollen, die sozusagen ein Restbestand ist: Wenn man von der nationalen Staatlichkeit das Staatliche abzieht, dann bleibt die Nationalität. Und das halte ich für sehr wichtig in dem ja zum Teil auch juristischen Streit über die Frage: Sind die Deutschen noch eine einheitliche Nation oder sind sie es nicht? Ich sage: Sie sind eine einheitliche Nationalität. Nation im vollen völkerrechtlichen Sinne nicht mehr. Also, um Ihnen das nur als Beispiel zu nennen, dass es nicht immer nur Gefahr ist, sondern eben auch Begriffsklärung, die mich veranlasst zu schreiben.

Lehmann: Wenn Sie sich nun aber mit Havemann auseinandersetzen und mit seiner von Ihnen als Fehleinschätzung gesehenen Definition der politischen Lage in der DDR, wie würden Sie denn den Zustand der Gesellschaft und den Zustand des Verhältnisses dieser Gesellschaft zur Führung definieren?

Schottlaender: Nun, es ist immer noch, und zwar gerade in großen Teilen der Arbeiterschaft, eine gewisse Reserve – bei gelegentlichen freimütigen Äußerungen merkt man das – zu spüren, weil schließlich – das ist im Westen nicht anders als im Osten – der einzelne arbeitende Mensch sein inneres Verhältnis, seine Zustimmung zu seiner Regierung auch danach bemisst, wie viel eben für seinen Lebensstandard, seinen Wohlstand abfällt. Und da gibt es natürlich viele Beschwerden, die eine so rückhaltlose Zustimmung, wie Regierung und Partei sie sich wünschen, vielen nicht leicht machen. Und darum liegt eben auch enorm viel daran, dass Mängel der Planwirtschaft immer intelligenter durchschaut und behoben werden. Ich hoffe, dass da Fortschritte gemacht werden. Sie sind ja auch schon gemacht worden: Die Versorgung hat sich ja doch in den letzten zwanzig Jahren gebessert. Aber da gibt es noch sehr viel zu tun, dass man eben die Mängel beseitigt, die durch die Bürokratisierung entstehen. Ich darf vielleicht daran erinnern, dass Kalinin die Bürokratisierung geradezu als eine Berufskrankheit des sowjetischen gesellschaftlichen Lebens bezeichnet hat. Und der Mann ist dabei nicht mal in Ungnade gefallen bei Stalin, der wurde ja dann sogar Staatsoberhaupt! So alt ist also die Einsicht. Aber das nun zu bekämpfen, ist nicht so leicht. Ich bin allerdings nicht der Meinung von Rudolf Bahro, dass nun der gesamte bürokratische Apparat überhaupt nichts mehr taugt und weggefegt werden müsste. Das ist eine Überspitzung. Wohl aber sind die Mängel, die Bahro da aufzeigt, weitgehend vorhanden. Und man sollte das ruhig beherzigen, auch wenn man ihm acht Jahre aufgebrummt hat.

Lehmann: In dem, was Sie da äußern, kommen Sie natürlich in unmittelbare Nähe von dem, was Bahro geschrieben und gesagt hat. Müssen Sie nicht befürchten, dass Sie in ähnliche Schwierigkeiten geraten?

Schottlaender: Ich glaube das nicht. Denn, wie ich eben schon sagte, so negativ, wie er die Führungsschicht sieht, sehe ich sie nicht. Ich sehe da durchaus und auch gerade in der Sowjetunion, die er ja noch viel negativer beurteilt … also diese antisowjetische Komponente, die zweifellos in seinem Buch vorhanden ist, mache ich nicht mit. Ich habe ja da auch einen Aufsatz geschrieben, den ich vielleicht hier dem Titel nach erwähnen darf, über die neue sowjetische Verfassung. Er ist vor knapp einem Jahr erschienen. Und da gebe ich mir große Mühe, die Hauptmotive zu verstehen, die die Verfassungsänderungen hervorgebracht haben. Und wenn ich das auch nicht hier in der DDR veröffentlichen könnte, so bin ich doch der Meinung, dass jemand, der aus der DDR, also an führender Stelle, so etwas liest, meine Haltung nicht als illoyal empfinden würde und nicht als antisowjetisch in diesem gewöhnlichen Sinn. Also darin unterscheide ich mich von Bahro.

Lehmann: Sie plädieren ja, das tut Bahro allerdings auch, für eine Verbesserung der DDR sozusagen von innen heraus.

Schottlaender: Ja, das schon. Und es ist ja auch vieles in Bahros Ausführungen, gerade im zweiten, mittleren Teil, was sich wirklich so mancher hinter die Ohren schreiben kann. Aber der dritte Teil, die Alternative, da ist auch wieder sehr viel Wunschdenken und Nicht-Lernen aus Erfahrungen: das Fehlen der Analyse echten Scheiterns, das man ja schon gesehen hat. Sagen wir mal: Das chinesische Experiment – muss man jetzt ja sagen nach Maos Tode – das hätte ja auch schon der Kritik ausgesetzt sein müssen. Das hat er nicht verarbeitet. Also im dritten Teil habe ich sehr starke Einwände.

Lehmann: Nur, die Analyse, der Sie ja zustimmen, die besagt ja unter anderem eben auch, dass ein Merkmal dieser Gesellschaft in der DDR – na, ich will es mal ganz simpel ausdrücken – die Heuchelei ist.

Schottlaender: Vor allem die Subalternität. Heuchelei gibt es dann auch oft bei den Karrieristen, es ist aber vor allem die Subalternität, dieses Wort, was er geprägt hat, das …

Lehmann: Also die Unterordnung.

Schottlaender: Ja, die Unterordnung, das ist nicht immer heuchlerisch – das kommt natürlich auch vor –, sondern oft ist es einfach ein Achselzucken, man kann nichts machen, also, wollen wir schon mal alles ausführen, wo man durchaus Zivilcourage zeigen könnte. Ich beurteile das alles nicht so moralisierend negativ, wie Bahro das tut. Aber deswegen hat trotzdem vieles von dem, was er mit seinem überscharfen kritischen Blick sieht, eine reale Grundlage.

Lehmann: Attestieren Sie damit nicht aber der DDR-Gesellschaft sozusagen einen Krankheitszustand?

Schottlaender: Nein, so würde ich das nicht nennen. Es gibt Zustände, die aus dem planwirtschaftlichen System sehr leicht folgen. Und hier von voller Gesundheit zu reden, wäre ja nun vermessen. Aber das würde ich auch der BRD nicht attestieren, dass deren Gesellschaftszustand ein völlig gesunder wäre. Aber: Dass die Krankheitssymptome, vor allen Dingen in der Wirtschaft, dass die es nun rechtfertigen würden, den ganzen Patienten zum Invaliden oder Krüppel zu ernennen oder herabzusetzen, soweit würde ich nicht gehen. Man kann durchaus mit mehr Zivilcourage, was ja Bahro im Grunde auch fordert, gerade von unten her eine Menge bessern und muss das eben nicht immer nur von oben erwarten. Auch in der sowjetischen Verfassung gibt es ja solche neueren Bestimmungen. Ich kann nicht beurteilen, wie weit davon Gebrauch gemacht wird. Aber eine Chance würde ich dieser Zivilcourage von unten her doch nicht absprechen.

Lehmann: Macht es die Sache und gerade zwischen den beiden deutschen Staaten nicht vielleicht besonders schwierig, dass jeder, der sich hier abweichend vom politischen Spektrum äußert, sofort von den westlichen Publikationsorganen vereinnahmt wird, seine Äußerungen vergröbert werden – möglicherweise geschieht ja das Gleiche Ihnen gerade jetzt von uns?

Schottlaender: Ja, die Furcht davor ist nicht unbegründet. Also, wenn die Behörden hier, die zuständigen Überwachungsstellen, Furcht davor haben, dass die öffentliche Äußerung eines Staatsbürgers ausgeschlachtet werden könnte von westlichen Massenmedien, dann können sie schon auf solche Fälle hinweisen. Aber, um gerecht zu sein, muss ich sagen: Die Furcht davor artet manchmal in eine allergische Ängstlichkeit hier aus. Ich kenne Fälle, wo es einfach unbegreiflich ist, welche Befürchtungen da ernst genommen werden. Ich darf vielleicht daran erinnern, dass ich Anfang der Sechzigerjahre, bis Mitte der Sechzigerjahre hat es gedauert, ein *Gedenkwerk Verfolgte Berliner Wissenschaft* im Auftrag der Humboldt-Universität verfasst habe. Und da haben dann doch irgendwelche überängstlichen Stellen die Drucklegung verhindert, auch weil man dem Zionismus angeblich keinen Auftrieb geben dürfe. Obwohl da gar keine Zionisten drunter sind. Das ist ein Beispiel von Überängstlichkeit.

Lehmann: Aber man könnte den Fall Nico Hübner vielleicht als einen anführen, wo doch wohl die DDR sich dann in eine Position gedrängt sieht, wo sie kaum noch Handlungsspielraum hat. Oder wie würden Sie das beurteilen?

Schottlaender: Ja, also den Fall Nico Hübner würde ich so ansehen – ich muss dabei natürlich meine eigene staatsrechtliche Auffassung zur Sprache bringen, und das ist auch wieder eine Sache, die man vielleicht in Österreich sagen kann, aber hier, in einem Teil der beiden Deutschland, ist es sehr schwer.

Lehmann: Um vielleicht noch einzuschalten: Nico Hübner, der den Wehrdienst hier in der DDR verweigert hatte, deshalb, weil er Bürger von Ostberlin ist und Ostberlin wie Westberlin entmilitarisiert sei und bleibe.

Schottlaender: Ja, darauf will ich mich beziehen.

Lehmann: Ja.

Schottlaender: Meine Auffassung, die eigentlich so einfach ist wie in Andersens Märchen *Des Kaisers neue Kleider*, ist die, dass ja im Grunde jeder weiß, dass Westberlin ein Land der Bundesrepublik, Ostberlin jedoch Hauptstadt der DDR ist. Aber die Juristen beider Seiten, und sie haben ja ihre Texte, bestreiten erbittert entweder das eine oder das andere. Es ist also in der öffentlichen Debatte einfach nicht durchzukommen mit dieser schlichten zeitgeschichtlichen Tatsache; denn dass die Westberliner noch Flugzeuge der westlichen Besatzungsmächte benutzen müssen oder dass auch niemand zum Militärdienst eingezogen ist, was hat denn das gegenüber dem Alltag des Westberliners zu bedeuten, wo alle Gesetze übernommen werden?

Und hier gibt es auch noch so ein paar Reste, ich glaube, die Abgeordneten von Ostberlin, die sind nicht in der Volkskammer des Abgeordnetenhauses so ohne Weiteres wie die anderen gewählt worden.[2] Das ist ja so unwichtig. Ostberlin ist für mich die Hauptstadt der DDR, genau wie Westberlin für mich zeitgeschichtlich gesehen ein Land der Bundesrepublik ist.

Mögen die Juristen sagen, was sie wollen, und mögen sie recht haben in allem, das berührt nicht diese zeitgeschichtliche Wirklichkeit. Und darum glaube ich auch nicht, dass Nico Hübner Nachfolger finden wird mit der Begründung, Ostberlin sei nicht Hauptstadt der DDR. Dafür geht man nicht ins Gefängnis; aus ethischen und religiösen Gründen der Wehrdienstverweigerung, das kann eher sein.

Lehmann: Mit Ihrer – politischen oder staatsrechtlichen – Definition der beiden Teile dieser Stadt sitzen Sie nun natürlich wieder genau zwischen den Stühlen.

Schottlaender: Ja.

Lehmann: Das ist wahrscheinlich Ihre bequemste, für Ihre geistige politische Haltung bequemste Position?

2 Bis zur 5. Wahlperiode (1967–1971) gehörten die Berliner Vertreter der Volkskammer lediglich mit beratender Stimme an, danach erhielten sie den Status als normale Abgeordnete.

Schottlaender: Bequem ist das gar nicht. Aber …

Lehmann: Aber angemessen?

Schottlaender: Angemessen ja, angemessen insofern, als ich nicht wünsche, dass die Juristen die politische Wirklichkeit vernebeln. Und das tun sie auf beiden Seiten – sowohl die Juristen der einen wie die der anderen Seite.

Und wenn man jetzt, um nur vom Westen zu sprechen, sich endlich entschließen könnte, Ostberlin als Hauptstadt der DDR anzuerkennen, denn das ist sie praktisch geworden, dann würde manches leichter werden, und dann würde auch Nico Hübner nicht als Heros gefeiert werden können, wie das ja tatsächlich der Fall ist.

Lehmann: Man wird Ihnen sicherlich vorwerfen, dass Sie hier beide Seiten auffordern, leichtsinnig sogenannte unverzichtbare Positionen zu räumen.

Schottlaender: Nun, Sie wissen ja, dass die Verstöße, die erst in der Ostpresse sehr dramatisiert wurden, nachher gar nicht so ernsthaft verfolgt wurden. Also Verstöße wie, dass der Berliner Regierende Bürgermeister zugleich Bundesratsvorsitzender sein könnte. Es ist ja dann doch nicht so gefährlich geworden, wie es zunächst schien. Darin liegt ja ein stillschweigendes Respektieren. Und auf der anderen Seite die Proteste der westlichen Alliierten gegen die Paraden hier in Ostberlin, die am 1. Mai stattfinden, das ist doch reines Papier, das hat doch gar keine Wirkung. Das weiß man doch. Also kann ich meine Betrachtung nur als realistisch ansehen, und ich sagte ja wohl schon einmal: Eine ethisch-politische Urteilsbildung muss realistisch sein, weil sie sonst mehr Unheil als Fortschritt bringt.

Lehmann: Das ist aber nicht reiner Pragmatismus, den Sie da predigen?

Schottlaender: Nein, keineswegs. Denn wenn es Pragmatismus wäre, dann hätten Sie recht, wenn Sie sagen, dass ich mich zwischen sämtliche Stühle setze. Ich bin überzeugt, dass ein Schwede oder ein Österreicher mich ohne Weiteres verstehen würden. Und es hat ja auch, wenn ich mich recht erinnere, einen Disput gegeben zwischen dem Bundeskanzler Kreisky und der Regierung in Bonn – es ist dann unter den Tisch gekehrt worden –, aber das ging mal durch die Presse, weil der gesagt hat: Ja, wenn ein Staat ein Staat sein soll, dann muss er ja auch Staatsbürger und ein Staatsvolk haben. Hat er in Wien gesagt; auch wie das Kind in *Des Kaisers neue Kleider*. Und das wurde ihm furchtbar übelgenommen in Bonn.

Lehmann: Ja, heißt das dann in Konsequenz nicht auch, dass Sie Mauer und Grenzbefestigungen und damit eben die Unmöglichkeit der Bevölkerung hier oder einzelner in der Bevölkerung, das Land zu verlassen, dass Sie das jedenfalls akzeptieren?

Schottlaender: Ja, ich akzeptiere es insofern, als wir ja gesehen haben, dass der Staat sonst wirtschaftlich ausgeblutet wäre. Und mag man noch so viele Fehler in der Misswirtschaft sehen, da soll man gar nichts beschönigen, aber selbst wenn einer Misswirtschaft getrieben hat, kann man von ihm nicht Selbstmord verlangen. Also, man könnte von der DDR-Regierung ein Eingeständnis gemachter ungeheurer Fehler verlangen; geschieht ja nicht, aber das könnte man verlangen. Aber dass sie Selbstmord begeht und weiter diese Auswanderungswelle laufen lässt, das kann man nicht verlangen. Insofern ist eine solche Auswanderungsbeschränkung oder Ausreisebeschränkung schon als eine Selbstschutzmaßnahme zu verstehen, solange sie nötig ist und soweit sie nötig ist.

Lehmann: Das heißt: Die Achtung der Souveränität der DDR durch die Bundesrepublik, in aller Konsequenz, wäre für Sie eine Voraussetzung für das Weitergehen von Politik?

Schottlaender: Ja. Und ich würde es sehr, sehr begrüßen, wenn die DDR-Regierung anlässlich ihres dreißigsten Staatsgründungstages am 7. Oktober dieses Jahres eine Amnestie für politische Häftlinge verkünden würde. Aber ich würde das nicht verknüpfen mit einem Appell zur Einschränkung ihrer Souveränität, denn die Amnestie ist ja immerhin ein Hoheitsakt, und ich würde nicht die Forderung daran knüpfen, Ausbürgerung darf nicht mehr sein. Denn das ist ja ein Teil der Gesetzgebung der Sowjetunion wie der DDR. Daran würde ich nicht rühren aufgrund eines abstrakten Moralisierens, dass Freizügigkeit überall auf der ganzen Erde gewährt werden muss. Also, von diesen Moralisten unterscheide ich mich doch.

Lehmann: Wenn Sie eine Amnestie für politisch Verurteilte in der DDR fordern, Professor Schottlaender, dann denken Sie auch an Rudolf Bahro?

Schottlaender: Ich denke auch an Rudolf Bahro, an Nico Hübner und so manche andere politische Häftlinge. Rudolf Bahro hat Strafe zu verbüßen. Wenn er im Herbst 1979 freikäme, wären es zwei Jahre. Länger als zwei Jahre hat auch Gandhi niemals hintereinander aufgrund eines Prozesses – er hatte ja mehrere Prozesse durchzumachen – einsitzen müssen. Und ich möchte diesen Appell an die Regierung der DDR, eine Amnestie bei Gelegenheit des dreißigjährigen Staatsgründungstages zu erlassen, erweitern zu einem Appell an die Sowjetunion, bei Gelegenheit der Moskauer Olympiade im nächsten Jahr ebenfalls eine Amnestie für ihre politischen Häftlinge zu verkünden.

Lehmann: Nach alledem, Professor Schottlaender, scheint mir aber doch die Frage angebracht: Woher nehmen Sie, der Philosoph, Philologe, Pädagoge – als solcher sind Sie ausgewiesen –, woher nehmen Sie die Kompetenz zu dieser dezidierten Beurteilung aktueller Politik?

Schottlaender: Ich habe ja schon einmal von Gerechtigkeit des ethischen Urteils gesprochen, der mein Bemühen von früher Jugend an gilt. Für die parteigebundenen Politiker und auch Leser von Zeitungen ist es unvermeidlich, dass sie der Parteilinie mehr oder weniger folgen, ob das nun eine einheitliche ist wie in sozialistischen Staaten oder ob es eine

Pluralität gibt. Es muss aber daneben, meine ich, auch ein paar Leute geben, die sich von diesen Bindungen freihalten und die dann bei Gelegenheit solche Dinge sagen, die dem parteigebundenen Politiker zu sagen zwar verwehrt, zu hören aber vielleicht doch erwünscht sein könnten. Und zu diesen rechne ich mich.

Lutz Lehmann, geboren 1927 in Stettin, berichtete von 1977 bis 1982 als ARD-Fernsehkorrespondent aus Ostberlin.

Stephan Reimertz

„Dieser Proust war ein seltener Genuss …“[1]

Im November 1922 starb der Schriftsteller Marcel Proust in Paris, schon drei Jahre später erschien in einem avantgardistischen Verlag in Berlin die erste deutsche Proust-Übersetzung des jungen Philosophen Rudolf Schottlaender.

Rudolf Schottlaender, geboren im Jahr 1900 in Berlin und dort 1988 gestorben, hatte einen ungewöhnlichen und zugleich repräsentativen deutschen Lebensweg. Er entstammt einer voll assimilierten jüdischen Familie und trat als Anhänger Spinozas 1921 aus der Jüdischen Gemeinde aus. Ohne seine Heimatstadt zu verlassen, erlebte er fünf deutsche Staaten: Kaiserreich, Weimarer Republik, Nazi-Deutschland, Westberlin und die DDR. Daher hatte er seine Autobiografie ursprünglich *Deutschsein fünfmal anders* genannt, akzeptierte dann aber den vom Herder Verlag vorgeschlagenen Titel *Trotz allem ein Deutscher. Mein Leben seit Jahrhundertbeginn*.

Stets blieb Rudolf Schottlaender in der philosophischen Opposition. Von seinem Vater Leopold, dem Chef des Textilfachverlages „Der Konfektionär“, hatte er eine insistierende Beredsamkeit geerbt. Bereits gegen Ende seiner Gymnasialzeit wurde der junge Schottlaender zum Kriegsgegner. Er sah mit Bestürzung, wie das geistige Leben in der Kriegspropaganda unterging. Auch die Zwanzigerjahre in Berlin beeindruckten den Studenten Husserls, Heideggers und Nicolai Hartmanns nicht; er hielt sie für eine „Scheinblüte“.

1 Zuerst in: *Frankfurter Allgemeine Zeitung* vom 18. Januar 1995, S. 28 (überarbeitete Fassung). – Zur Proust-Übersetzung siehe auch: „Besuch von Stephan Reimertz bei dem Philosophen Rudolf Schottlaender in Ostberlin 1984“, in *Spiegel online*: http://www.spiegel.de/einestages/prousts-uebersetzer-a-949387.html (12.07.2015).

Schottlaender überlebte als Jude das Dritte Reich, zum Schluss versteckten ihn Angehörige der Halbwelt in einer Portiersloge. Nach dem Krieg stieß er als Philosophieprofessor im Deutschland des Kalten Krieges an die Grenzen beider Systeme. An der Technischen Hochschule Dresden wurden seine Vorlesungen als „anglo-amerikanische Propaganda" geschmäht. Als er nach Westberlin floh, hielt man ihn dort für einen Kommunisten; er fand keinen Lehrstuhl. Schließlich unterrichtete er alte Sprachen an einem Gymnasium. Als er öffentlich zum Dialog mit dem Osten aufrief, ließ ihn der SPD-Innensenator Joachim Lipschitz aus dem Unterricht abführen. Der Westberliner Senat entzog ihm die Lehrbefugnis und erkannte ihm den Status als „politisch-rassisch Verfolgter" ab. Beide Maßnahmen mussten zwei Jahre später rückgängig gemacht werden.

SPD-Senator lässt Opfer des Nazi-Regimes aus dem Unterricht abführen

Ende 1959 übernahm Schottlaender einen Lehrstuhl für alte Sprachen an der Ostberliner Humboldt-Universität; die Philosophie, sein Gebiet, vertrauten die Kommunisten nur ihresgleichen an. Nach dem Bau der Mauer wurde der Wohnsitz in Westberlin unhaltbar; Schottlaender zog mit seiner Familie nach Berlin-Hirschgarten bei Köpenick, wo er bis zu seinem Tode 1988 lebte.

In den Achtzigerjahren legte er neben seiner Autobiografie eine philosophische Sprachkritik unter dem Titel *Synopsis* und die Monographie *Verfolgte Berliner Wissenschaft* vor. Sein Ruf als Übersetzer fußt auf der populären einbändigen Sophokles-Gesamtausgabe für den Aufbau-Verlag.

Die Schriftenreihe der Marcel-Proust-Gesellschaft, *Proustiania*, die Anfang der Achtzigerjahre zu erscheinen begann, lenkte das Interesse wieder auf jene zwei Bände, die im Januar 1926 unter dem Titel *Der Weg zu Swann* in dem Berliner

Verlag „Die Schmiede“ erschienen waren. Rudolf Schottlaender hatte mit dieser Übertragung Marcel Proust in Deutschland heimisch gemacht und ihm prominente Leser gewonnen. „Die Schmiede“ war ein ambitionierter kleiner Verlag, der 1924 Kafkas letzte autorisierte Veröffentlichung *Ein Hungerkünstler. Vier Geschichten* herausgebracht hatte. Für seine Reihe *Die Romane des XX. Jahrhunderts* erwarb der Verlag die Übersetzungsrechte von Gallimard. Anfang der Zwanzigerjahre hatte Ernst Robert Curtius den französischen Romancier Marcel Proust einer kleinen wissenschaftlichen Leserschaft in Deutschland vorgestellt. „Die Schmiede“ wollte Prousts siebenteiliges Hauptwerk *A la recherche du temps perdu* unter dem Titel *Auf den Spuren der verlorenen Zeit* herausbringen. Der Verlag operierte jedoch auf schmaler ökonomischer Basis und vergab die Übersetzung an den vierundzwanzigjährigen Rudolf Schottlaender. Der junge Philosoph war noch nie in Frankreich gewesen, verfügte aber über jene Kenntnis der französischen Sprache und Literatur, die im deutschen Bürgertum damals selbstverständlich war. Zur Probe übersetzte er den Landschaftsroman *La Brière* des bretonischen Schriftstellers Alphonse de Châteaubriant.

Die schwierigste Übersetzung des Jahrhunderts

Nachdem der *Berliner Börsen-Courier* sich lobend über Schottlaenders unter dem Titel *Schwarzes Land* veröffentlichte Châteaubriant-Übersetzung geäußert hatte, erhielt der junge Mann den Auftrag zur Übertragung von *Du côté de chez Swann*, des ersten Teils von Prousts Roman. Über die Schwierigkeiten dieser völlig neuartigen Übersetzerarbeit war Schottlaender sich im Klaren. Er machte es in seiner Zusammenarbeit mit der „Schmiede“ zur Bedingung, dass seine Arbeit nur als Rohfassung angesehen werden dürfe und ein Revisor herangezogen werden müsse. Schottlaender schlug hierfür Ernst

Robert Curtius vor. Der Ordinarius der Romanistik in Bonn galt damals als der beste deutsche Proust-Kenner.

Es ist jedoch sehr zweifelhaft, dass sich in Curtius' Nachlass eine Anfrage der „Schmiede" befindet. Wahrscheinlich ist vielmehr, dass der Verlag gar nicht vorhatte, den Romanisten mit der Durchsicht des Manuskriptes zu beauftragen und dem Übersetzer gegenüber nicht immer mit offenen Karten spielte.

Als Schottlaenders Proust-Übersetzung erschien, wusste die literarische Öffentlichkeit nichts von den Manövern im Hintergrund; man nahm die Rohfassung für die Endfassung. Durch die deutsche Proust-Literatur geisterte Rudolf Schottlaender dann lange Zeit als schwarzes Schaf. Doch nach seinem Tode setzte sich eine immer stärkere Wertschätzung seiner Übersetzerleistung durch.[2] 2013 schrieb die Literaturkritikerin Ina Hartwig in ihrer Würdigung: „Um Prousts Biss hat sich der lange Zeit unterschätzte Rudolf Schottlaender hochverdient gemacht. So macht er beispielsweise aus ‚ça ne devrait pas être permis de jouer Wagner comme ça!' (wörtlich: Es sollte nicht erlaubt sein, Wagner so zu spielen!): ‚Es ist einfach polizeiwidrig schön, wie er seinen Wagner kann.' Man vernimmt hier das unverklemmte, gewitzte, das moderne Deutsch der Weimarer Republik, das die Nazis konsequent zu vernichten wussten."[3]

Vor welchen komplexen Problemen gerade die Übersetzung des Proustschen Werkes steht, veranschaulicht der berühmte erste Satz der *Recherche*: „Longtemps, je me suis couché de bonne heure." Er steht im Passé composé, das in seiner Abhängigkeit von einem Hilfsverb, vor allem aber in seinem umgangssprachlichen Charakter, dem deutschen

2 Zum „Fall Schottlaender" siehe Volker Roloff: Anmerkungen zu deutschen Übersetzungen von Prousts „Recherche", in: Volker Roloff (Hg.): Übersetzungen und ihre Geschichte. Beiträge der romanistischen Forschung, Tübingen 1994, S. 63–67. Siehe auch Nathalie Mälzer: „Proust oder ähnlich". ProustÜbersetzen in Deutschland, Berlin 1996.

3 In: *Süddeutsche Zeitung* vom 14. November 2013, S. 14.

Perfekt nahekommt. Schottlaender gibt dem Imperfekt den Vorzug: „Lange Zeit ging ich früh zu Bett." Das ist nicht ganz geglückt, denn die Anlage des Romans setzt die abgeschlossene Vergangenheit voraus – was man freilich erst wissen kann, wenn man die ganze *Recherche* gelesen hat. „Se coucher" mit „zu Bett gehen" zu übersetzen, ist völlig korrekt. Vielleicht ist „schlafen gehen" etwas eleganter und passt daher besser zu dem Ich-Erzähler Marcel. Eva Rechel-Mertens, die bereits auf eine lange Proust-Rezeption zurückgreifen konnte, übersetzte in den Fünfzigerjahren: „Lange Zeit bin ich früh schlafen gegangen." Schottlaenders Version „zu Bett gehen" hat jedoch einen Vorteil: Sie berücksichtigt, dass Marcel nicht ohne Weiteres einschlafen kann.

Auch Thomas Mann und Hermann Hesse lobten den Übersetzer Schottlaender

An vielen Stellen findet Schottlaender bessere Lösungen als seine Nachfolger. So ist ein Wort wie „transvertébration" für französische Ohren zwar ungewöhnlich, aber gerade noch verständlich. Der deutsche Leser jedoch wird sich unter einer „Transvertebration" nicht viel vorstellen können. Daher setzt Schottlaender auf die „Rückgratdurchstoßung", die immer noch ungewohnt genug wirkt. Schon hier lässt sich sein Bemühen um „wirkungsgetreues Übersetzen", wie er es später selbst nannte, erkennen.

Man sollte nicht übersehen, dass seine Übersetzung ein respektables deutsches Buch geworden ist, das viele Leser für den französischen Autor begeistert hat, darunter Hermann Hesse, Thomas Mann und Alfred Kerr. Auch Max Beckmann und Robert Musil lernten Proust in Schottlaenders Übersetzung kennen. Hesses lobende Äußerung („für meine Person bin ich dem Übersetzer Schottlaender sehr dankbar für seine Arbeit") erschien am 29. April 1926 im *Berliner Tageblatt*. Von Thomas Mann, der gegen Curtius nicht öffentlich auftreten wollte, erhielt Schottlaender, wie er erzählte, noch im selben Jahr einen respektvollen vierseitigen Brief, der leider verlorengegangen ist.

„Die Übersetzung ist nicht voll gelungen", meinte Schottlaender selbst sechzig Jahre später und veröffentlichte 1987 in *Proustiania 4* unter dem Titel *Kindeszärtlichkeit im Aufruhr gegen Erziehungsgrundsätze* eine kommentierte Neuübersetzung einiger Passagen. In seiner Autobiografie sagt er: „Viele, darunter ernste Einzelfehler müssen den ärgern, der den Urtext gut kennt; sie aber für misslungen halten kann man nur, wenn man den Wald vor Bäumen nicht mehr sieht."

Französischer als Proust kann kein Autor sein

Die von Willy Haas herausgegebene *Literarische Welt* brachte gleich auf mehreren Seiten Verrisse. Zu Recht nannte Schottlaender die von der, wie er sagte, „Literatenmeute" organisierte und koordinierte Kritik einen „Rufmord". Es war eine böse Ironie, dass sich ein Mann dabei hervortat, den Schottlaender für die Revision vorgeschlagen hatte: Der bei all seiner wissenschaftlichen Bedeutung überaus eitle Ernst Robert Curtius reagierte mit emotionalen Ausfällen. Der zweite Rezensent war der Germanist Friedrich Burschell; Schottlaender erinnerte sich dankbar, dass er immerhin die höhere Qualität der Châteaubriant-Übersetzung erwähnte. Die heftigsten Angriffe jedoch kamen von Hans Jacob, dessen negative Meinung über Schottlaender bekannt war und den Willy Haas, wie der junge Übersetzer argwöhnte, vielleicht gerade darum mit einer Besprechung beauftragt hatte. Ein anderer Verdacht tut sich heute auf: Haas war Mitarbeiter der „Schmiede"; es ist also möglich, dass er das vom Verlag verursachte Fiasko dem Übersetzer aufbürden wollte.

Alfred Kerr schrieb an den Verlag: „Es war ein seltener Genuss, dieser Proust, also hat Schottlaender seine Sache gut gemacht." 1954, zwei Jahre vor dem Tod von Curtius, schrieb Theodor W. Adorno einen anerkennenden Brief an Schottlaender. Aber ebenso wenig wie Thomas Mann wollte er Curtius öffentlich widersprechen. „Es fällt mir nicht ein“, so Schottlaender später, „an der Lebensleistung Ernst Robert Curtius’, insbesondere an seinem Verdienst um Proust, zu mäkeln. Nur dass eben auch er gelegentlich zum bösartigen Fachidioten werden konnte, scheint mir durch sein Vorgehen gegen meine Proust-Übersetzung erwiesen.“

Proust als Jude – dieses heute in der deutschen Romanistik so beliebte Thema – hat schon den jungen Schottlaender beschäftigt, als er begann, den *Swann* zu übersetzen. Er hebt in diesem Zusammenhang die zentrale Bedeutung der Mutter im Roman hervor. Diese Figur hat mit Marcel Prousts Mutter, die aus der jüdischen Familie Weil stammte, manche Ähnlichkeit. Schottlaender weist darauf hin, dass Proust nach jüdischer Auffassung als Jude zu gelten und eine besonders spannungsvolle Beziehung zur französischen Identität habe, die er gleichwohl wie kein anderer ausfülle, „denn französischer als Marcel Proust kann wohl kein Autor sein“.

Den Fall der Mauer sollte er nicht mehr erleben

Schottlaender hat damit ein Thema angeschnitten, das Leser und Interpreten seit Anfang der Achtzigerjahre stark beschäftigt: „Swann selbst, um den der erste Band (...) sich dreht, ist Jude, ein hochkultivierter reicher Kunstfreund, den sein Verkehr mit Adligen in keiner Weise zum Snob gemacht hat; während ein anderer Jude in Marcels Umgebung, Bloch, schon eher einige Züge trägt, die von Antisemiten im judenfeindlichen Sinn glossiert werden könnten. Aber Proust beschönigt nichts.“

In seiner Autobiografie rekapitulierte Schottlaender Mitte der Achtzigerjahre auf vier Seiten des Typoskripts auch die Geschichte der ersten Proust-Übersetzung. Als Schottlaender vom Herder Verlag gebeten wurde, das Typoskript für den üblichen Umfang der biografischen Reihe *Lebenswege* zu kürzen, beschloss er zunächst, die Passage über seine Proust-Übersetzung wegzulassen, da sie nicht den Schwerpunkt seines Schaffens darstellte. Erst nach heftigem Zuraten seiner Verwandten und Freunde, darunter Günther Anders und Elisabeth Freundlich in Wien, bat er den Verlag, diese Kürzung wieder rückgängig zu machen. Doch es war zu spät, das Buch befand sich bereits im Druck.[4]

Rudolf Schottlaender, der keine ideologischen Grenzen anerkannte und sich als Bürger einer deutschen Kulturnation fühlte, starb am 4. Januar 1988 in Ostberlin. Zu seinem Vermächtnis gehören neben einem umfangreichen philosophischen und ideologiekritischen Werk Übersetzungen antiker und französischer Literatur. Seine Pioniertat der ersten deutschen Proust-Übersetzung sollte im 21. Jahrhundert in einem Raubdruck[5] eine Auferstehung erleben.[6] Vor allem bleibt die Erinnerung an einen streitbaren politischen Denker, einen mitreißenden Redner und Lehrer.

Stephan Reimertz, geboren 1962 in Aachen, Lyriker, Essayist, Romancier und Kunsthistoriker, Max-Beckmann-Spezialist.

4 Auf Vermittlung seiner Tochter Irene Selle postum erstmals in deutscher Sprache in einer französischen Germanistikzeitschrift veröffentlicht: Rudolf Schottlaender: Inédit, in: *Connaissance de la R.D.A.* (Université de Paris VIII), Dezember 1988, Nr. 27, S. 85–87.

5 Marcel Proust: Der Weg zu Swann, übertragen von Rudolf Schottlaender, Hamburg 2010.

6 Mit Quellenangabe der Erstveröffentlichung versehen ist dagegen der Auszug „Lange Zeit ging ich früh zu Bett“ in der Anthologie: Das Schlummer-Lesebuch, herausgegeben und mit einem Nachwort von Alexander Kluy, München 2013, S. 45 f.

Brigitte Sändig

Warum ich dankbar bin, Rudolf Schottlaender gekannt zu haben

Ich habe Rudolf Schottlaender im Frühsommer 1975 kennengelernt; ich war die Freundin seiner Tochter Irene, die mir gesagt hatte, dass ihr Vater stets Bekanntschaft und Austausch mit Jüngeren, mit deren Lebenswelt und deren Gedanken, suche. Die einzige Aussage, die ich von dem damaligen ersten Gespräch im Garten behalten habe, ist, weil sie mich überraschte, diese: Ihm gefalle, so erklärte Rudolf Schottlaender, hier, in der DDR, im Vergleich zum „Westen" die Gesellschaft besser, aber sehr viel schlechter als im Westen gefalle ihm der Staat. Damals überraschte mich dieser Satz, weil ich, gängigen Redemustern folgend, so gut wie keine Unterscheidung machte zwischen Staat und Gesellschaft und mich von beiden gereizt fernzuhalten versuchte. Erster Grund meiner Dankbarkeit also: Rudolf Schottlaender zeigte mir, wie man differenzierend urteilt.

Ich war dann oft mit meinem kleinen Sohn im Hause Schottlaender zu Gast. Wir waren ihm und seiner Frau, so glaube ich, immer willkommen, wurden freundlich und interessiert aufgenommen, saßen oft am wohlgedeckten Tisch; jeder, auch das Kind, durfte am Gespräch teilnehmen und wurde ernst genommen. Zweiter Grund meiner Dankbarkeit: Wir erfuhren herzliche und inhaltsreiche Gastlichkeit.

In Rudolf Schottlaender lernte ich eine Gelehrtenpersönlichkeit kennen, die heute selten und wohl unzeitgemäß geworden ist: Bei profundem Wissen auf seinem Gebiet war er voll Wissbegier und Anteilnahme an vielen Gegenständen, auch aktuellen politischen Fragen; er hatte den Willen und die Kraft, einen gesellschaftlichen Diskussionsprozess mitzutragen; er war interessiert an jedem Menschen als einem einzigartigen Wesen, frei also vom Gedanken der „Verwertbarkeit" des Gesprächspartners. Ein Beispiel: Da ich in Rudolf Schottlaender einen Inhaber gesicherten Bildungsgutes sah, bat ich ihn, das Manuskript meiner Camus-Biografie für den Reclam-Verlag Leipzig auf „Bildungsschnitzer" hin durchzulesen; das verbat er sich: Er wolle nicht als Schulmeister lesen, sondern als Urteilender in jeder sich bietenden Hinsicht, und er tat dies auch. Dritter Grund meiner Dankbarkeit: Ich erlebte einen Menschen, den Klugheit und Bildung nicht zu spezialistischer Verengung, sondern zu Offenheit und Verantwortungsbewusstsein geführt hatten.

Rudolf Schottlaender war ständig im Visier der Staatssicherheit. Für ihn, der in der Hitler-Zeit an Leib und Leben bedroht war, bedeutete dies nur eine mäßige Belästigung. Nüchtern schätzte er den Grad seiner Gefährdung ab, der ihm auf Grund seines Alters, seines Status als Verfolgter des Naziregimes und seiner Bekanntheit im Westen gering zu sein schien. Anstandslos verborgte er an die, denen er vertraute, verbotene Bücher aus seinem Bestand. Er gab einem Journalisten von „drüben" ein Interview, und als dieses der Grenzkontrolle zum Opfer fiel, ging Edith Schottlaender mit einem Duplikat über die Grenze.

Vierter Grund meiner Dankbarkeit: Ich habe in Rudolf Schottlaender einen Intellektuellen kennengelernt, der Geist mit Mut zu verbinden wusste.

Prof. Dr. em. Brigitte Sändig (geboren 1944 in Dresden), 1997 bis 2009 Professorin für Romanische Literatur/Französisch an der Universität Potsdam, Camus-Spezialistin.

Personenregister

Die Herausgeber

Dr. Irene Selle, 1947 als Tochter von Rudolf Schottlaender geboren, ist Literaturwissenschaftlerin. Nach dem Französisch-, Russisch- und Spanischstudium arbeitete sie von 1974 bis 1991 als Romanistin am Zentralinstitut für Literaturgeschichte der Akademie der Wissenschaften der DDR. Spezialistin für die Literatur der französischen Résistance (Anthologie *Frankreich meines Herzens*, 1987) und Feminismus (Redaktion der Neuübersetzung von Simone de Beauvoir *Das andere Geschlecht*, 1992). Von 1992 bis 2012 war sie als Konferenzdolmetscherin und Übersetzerin beim Fernsehsender ARTE in Straßburg angestellt. Daneben Lehrtätigkeit an der Technischen Universität Berlin und der Université Marc Bloch, Straßburg. Seit 2012 freiberuflich tätig.

Moritz Reininghaus, Jahrgang 1978, ist Historiker und Literaturwissenschaftler. Er war Mitarbeiter am Moses Mendelssohn Zentrum Potsdam und Redakteur der *Jüdischen Zeitung*. Seit 2013 ist er für den rbb und für den *Tagesspiegel* tätig. Im Verlag für Berlin-Brandenburg hat er Franz Hessels *Spazieren in Berlin* (3. Aufl., 2013) und (mit Gundel Mattenklott) Georg Hermanns *Spaziergang in Potsdam* (2013) herausgegeben. Derzeit erarbeitet er eine Biografie von Rudolf Schottlaender.